陈春花 著

陈春花文集

第一集

管理研究 ①
组织与文化管理

华南理工大学出版社
·广州·

图书在版编目（CIP）数据

组织与文化管理/陈春花著.—广州：华南理工大学出版社，2018.9
（陈春花文集．第一集，管理研究；1）
ISBN 978-7-5623-5760-5

Ⅰ.①组⋯　Ⅱ.①陈⋯　Ⅲ.①企业管理　Ⅳ.①F272

中国版本图书馆CIP数据核字（2018）第191822号

Zuzhi Yu Wenhua Guanli
组织与文化管理

陈春花　著

出 版 人：卢家明
出版发行：华南理工大学出版社
　　　　　（广州五山华南理工大学17号楼，邮编510640）
　　　　　http://www.scutpress.com.cn　E-mail:scutc13@scut.edu.cn
　　　　　营销部电话：020-87113487　87111048（传真）
总 策 划：卢家明
策划编辑：罗月花
责任编辑：罗华杰　罗月花
印 刷 者：广州市新怡印务有限公司
开　　本：787mm×960mm　1/16　印张：18.75　字数：347千
版　　次：2018年9月第1版　2018年9月第1次印刷
印　　数：1～2000册
定　　价：95.00元

版权所有　盗版必究　　印装差错　负责调换

《陈春花文集》总序

对实践敬仰，守理论自信

如果不是这样的幸运，我相信这套文集不会有面世的一天。

我是幸运的。1982年开始能够在华南理工大学学习和工作，让我有机会置身于改革开放浪潮下的珠江三角洲这片热土。1992年开始，因为青年教师需要到基层学习和实践，我来到东莞厚街镇，在这里我直接接触并切身体会到乡镇经济发展的点点滴滴。之后由于学校的机缘到汕头春源集团任职，在这家香港企业家投资创办的加工企业参与管理，深入了解境外投资企业本土化的管理过程。随后，我开始有机会到康佳、TCL、科龙、美的、万和、顺德农商银行（原顺德信用合作社）、南方航空、深圳航空、南方电网、广东电信、珠江啤酒、香港星光集团、招商基金、威创股份、东方园林等企业做管理顾问工作或者主持咨询项目，与这些企业一起成长并拥有了长期近距离观察企业的机会。更有幸的是，2003—2004年出任山东六和集团总裁，2013—2016年出任新希望六和股份有限公司联席董事长兼首席执行官，2017年则接任新华都集团的工作。这些直接的管理实践，让我更清晰地理解管理研究与管理实践之间的融合度，也为我能够展开研究奠定了丰厚的企业实践基础。

而对我而言，最大的幸运是一直可以保有作为一个管理学教师和研究者的身份，与众多的商学院学生们一起学习和交流，见证和参与了中国改革开放40年间中国企业的成长与进步。这些经历无疑给了我巨大的帮助，让我能够因应企业的

组织与文化管理

成长去透彻理解管理理论的价值,去理解并找寻理论的本质内涵,去发现和发展管理理论与研究的真正意义。也正因如此,在过去30年从教经历中,可以针对管理问题展开充分的讨论,并形成了这些文字。企业实践中不断涌现出新的方案,也促使我的思考、研究与写作源源不断,那些实践激荡我的想法,甚至有无法停下来的感觉,这种感觉真的很好。感恩这所大学,感恩这片热土,感恩这个时代,感恩中国,感恩中国企业实践。

研究会带来什么?

当我决定做一个教师,把教学与研究作为终生职业的时候,我并未真的理解"研究到底意味着什么"。20多年前,我把自己的研究目标确定为研究"中国本土企业成长模式"时,我和我的团队开始对研究进行了漫长而艰难的思考,其产品就是那本《领先之道》。这本书的内容是对中国企业成长的分析,在其中,我们试图回答这些问题:一些中国企业为什么可以成为领先者?这个成长的过程到底发生了什么?这些影响因素是否可以让其他企业借鉴并获得成长?对于这三个问题的追问和探讨,持续了接近30年,我们持续给出阶段性的答案,这些答案帮助到一些企业成长,也帮助了我和我的团队成长。更重要的是,对这些问题的答案的不断追寻使我持续与企业互动,并将感悟持续融入教学、研究中,让更多人去关注这三个问题,去寻找属于每个思考过这三个问题者自己的答案。接近30年持续的研究,让我可以真切地理解研究带来的贡献到底是什么,研究本身给我的帮助是什么。

我深受彼得·德鲁克先生的影响,德鲁克先生1994年写给《经济学人》主编的信中再一次重申管理研究要解决实践问题。在信中,他列举自己1950—1971年间从事管理学研究和实践的累累硕果。这一时期,他完成了自己9部主要管理学著作中的6部;这一时期,他是纽约大学研究生院的全职管理学教授,其中有10年,他还在宾夕法尼亚大学沃顿商学院任兼职教授;他的主要商业咨询活动也是在这一时期完成的。这样的研究路径,让德鲁克的著作承载着其极具旺盛生命力的管理实践思想。

德鲁克先生认为,管理研究要解答实践问题。能提出管理实践中出现的问题并解决这些问题,是管理学进步的标志。在其一系列经典著作中,德鲁克回答了管理实践研究中最根本的问题:管理作为独特的组织活动如何设定自己的结构?管理中如何面对人?管理决策的依据是什么?管理的范围如何界定?管理实践界定的标准是什么?管理的成效如何评价?当德鲁克先生清晰、准确地回答了这些问题的时候,管理实践所取得的成效成为人类历史上最激动人心的一项创新。而对于管理教育应该如何具有价值,也应该如德鲁克先生所设计的那样,让管理者"可以把课堂上学的东西立即运用到他们的实践中,同时把他们在日常工作中的经验和问题拿到课堂上进行讨论分析"。

"比使命更重要的是实践"这句话是我总结德鲁克先生经典著作《价值贡献》一文的结束语。在点评先生的信件时,我忍不住还是用这句话做结束语,但是改动了一个词"行动"——"比使命更重要的是行动"。我们一直在思考德鲁克思想旺盛生命力的来源,最后发现其长盛不衰的原因就在于,作为旁观者的德鲁克的思考是如此地贴近管理实践的真实情况,以至于后人的所有优秀作品的重要观点几乎都可以从其思想中找到根源。德鲁克的思想可以被不同的个人和组织所接受,并且应用于不同的领域。正是源于他对于管理本质的界定:"管理是一种实践,其本质不在于'知',而在于'行',其验证不在于逻辑,而在于成果。"对于每一个管理学者而言,比使命更重要的是行动,就像德鲁克先生倾力实践他的使命一样。我是这样评价先生的,也是这样去要求自己的。

研究会带来什么?在管理学领域,研究可以解答实践问题。我的研究致力于关注中国企业的实践,那些存在于管理日常行为中的、对绩效和成长有意义的、充满着鲜明个性的却又隐含着共性价值的各种真实案例。在我看来,如果不能够真切地去观察、去理解并融入其中,是无法真正理解管理本身、无法真正理解管理理论本身的。管理研究的对象不仅仅是管理本身,同时也是管理研究及理论在管理实践中的位置,它对日常管理生活的意义,它在日常管理生活中的功能,尤其是它的思想方式和行为方式本身,都会直接或者间接地彰显着管理理论及研究的价值。如果作为管理研究学者,根本未关注到这些真实的管理对象,未能真正接受和理解这一事实,我们又怎么可能真正有对于管理理论与知识的自信呢?

波提舍(Sulpiz Boisser`ee,1783—1854)说过一句让我记忆深刻的话:"对不引人注意之事的虔敬。"在19世纪的进程中,这一揶揄之词却成了充满敬意的话语，因为人们开始将许多被忽略的民间文化看作是文化的见证。每每想到这句话，我也总是对企业实践充满敬意，从1992年的东莞厚街开始，我几乎一半的时间都在与实践者交流、与实践对话，这些交流与对话，给了我用实践的视角去看待管理问题的帮助，正如哲学家恩斯特·布洛赫（Ernst Bloch）提出的警言，即我们不能隔岸钓鱼。

我也同样要求自己拿出另外一半的时间，保持与实践的距离，因为我把自己定位于一个研究学者，定位于一个让理论与研究创造价值的人，如果我完全陷入到具体的日常管理中，这又会导致我因缺少必要的时间和距离，无法去反思实践，无法去找寻理论的价值，或者只是满足于解决个案，满足于具体的实践绩效，而陷入到经验主义之中。

珠江三角洲企业的实践给了我莫大的帮助，这里有大量的企业实践、大量的创新和可见的绩效，这里区域经济发展和产业集群的功效，让我既可以看到企业成功的个案，也可以理解产业价值链的集合成效；让我既可以了解非经济因素的作用，也可以感受每一次外部环境变化对企业成长的影响；只要我踏实地走在这片土地上，这里的企业实践总是会以它们鲜活的事例，给我的研究以支撑和启示，甚至于我的很多观点完全是因为它们而得出。

保持对实践的敬仰，又坚守理论的自信，这就是过去近30年的研究带给我的帮助。正是这个帮助，让我可以安静而持续地做研究，可以真切地与中国本土企业成长互动，可以呈现出自己的思考和观点，并与企业实践做深度的对话。

研究学者会带来什么？

在我的初中学习生活中，因为宁齐堃老师，每一天我们都要提前一个小时到学校，大声朗诵《古文观止》《增广贤文》和唐宋诗词。年少的我并不知道这样的学习，对我意味着什么。到了大学的时候，我保留了阅读典籍的习惯，《大学》《论语》《道德经》《金刚经》《易经》和《六祖坛经》等，这些经书典籍的阅读，在其时我并不能够完全理解，只是因为阅读变成习惯，保持了下来。但是多年后，我才恍然大悟，这些不期然的、积极投入的朗诵和阅读，已经把这些经典沉淀在我的认知和秉性里，这些我早年并不理解的典籍，已经在多年前成了改变我人生埋入的种子。时至今日，这些看似遥远的典籍，却真实地解决了今天世事的苦恼与问题——怎样与自然相处？怎样与变化相处？怎样与人相处？怎样去发现和想象美好？选择怎样的生活？让我在今天，能够去理解"如何成为一个更好的人"和"如何创造一个更好的世界"的思维方式和可能性。

借助于怀特海在《教育的目的》一书中的一段话来说明我的想法，他在书中写道："要用充满想象力的视角去看任何人类组织的约束力，用充满同情的眼光去看人类天赋的局限性以及唤起服务忠诚度的条件。要掌握一些养生规律、疲劳规律和保持持久耐力的条件的知识。要富有想象地理解工厂的社会影响。要对科学对现代社会的作用有充分的概念。要懂得对别人说'不'或是'好'的原则，不是出于盲目的固执，而是出于对相关可选择的方案经过理智的评估后得出的坚定回答。"

无论是中国传统文化的典籍还是有关现代大学教育作用的诠释，都给予我们有关知识的魅力和价值的理解。美国《独立宣言》的作者杰弗逊（Thomas Jefferson）曾说："我们相信最终会证明，人是可以受理性和真理支配的。"先贤把知识比喻为一个代代相传的火炬，照亮着人类前行的路，并指向人类的理想。人类的自信心是由人类社会在获取知识进步方面所取得的成就而产生的自豪感，如果回顾人类发展的历程，进步的地方通常就是那些知识空前繁荣的地方。怀特海继续写道："学者的作用是唤起生活中的智慧和美……一个前进中的社会需要依靠这三类人：学者、发现者和发明者。它的进步也依赖这样一个事实，即社会中的受教育人群由同时具有些许学识、发现能力和创造能力的人组成。我在这里用的'发现'，指的是关于具有高度一般性的原理方面的知识进步；'发明'，指的是根据当前的需求，一般原理以某些特殊方式进行应用的知识进步。"

研究学者会带来什么？在管理学领域，研究学者带来理论知识与实践经验的完美组合。我从这个组合中获益良多。我之所以能够享受到管理研究与管理实践之间的自由切换，正是基于这样的原因：一是理论研究与教学，让我得以了解较为完整的知识体系；更多的阅读让我了解丰富的案例和文献，让我可以隔开一定的距离理性地面对问题，并了解其中关联与相互的影响。二是承担具体的企业绩效成长，让我得以面对各式各样的实际问题与挑战，并与同事们寻找一个又一个解决方案，从而取得绩效实现目标；承担具体的绩效成长，让我得以承受压力而去感受管理者真实的立场和角色，从而要求自己做出理性决策并承担责任。

我明确地意识到了这种组合的完美，我们去看管理经典理论产生的背景和缘由，不难发现，那些贡献了经典管理理论的研究学者，无一不是把理论知识与实践经验完美组合的人。Coloquitt和Zapata-Phelan（2007）回顾了1963—2007年在AMJ杂志上发表的667篇文章，发现管理学领域中的大部分理论都是在20世纪50—80年代之间发展起来的。结合管理实践现象不难发现，在这个时期出现了有意思的实践现象。在20世纪50—80年代，是欧美经济快速发展、工业化进程非常高的时期，也就是在这个时期，管理实践的创新层出不穷。以前从来没有过一家工厂可以有十几万人，在大工业革命时代成为现实；以前从来没有过一个小的组织单元可以全球分布，这个时候已经做出来了；以前也从来没有用过绩效来获取收益的职业经理人。所以我们会发现，实践上做出一堆创新，研究上就会贡献出一堆新理论。管理研究和管理实践本身的合一，造就了非常多的、具有影响力的、改变世界进程的管理理论。这些理论学者共性的地方，是密切观察，并且亲身经历了他们那个时代的社会问题。更重要的是他们对已观察到的各种组织形式和实践的变异，具有很深的感受和困惑，然后试图去解答它，而且幸运的是，他们解答出来了，也就出现了相应的管理理论。因此研究与实践是本源归一的。

所以，管理研究学者的基本价值取向是：理论研究与实践经验不能分离，研究主题的选择要基于某些管理实践现实中的问题并包含着对现实的启蒙。就如《浮士德》里的句子："如果你们没有感觉，你们就不能有所追求！"在具体责任之下的、对决策结果的理解是最真实的。当你需要对几万人的成长负责、对每一个顾客负责、对每一分钱的投资负责、对利益相关者和社会负责的时候，对于管理决策本身的理解是极为深刻而清晰的，而由此对理论价值的阐述和界定也是深刻而清晰的。就如泰勒对于生产效率的理解，波特对于成本与竞争优势关系的理解，德鲁克对于知识员工价值创造的理解，他们都是把自己置身于真实的管理实践之中，寻找到有效的答案——将实践经验升华为理论知识。

康德在《实践理性批判》第一卷第一章第一节中，对实践原理下了定义，在他看来，所谓实践原理是包含意志一般决定的一些命题，这种决定在自身之下有更多的实践规则。当主体认为条件仅对自己的意志有效时，这些原理是主观的，或者是准则；当主体认为条件是客观的，对于每个理性存在者的意志均有效时，这些原理是客观的，或者就是法则。这些话的意思其实就是说只有这些实践原理对每个理性存在者都是客观有效的，才能够成为普遍受用的法则，否则就是准则了，这些准则只能主观上受用。康德还明确地指出："实践的规则始终是理性的产物，因为它指定作为手段的行为，以达到作为目的的结果。"我试着去理解康德，去理解实践理性，这也许可以帮助我们去理解研究学者的价值与意义。

研究学者必须强调学术性，必须能够运用抽象的、理论性的表述，准确的引文以及规范性训练，这是基本技能，但是这不是学术本身，即便是詹姆斯·马奇（James G. March），一个被誉为一以贯之的数理科学倾向的学者，其核心也是一直围绕着人类的各种决策过程和问题的解决过程，以及这些过程在不同组织中的表现和意义。

研究主题的选择要基于某些管理实践中的问题并包含着对现实的启蒙，这就是研究学者能够贡献的价值。《墨经》上说：知，接也。人的知觉，是与外面物质界接触而生的。我依然觉得自己幸运，可以与中国企业的实践界充分接触，从而有机会去感受管理理论知识的意义与价值，并有机会把这些理论知识借助课堂传递出去，从而见证和参与了一些企业的成长和发展。

重新创造"道"

我曾经为我的一个班的学生写过一段毕业寄语，这段话比较完整地表达了我之所以写出这样多文章的原因。毕业寄语如下：

你们无疑会成为各自领域里的未来领导者，也正因如此，你们的品性与思想将会显得更重要，因为那会影响到很多人。所以，我决定手抄《德道经》送给大家，因为这是对我影响至深的，关于"道"的启悟。

很多人都相信每个人应该是一个充分认识自我的独特个体，尤其是在互联网技术的驱动下，每个人都相信自己应该活得真实，对真理保持忠诚。所以，我们都会为"如何成为一个更好的人"和"如何创造一个更好的世界"做出努力，这也是我想教授给你们的一种世界观。

因我们拥有着共同生长的训练，你不会让自己从整个世界中抽离出来，而是

让自己深深地融入现实世界中，因为你我都很清楚，唯有在实践与行动中，人的性格才会被培养出来。换句话说：我们不止于我们现在的样子，我们还可以成为更好的人。这项任务并不简单，这要求我们改变自己，而从你我认识的那一天开始，我希望改变开始发生。

我们再回到"道"。"道"并不是一个我们必须尽力遵循的"理想"，而是一条通过我们自身的选择、行动与努力而不断去开拓的道路。

这套文集就是我的选择、行动与努力，集合了过去20多年我对于中国企业实践的观察、思考与判断。这套文集，我并不曾想如管理学家们，有系统、有组织、严格地、精准地，把思想凝练在一条线上，依照逻辑的推演，祈求创造出一个理论体系。我只是想把伴随中国企业成长过程中所遭遇的各种真实问题，展开真实的对话，让理论与实践之间实现动态呼应，让管理研究与管理教育，能够根植于中国企业的实践，能够面向中国企业实践，能够与企业管理者交流，并给实践以理论的回应和支持。

所以这套文集分为3集10卷，第一集《管理研究》，包含5卷，分别为：《组织与文化管理》《变革与创新》《企业家与领导力》《组织学习与知识管理》《本土管理研究》，这是我在管理学研究领域所发表的观点，我在自己定位组织与文化管理领域、关注组织与文化管理过程中所产生的问题，以及有关这些问题的答案。第二集《商业评论》，包含3卷，分别为：《经营》《管理》《成长》，这是围绕着每个阶段现实案例和企业实践所面对的现实问题而展开的思考，我曾经分别在主要的财经杂志开设专栏，及时与大家探讨中国企业面临的现实问题，并给出我自己的答案。第三集《春暖花开》，包含2卷，分别为：《不为彼岸只为海：陈春花人生感悟》和《正在发生的未来：陈春花商业洞见》，这是在我所主持的微信公众号"春暖花开"上所发布的一系列的随笔，虽然不是全部，但是也收入了大部分。在"春暖花开"公众号上，我不仅仅关注企业管理实践，也关注人们的日常生活，甚至是人生部分的自我管理与自我成长，这是我另外一部分的价值创造。

整理这套文集出版，是接受了华南理工大学出版社卢家明社长的建议，社长从学术价值如何得以更持久展开的视角，尤其是对于中国改革开放40年取得成效的视角，给了我这个建议，让我深受感动和鼓舞；编审罗月花老师细心地和我探讨具体的内容安排、文体以及相应的建议和帮助，罗老师从其专业的视角给出明确的指引和帮助，让我下定决心整理这套文集。整理这套文集整整花费了10个月的时间，在这10个月的时间里，苏涛、程城、李芷慧、王霞、袁璐、蔡明峡、刘祯一直陪伴着我，刘祯最后还承担了分类和分卷的工作。这些工作需要极大的耐心和细心，需要专注与认真，当我看到最后文集总成的文稿时，内心充满了感激，感恩学生们与我在一起，激励并启发我。而在这套文集整理好交付给出版社后，华南理工大学出版基金又给予了巨大的支持，让这套文集得以呈现在大家面前，正如我开篇说的那样，能够在华南理工大学学习与工作，是我的大幸！

整理出版这套文集，我需要着重强调，我坚持持续研究写作，也是为了鼓励我的同仁们采取行动。管理本身是知行合一的，而其核心在于"行"。在过去40年中国企业成长的过程中，管理研究与管理教育产生了很大的影响并贡献了价值，但是在学界和实践界也一直存在着质疑，质疑管理研究是否对管理实践真正发挥了应有的价值影响。我对这种质疑深表理解，但依然坚持认为管理研究与管理实践是合一的，并确信管理理论能够解决管理实践的问题，我是这样想的，也是这样做的，并借此希望，我的写作能够起到一种作用，促使管理学界付诸行动，让自己的研究面向企业实践，面对现实问题并对现实启蒙。

对中国企业来讲，我们来到了一个最重要的时代机遇点。这是中国企业从未有过的一个时间点，我们在改革开放40年前里一直都在跟随西方先进企业，并没有太多的优势，无论是在规模上，还是在技术、人才和资本积累上，都无法与传统强国企业竞争。但是，我们来到了一个特殊的时间点，互联网技术使得数据、协同、智能等全新的生产力要素能高效组合在一起，也就重构了整个商业系统。

处在整个商业系统重构的今天，无论是中国企业还是世界企业，都重新站在同一条起跑线上。所以，有人跟我讲我们要不要做"弯道超车"，我不同意这个词。我们今天没有弯道，我们共同站在一个全新的起点上，我们不需要在弯道超越谁，只需要站在一个新起点上重新开始就可以。

而且已有很多中国企业的确做到了。在彭博社公布的2017年4月份全球市值排名榜中，中国有两家企业进入前十，这在以前是不可思议的，可见中国企业进步的速度是非常快的。在2017年世界500强的名单中，无论是中国的国有企业，还是民营企业，都在彰显着它们的中国力量，也越来越多进入世界500强的

排行榜。再看看中国的"新四大发明"以及很多的优秀产品案例,其实中国企业正在悄然地改变着世界。不仅仅是在规模和市值方面,我觉得最重要的是中国企业开始真正去创造一些全新的价值,这个价值跟人类所追寻的美好生活相关,蕴含着生活的意义。

如果说中国企业已经来到最好的时代机遇点上,这也同样意味着中国管理研究也已经来到最好的时代机遇点上。说到致敬改革开放40年,我们最好的致敬方式就是:站在这个时代最好的机遇点上,昂然走出一条全新的道路来。这条道路如果按照十九大的报告,用国家领导人的说法就是"中国智慧和中国方案"。我相信经历了改革开放40年的中国实践,肯定会为世界贡献一个优秀的中国方案,这就是我们研究学者的价值贡献,这是使命更是行动!

陈春花

2018年1月3日于朗润园

第一集

序

研究的三个关键词：规范、坚持、价值

  我是从1992年开始步入管理教育领域并设定自己的管理研究主题的，1994年正式转入华南理工大学工商管理学院，从事管理教学与研究，有意思的是，在当时我就有一个梦想，研究面向中国本土企业的管理理论并为世界管理理论创新贡献价值。在我的认知里，管理学研究一定要回答本土的企业的问题并给出理论指导。所以，我当时就想，一定会有一天由管理研究学者来告诉大家：中国企业到底好在哪里？这个梦想在20多年前就放在我的脑海当中，带着这样的梦想踏上了我的中国本土企业研究之路。

  在了解和认识企业的过程中，我对自己提出要求，一定不要以顾问和专家的身份去企业，必须以一个企业成员的身份在企业中，这样才可以知道这个企业到底在发生什么？能够真正发挥作用的东西是什么？唯有这样才能够真正理解它，理解它之后，才能去确定企业发生的问题是否具有理论研究的价值。

  选择这样一条研究的路和三个人有关系。第一个是彼得·德鲁克，当我第一次看到《卓有成效的管理者》时，我知道这就是我要做的事情。第二个是苏东水教授，他所坚持研究的"东方管理学"对我启发极大。第三个是赵曙明教授，他一直坚持把中国管理的现实介绍给西方学者，并把西方人力资源管理理论与中国企业实践相结合，这些让我深受影响。

  在持续20多年的研究中，我慢慢摸索出自己的研究感受，也不断分享给我的学生和研究团队成员，所以才有了入选《陈春花文集》第一集的内容，这些内容是沿着我在1992年设定的"中国领先企业成长模式研究"这一主题展开，以组织与文化管理作为核心脉络贯穿其中，产出了《组织与文化管理》《变革与创新》《企业家与领导力》《组织学习与知识管理》以及《本土管理研究》5卷内容。在

每一卷的最后一部分，我都放入了面向实践和未来的开放式思考，这些思考并未借助于研究范式去呈现，而是将来要转换为研究论文的相关思考和观点，这也是我自己的研究习惯，从实践和观察中得到研究的话题，不断思考与实践对话框定问题，并把这些思考分享出来，接受实践的检验，然后再用规范的方法，深入研究下去。

当我结集这些研究论文的时候，我也和学生们分享了我对于研究的一些心得。

1．满足规范+创造价值

一开始选企业文化研究作为自己的研究方向时，朋友们基本都是反对的，他们觉得这个方向很难出成果。但是，设定一个伟大的目标会成为强的内驱力来驱动自己。在我看来，企业文化领域是最有本土化特征的，也可能会有独特的价值贡献，所以我还是坚持做下去。有了目标带来的内在驱动力，就可以展开持续的研究了。如何展开研究需要满足两个条件：一个是符合规范，一个是创造价值。规范是什么？是研究中共同认定的基础，只有在相同的规范上，才能与其他人交流，才会获得认可，在此基础上才有机会创造独特的价值。

掌握了研究范式之后，要给自己一个更高的标准，那就是创造价值。在入选的论文中我表达了一个观点："界定问题，优于选择方法。" 2005年开始，有幸与一些学者借助于《管理学报》一同发起了"直面中国管理实践"的倡议，就是希望更多的学者能够对中国管理实践做出贡献。在过去的10年间，中国组织管理研究领域主要有两个方向，一是徐淑英教授提出的中国管理要有适应全球情景的方向，二是我们这些本土教授提出的直面中国管理实践的方向。令人高兴的是，经过10年的各自发展，现在殊途同归，研究学者们几乎都在做一个共同的方向："实践本土化，理论全球化。"

2．选定目标+坚定不移

做研究坚持很重要，你如果选定了一个研究点，不要犹豫，要一直跟踪，哪怕是10年、20年，甚至更久。我选择了自己的研究点——中国领先企业研究，就一直沿着这个方向往下走，现在已经26年了。我自己也不知道最终的结果会是什么，但是我认为这个研究点是我一辈子要去做的事情，不会因为其他的事情而动摇。更重要的是，这个研究必须可以面向管理实践，这是我的目标和价值追求。

选择了就要不断去研究它，坚持住，别赶时髦。比如，很多人都在做实证研究，大家就都选择实证研究，但是实证研究到底要解决什么问题，其价值贡献是什么，如何从方法论到价值创造，很多学者甚至没有去深思和理解。我希望去寻求真正意义的实证，就是要进到企业去，与企业一同成长，用与企业共同成长的数据做实证。重要的还是要选择研究点，建立框架和逻辑，不断研究它，而不是满足于流行的标准。

我深受《论语》的影响，儒家讲求内圣外王，内心要有强大的坚持，成为圣人，外要有王者之态，在实际检验中获胜，这构成了真正意义上的儒家标准。所以，孔子虽然遭遇诸多挑战，但是他的目标始终不变，要辅佐君王建立更好的社会。更令人钦佩的是，他不会因为君王的要求或者不被赏识遇到挫折，就把他坚持的东西放弃了，他不会因为遭遇现实的挑战，就逃避现实而不再解决问题、接受挑战，这就是我所要学习的。

3. 没有窍门+发掘乐趣

研究要求不断读、不断看、不断思考、不断训练和反复努力。很多人问怎么做研究，我的回答是"多读、多看、多思考、多训练"。这其实是一个很笨的方法，但是研究是没有窍门的。爱因斯坦也说："学习知识要善于思考、思考、再思考，我就是靠这个学习方法成为科学家的。"即使你突然顿悟，找到了创新点，找到了新的研究方法，你还是会发现，在此之后依然是平淡的、大量的思考和工作，需要你投入精力去完成，研究是一个没有窍门只有辛苦的工作。

同时，研究要有趣。是因为研究者要通过研究感受到乐趣，才可增强坚持下去的内驱力。我必须承认，在一个人还没有修炼到一定境界时，外部检验和激励还是非常重要的，人需要通过外部的奖励来提升乐趣。所以我对学生们说：期刊发表，获得奖励，在学术会议上宣讲论文并参与交流，得到同仁的赞赏，等等，都是极为重要的。当有一天你不再需要借助外部检验，依然充满激情地做研究，我会特别为你高兴，因为你养成了研究的习惯。

4. 广泛交流+善用"求助"

做研究不是闭门造车，我们要有大范围的交流，甚至是跨学科的交流。研究很多时候是被激发出来的，一个人冥思苦想有时反而陷入困境。"求助"是我推荐的一种快速提升的方式，建立一个学术讨论的圈子非常重要。我的学生们在同门内部的交流很顺畅，这个习惯比较好。同样与外部其他同学和老师交流学习更加重要，包括学术会议等等。参加学术会议也一样，你必须写好论文才可以参加会议，如果你没有写文章，那你就是局外人了，听不懂会议在谈论什么，你的价值贡献也没有了。与同行交流是一个非常重要的选择，一定要多向同行请教，请教的前提是能够分享自己的研究。

胜辉在苏黎世大学读博士，他看文献过程中接触到一位加拿大教授，认为这个教授的研究很有趣，就和那位教授通信交流，之后申请到加拿大跟随教授学习一段时间，教授同意了，胜辉在加拿大学习几个月，并掌握了很好的研究方法。

组织与文化管理

要知道,当你有一些想法,而这些想法可以被理解时,是一件蛮美好的事情。

我之所以选择"中国领先企业成长模式"研究,也深受德鲁克先生《公司的概念》的影响,他在《公司的概念》中热情洋溢地赞颂大企业在现代社会中的核心地位。他说:"大型公司的雇员只占产业工人的少数,但是他们的劳资关系为全国树立了标准;他们的工资水平决定了全国的工资水平,他们的工资条件和工作实践也成为一种规范。大型公司的交易量虽然在全国不占多数,但它们的繁荣与否决定了国家的繁荣与否。当我们谈论美国的经济机会时,首先想到的是大规模生产的现代工厂和现代大型公司提供的机会;我们谈论美国的技术时,想到的不是统计上的平均值,而是龙头企业设立的标准值;我们谈论过去半个世纪中新出现的另外两种重要的社会机构——工会和政府管理部门时,也只是把它们作为大企业和大公司的社会产物。总之,只有大企业在自由企业经济体制下的具体组织形式才是具有代表性和决定性的社会经济机构,它为人们树立了典范决定了他们的行为。"

这使我从中感受到,大公司不仅通过大规模的生产为人们提供了赖以生存的生活必需品,而且其组织制度引导了社会中其他企业组织的制度,从而规范和影响着绝大多数人的工作和生活状态。在某种程度上可以说,大企业很大程度上承载着社会信仰、精神和希望。而我也很希望找寻到中国领先企业,并从中寻找到那些有价值的管理规律,并渴望这些研究能够真正传播中国优秀企业的管理实践、经营哲学和社会责任。

这个研究真正帮助了我,让我可以持续地获得研究的问题以及取得成果。除了这些研究论文之外,我还写了相关著作20多部,并产生了很好的影响。在《领先之道》新版发表时,我在序中写到:"从尼采那里借一个比喻来说,我们是被召唤来做宇宙舞者,不会沉重地停在一个定点上,而是轻盈地从一个位置转身跳跃到另一个位置。先锋企业正是宇宙舞者,当他们选择持续领先的时候,这种选择,充实了他们的品性,也保持了他们的活力。"

今天,很多中国企业已经站在世界的前端,这令人振奋的实践成果,让我持续地激励自己,持续地坚持研究,持续地与中国企业在一起,就如圣雄甘地所说:"把注意力转移到内在去。"这既是一种内在力量的唤醒,也是我寻求中国先锋企业持续领先的真正驱动因素。虽然还需要付出巨大的韧性和努力,但是会一步一个脚印地、坚定地走下去。

陈春花
2018年1月7日于朗润园

第一部分 企业文化

企业文化的改造与创新 / 002

企业文化定量评价方法的研究 / 012

管理信息系统中的文化行为研究 / 018

论我国民营企业的执行文化 / 023

利用企业文化创建竞争优势 / 028

发展中国家在华投资企业的跨文化管理研究 / 033

企业并购下的文化整合与创新 / 043

动态企业文化研究 / 049

论六西格玛管理中六西格玛文化的构建 / 054

论企业核心竞争力来自企业文化 / 062

论"6Σ"文化及其构建 / 067

文化资本在经济增长中的表现形式和影响研究 / 075

珠三角创新型企业的文化概念模型 / 082

组织文化研究脉络梳理与未来展望 / 089

横向并购背景下的文化整合模式研究 / 103

如何有效地进行企业文化内部传播 / 111

第二部分　组织行为

生态竞争战略
　　——企业与行业的共同发展　/ 120
成为全球性世界主义者
　　——Gillette公司全球化经营的启示　/ 124
SARS带来的组织柔性化能力的考验　/ 128
心理契约补救　/ 133
反生产力工作行为研究述评　/ 139
个人与组织契合的内涵及研究展望　/ 153
组织行为学中的个人价值观研究述评　/ 161
组织二元性研究综述与展望　/ 166

第三部分　人力资源

国有企业人力资源策略的选择　/ 174
人才流动的微观动因分析　/ 180
高速成长企业的内部信任发展及其与控制的关系　/ 184

组织内人际信任形成的影响因素

  —— 一个整体性的分析框架 / 193

组织内的信任与控制：一个理论模型 / 200

企业人力资本投资风险和控制 / 209

基于中国的人力资源管理实践中的科学问题 / 214

组织支持资源影响员工幸福感的内在机理：

基于视睿科技的案例研究 / 220

组织支持资源对员工幸福感的影响机制：

双案例比较研究 / 234

全球工作经验对员工创造力的影响机制：

一个模型的构建 / 245

信任之下，其效如何——来自Meta分析的证据 / 255

第一部分

企业文化

企业文化的改造与创新

进入20世纪90年代以来,企业文化在我国理论界、企业界受到比较普遍的关注和重视,曾兴起了一股"企业文化热"。这是因为大多数经营者愈来愈相信,企业能否取得成就和发展,与企业是否拥有自己有活力的企业文化有很大的关系。企业要发展,企业文化的建设是最关键的课题。然而,企业文化对企业的作用究竟如何?企业文化建设能否持之以恒抓下去,是不是只是一阵风?对这个问题,人们的认识并不都是一致的,更不是信心十足的。比如有人担心,一旦主管们发现文化操纵不像他们想象的那么容易,他们对企业文化建设的热情就可能消退。但是事实上,他们的热情并没有消退。因为大量的研究工作者、实务工作者、主管人员以及领导者等,都发现企业文化这个概念对于组织分析与管理是有用的、有必要的。有些企业的从业人员工作很努力,常能产生新的构想、新的策略,业绩也持续增长;有些企业则因企业的经营理念不明确,从业人员抱着明哲保身的态度,对外在环境及顾客的敏感度低落,无法产生新的构想、新的策略。上述两种情况正好形成鲜明对照。造成上述两种情况差别的根本原因,就在于企业文化不同。因此,要搞好企业,就要重视企业文化。本文试结合两个企业的案例,对企业文化分析、改造与创新作些探讨。

一、什么是企业文化

我们当中大多数人以职员、管理者、研究者或顾问的角色,在企业中工作或参与处理一些事务。然而我们发现,要了解和判断企业工作中一些深层次的问题及思想观念,是极其困难的。有许多事情似乎是官僚的、封闭性的,或是根深蒂固的,如果我们是急于改变下属行为的管理者,则往往会遭遇到重重的阻力和抗拒;我们也观察到,各部门热衷于彼此之间的明争暗斗,并严重影响了工作任务的完成；我们看到不同群体成员之间存在沟通的障碍与误解，而这些是本不应该发生于有理性的人们中间的。在我们自己做老师的生涯中，常会碰到谜一样的现象——我们使用的教材与上课方式可能没有什么不一样，各班级间却有着截然不同的表现。运用企业文化这个概念可以帮助解释上述的所有现象，使我们对这些现象得到合理的认识。如果我们对企业文化有较深入的了解，则面对上述种种表现和似乎难以理解的现象就可能不再困惑，同时也明白为何改变是如此的困难。

这样说来，企业文化与企业的策略、组织是不同的，策略和组织是经营者因期望某种结果而为从业人员所创造出来的行为环境，而从业人员的反应与实际行动，都受企业文化（行为模式）的影响和制约。也可以这样说，组织（机制、机构）与策略是企业的硬体面，企业文化是软体面。观察、探究企业文化，可以由上位观点来看基层的情形，譬如高业绩是由什么样的文化机制产生的？也可由下位的观点来看基层的情形，譬如什么样的文化使员工心情愉快？从而发展员工的个性。那么，到底该怎样界定企业文化？企业文化包括哪些要素并具有何种功能呢？

企业文化一词源于英文"corporate culture"，是20世界80年代初在经济高度发达的美国首先提出的，是一种文化和经济结合的产物。企业文化，又称公司文化、组织文化和管理文化。尽管人们使用的词语不同，但赋予企业文化这一概念的基本含义是一致的。企业文化是指企业在一定价值体系指导下所选择的那些普通的、稳定的、一贯的行为方式的总和。它既体现企业的生产、经营和管理制度方面，又表现为企业的日常工作行为。前者叫企业制度文化，后者叫企业外显文化。这两个层面上的文化均由企业价值观所决定。价值观，尤其是价值目标，是企业文化的核心构成。通常又把企业价值观及其存在形式，叫企业文化之核，或企业的隐形文化。

按照西方学者的观点，企业文化包括五个要素，即企业环境、价值观、英雄人物、文化仪式和文化网络。企业环境指企业的性质、行业、经营方向、企业的文化设施等等，它决定着企业文化的特色和行为特点。价值观是企业文化的核心，是企业成员判断某件事物正确与否、是否应该仿效或鄙弃的共识。统一的价值观念使企业每个员工的行为导向具有一致的标准。英雄人物作为一种活生生的样板，以生动具体的形象体现本企业文化的精髓，把抽象的精神层面的文化内涵具体化，对企业文化的成型与强化起着重要的作用。文化仪式则是指一些文化活动和文化手段，它可以把企业中发生的事情戏剧化，使价值观念等通过仪式的体现和形象的演化变成有形的范例。文化网络是一种非正式的信息传播渠道,在一种文化的形式中往往起着正式组织所无法替代但又必不可少的作用。

因此,所谓企业文化,我们可以作这样的概括:企业文化主要是一种观念形态,它以企业的价值体系为基础,与企业的管理哲学、管理行为产生紧密的联系。它可分为狭义和广义两个部分。从狭义而言,它指企业生产经营实践形成的一种基本精神和凝聚力,以及企业全体员工共有的价值观念和行为准则;从广义而言,除上述内容之外,还包括企业领导人和员工的文化素质和文化行为,包括企业中有关文化建设的措施、组织、制度等。我们也可以将企业文化分成三个层次:一是物质文化层次,即企业环境以及一些文化建设的"硬件"设施等等。二是制度文化层次,包括企业中那些长期形成的习俗、礼仪、习惯,成文或虽不成文,但已约定俗成的制度等等。三是最核心的精神文化层次,主要是指价值观念。

企业文化理论的出现,使得以前被视为管理难题的团体目标与个人目标的矛盾、管理者与被管理者的矛盾等有希望得到解决。因为企业文化具有自己特有的功能,即导向功能、约束功能、凝聚功能、激励功能、融合功能、辐射功能等。

文化因素是无孔不入的。企业中一切现象,不管是精神的还是物质的,几乎没有不与企业文化相联系的。只要我们用文化学的方法仔细体察,就会发现企业员工的一言一行、一举一动,企业中的设施、技术、工艺、产品、装潢,无不打着企业文化的烙印。不是打着优秀企业文化烙印,就是打着劣质企业文化烙印;不是打着现代企业文化烙印,就是打着传统企业文化烙印。没有不打着企业文化烙印的企业现象。那么,企业文化及其功能作用在企业中是如何体现的呢?

二、两个案例的基本情况

我将描述我作为一个顾问所面临的两种情况,以实例来说明"企业文化"是如何帮助了解企业情境的。第一个是麦科特摩托公司,这是一家较小规模的企业。在这一案例中,我被要求协助改善企业的管理、营销以及决策。在旁听了数次会议,深入到该公司所覆盖的三个省份的区域市场后,我观察到一些事情:①关于行动提案有极端情绪化的表现;②任何情况下先强调困难,强调公司做出牺牲,而非个人付出努力;③群体中互相推卸责任;④追求享受。过了几个月后,我提出许多建议,例如有关信息反馈渠道设计,合理的规章制度,提升员工的责任心和对公司的关注度,员工参与行动方案制订并成立行动小组等。公司成员表示这些建议不无帮助，而且他们也努力修正了部分行动方案。然而，基本形态并没有根本改变，无论我与总经理做出怎样的方案设计，这个企业的基本形态还是维持老样子。

第二个是科龙集团，这是一个规模较大的家电企业，在这一案例中，我被要求帮助在一个组织中提升创新的气氛，形成新的科龙文化。在与相关人员的晤谈中，我同样观察到一些事情：①员工有极强的责任心；②公司内每个人都想一直立于不败而做赢家；③熟悉公司的脉络并自动让自己的行为向团队靠近；④员工有强烈的自豪感。数月后，我因为对该公司的另一个方向的研究，要求有两个不同部门配合，每个部门都会尽全力做好本职工作，会以自己的方向为第一。后来我无论深入多少个部门均感受到部门的努力非常明确，员工对以往的经验非常自信、非常固执，无论我怎么做，好像都无法让员工淡忘过去，淡忘部门。

对于上述两个案例，我实在不清楚这到底是怎么一回事，直到开始审视自身对组织事物运作所持的假定，并开始测试我所持的假定是否符合个案所作的系统。这实际上便进入了"文化"的分析，也是做企业文化改造的第一步。

原来麦科特摩托公司的高级主管和大部分员工有一个共享的假定，那就是人们不能犯错，犯错是不可原谅的。可是人又难免犯错，因此推掉责任是第一要义，而那些找到外在适当理由的人便被推崇。因此，在此背景下勇于承担责任、承认错误就不那么重要了。

至于科龙集团，我后来发现他们有一个非常强的假设，就是主管的工作是其个人业绩的根本表现，一个人的工作就是这个人在企业中的根本成就，因而部门至上是根本约定，在此组织中部门最引以为荣的是它可以把其他部门抛在后面。

在此之前，我无法真正理解这两个案例的情况，因为我本身并未从"文化"的分析着手，而进入"文化"的分析，就是面对和解读这些共享的基本假定。

三、两个案例的企业文化分析

为了让读者对改造企业文化有更深入的了解，我借Edgar H. Schein的文化层次模型(如图1)对两个公司进行分析。我在这两个公司都待了相当长的一段时间，故得以辨识它们文化中的一些关键成分。之所以说是"成分"，是因为由它们不可能真正描述出整个企业文化。但是，抓住这些成分，已足以让我们理解两个公司的某些关键现象，并且以此提出改造的设想。

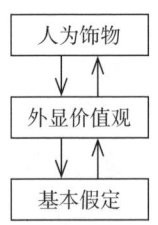

可见的组织架构及过程（难以此解读）

策略、目标及哲学观（外显的标准）

潜意识的，视为理所当然的（价值与行为的终极来源）

图1　文化的层次

（一）麦科特摩托公司

1. 人为饰物

在广东省生产摩托车的公司，麦科特摩托公司是一家以质量取胜的企业，它最初以几万元起家，而今拥有宽大的厂房，全国最先进的流水线，生产现场整洁、规范。刚进麦科特时，对于他们高度的人际间对峙、争论和冲突，很是惊讶，团体成员很容易就有强烈的情绪反应，彼此争执不休。不过，我亦注意到这些怒气在会议结束后就随之烟消云散了。公司的组织机构"庞大"，层面多，管理人员多，虽然在技术和管理阶层上，有着不同等级的区分，但我感觉到这些阶层的存在，只是为了某方面的便利罢了，公司里的人不会看重这个，相反却特别重视自己的名分和头衔。这些人为饰物，到底代表什么，而这些事情到底对公司内部人员来说有多重要。若要对此了解，我们得进入一个层次——外显价值观的层次。

2. 外显价值观

麦科特摩托公司的外显价值观是上自总经理、下至员工经年积累而成的。例如，个人的权力很重要，如果可能的话，最大限度地使用个人的权力；员工及主管乐于见到"把事情做出来"，不过这在许多时候往往意味着不注重方法，不是用最恰当的方式"把事情不但做出来，而且做好"；做任何事情都争取高级主管的首肯，相信高级主管的判断和领导；员工几乎不愿有自己的主张，习惯了作为团队的一个成员而依从于领导，因而一旦高级主管做出了决策，推行起来非常顺畅，同时员工自动放弃提方案的机会。

在与公司的人谈到他们的工作时，我发现了另外一个较强的价值观：个人应该能够指出自己工作的本体，并且能够了如指掌，上司同样要对下属的工作了如指掌，并能够不断地指导，属于盼咐型领导作风。每一层的领导均是这种作风。此外，我亦发现公司内部员工基本上能够接受对事不对人的规范，大家虽然在嘴巴上不饶人，但在工作中仍会相互配合。老总亦常在公开场合责骂某人，让人觉得困窘。但对这种行为的解释,不是他讨厌某人,而是想以此来刺激某人表现更佳。

当主管在谈及他们的产品时,所强调的是质量,因为这个公司的创立者是机械工程师,所以质量挂帅、技术控制的心态主导着公司。总经理强调质量第一,任何一台车下线后上市场前必须经过严格公里数据测试。他认为,努力工作、高度的责任心、关心员工、品质取胜是企业的法宝。

3. 基本假定

由于创办者有着机械工学的背景,因此组织有很强的个人主义和实用主义的取向,该企业形成了一套解决问题与决策的系统,堪称该公司的典范(如图2)。这套系统基于以下假定:①个体是点子的终极源泉;②三人行必有我师;③每个人都能把事情做出来。事实上,公司员工认为所有的方案和决策,由高级主管去思考就可以找到好的方法,因此,在付诸行动前只要确认是老总定的,便可以去做。

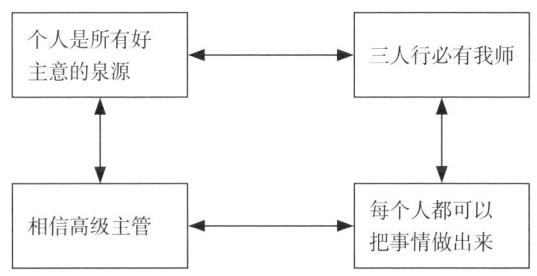

图2 麦科特摩托公司的典范

上面提到的几个假设应视为麦科特摩托公司的典范,但更重要的是要明示它们之间的联系,这样就可以界定麦科特摩托公司的文化本质了。

(二)科龙集团

1. 人为饰物:进入科龙集团

科龙集团是目前亚洲最大的制冷生产基地,它由一家乡镇企业起步,用14年的时间一跃而成为业绩良好的上市公司。我第一次拜访科龙就有着非常深刻的印象,一开始我就被科龙对正式化的讲究所震撼。主办公楼是一幢足以作为其标志的建筑物,进入大门便有穿着制服的门卫笔直地站立着。宽敞的大堂有高挑的屋顶,大片的玻璃门,以及大堂一角布置讲究的会客区。一进大堂就有穿制服的工作人员要求你通报姓名、要找的人及从哪儿来，然后，由他打电话去查询。

公司里的几个高级主管被介绍与我认识。我注意到无论在任何时候、任何人介绍其他人时，总是用令人感觉正式的抬头，从受尊重的言行中很容易感觉到公司中谁是谁的上司。在这里我总感到一种肃静的气氛充斥于走廊，比较强调计划、进度和守时，如果有人迟到了，哪怕几分钟，他也会有很强的愧疚感。

科龙经理人的严肃、深思熟虑、优雅、充分准备、规范以及注重礼节令我印象颇为深刻。我观察到，科龙会议中较少直接冲突，并且对个人意见有较多的尊重，主管们所负责的专门领域，其所提的方案和建议常常会受到尊重并付诸行动，而我亦不曾看到过下级对上级有任何不顺从的行为，相信这是令人无法忍受的。

2. 外显价值观

在科龙，我发现同事间的讨论并不特别被重视，重要的资讯来自于上司的告知。事实上，科龙很重视权威，外部的专家、内部的经验和级别的权威。他们认为把事情做好是关键，这是工作价值之所在，强调个人责任和努力，给予个人较多的参与决策和执行的自主权，但又绝对不会出现下级不服从上级的情况，也不会做出有违上司意见之事。科龙非常强调质量，对于产品的质量，科龙是非常自豪的。

3. 基本假定：科龙集团的典范

我们做了5000份问卷进行员工调查，科龙的员工提供了许多的价值观来形容他们的公司，这虽然可以勾勒出科龙的基本形象，但我没有停留在此，而是进一步去探讨该公司的基本假设（如图3）。

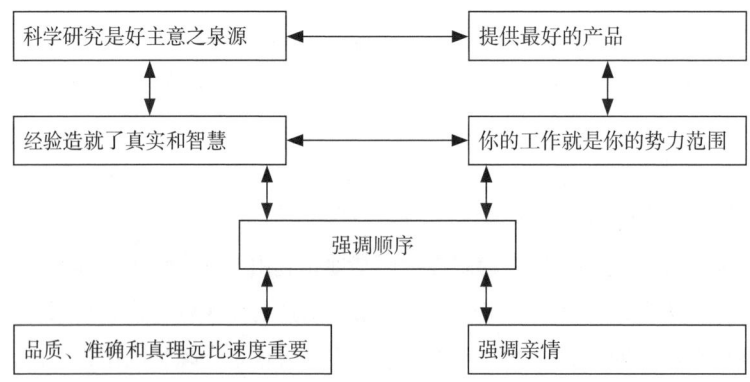

图3 科龙集团的典范

科龙集团的典范带给我们许多启示，了解该组织的文化到此层次，最直接的结果是有助于我的顾问工作——知道怎样可以成为一个运作有效率的顾问。如果我真想让主管做些不一样的事情，最有效的办法就是让自己成为一个专家。

麦科特摩托公司与科龙集团是两个企业文化完全不同的公司。我对这两个公司文化的描述只针对它们所求助事项的部分，只着重于公司所致力的目标相关的特定元素。因此，我们不能假定这就代表整个企业文化，而在整个企业文化构建中，两个公司均有变化。我就这两个企业文化的改造再作简略分析。

四、改造企业文化

在从文化分析入手了解这两个公司的企业文化状态基础上，借用河野丰弘的企业文化限制因素模型（如图4）来考量两个企业的文化工程。麦科特摩托公司的整个企业文化改造以营销人员的行为模式转变为突破口，竭力营造新的行为模式，进而扩大影响全体员工的行为模式，这样就实现了调整管理及市场策略，从而提升企业文化。而科龙集团则从调整经营理念和目标入手，因为科龙集团整体企业文化建设是成功的、优秀的，它的不足在于太强烈地依赖过往经验而抑制创新。因此要打开创新的局面，必须从调整经营理念和目标入手。

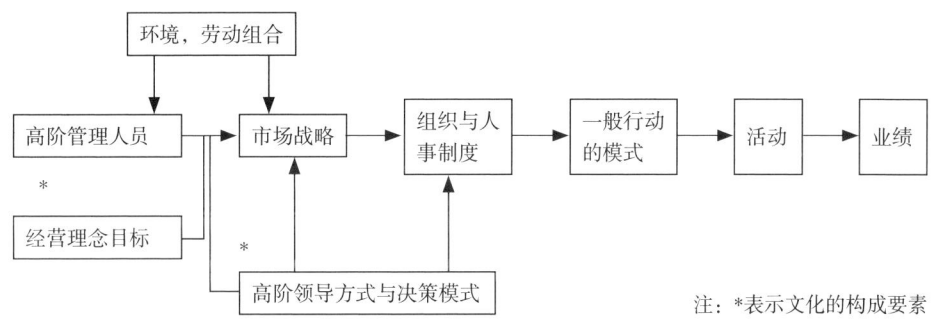

注：*表示文化的构成要素

图4　企业文化的规定要因

目前两个公司均在改造的过程中，近一年的努力，已经有了一定的效果。我用最直接的列表方式把科龙集团的现状作简单陈述（如表1）。据此可以了解科龙集团企业文化的限制因素，哪一项因素必须控制，必须经历何种组织的过程。而以科龙集团来说，从高阶管理人员入手，调整经营理念，制定新的战略，调整组织制度，提升上位文化、下位文化，进而推动战略的实行（如图5）。

表1 科龙集团的观念改造

改善前	改善后
（1）目标接受者	
提高生产力，增加人员	提高生产力，待遇提升
（2）情报收集与沟通	
经理以间接资料来处理	经理以直接资料处理
小组活动无法进行	ISO 9000
（3）行动的自发性	
只做本分	保持工作环境清洁
品质是专家的事	将品质纳入生产过程
（4）冒险与否	
隐藏失败	失败如实报告
（5）互动的想法	
管理者与员工分隔	管理人员与员工平等
上下无法互相信赖	上下相互依赖

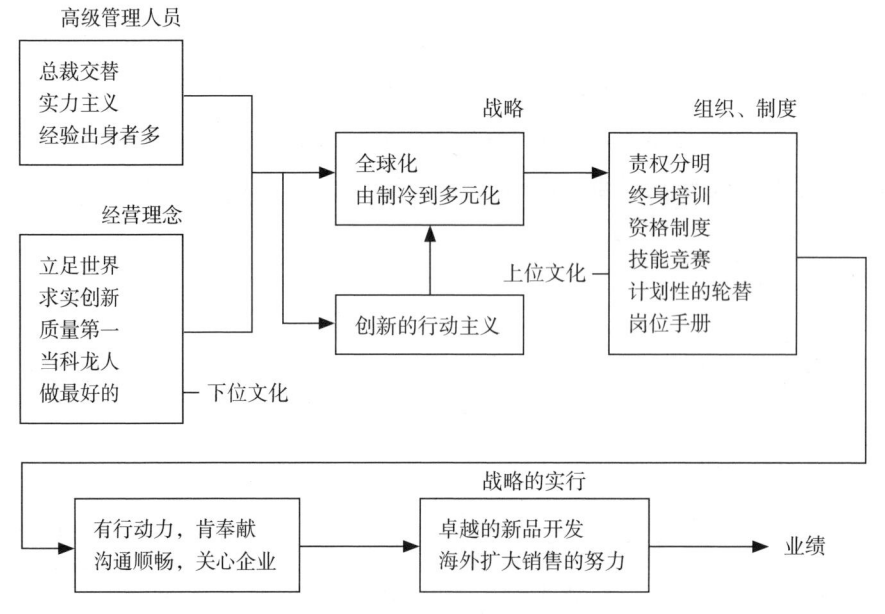

图5 科龙集团企业文化的限制因素

麦科特摩托公司以营销部全面改造为切入点，对整个企业文化进行改造，现在营销部已经有了很大的改善，而且已带动了全公司，总经理坚信在未来几年，全公司会以一个有活力的企业文化的面貌出现。

五、结束语

维持企业的活力，关键在于使企业的文化有活力，因而企业文化建设是一个不断改造与创新的过程。根据以上两个案例的分析，对企业文化的改造并使其充满活力这一点，我们可以得出以下结论：

第一，应不断保持高阶层的新陈代谢；

第二，要常抱危机感；

第三，要不断形成企业内的小组活动；

第四，要不断调整战略措施；

第五，应该注重人才的使用和培养。

这些观点与河野丰弘的观点非常一致，我便不赘述。

（原载：《北京大学学报（哲学社会科学版）》，1999年第3期）

企业文化定量评价方法的研究

一、企业文化评价因素的界定

企业文化可以通过利用企业作为一个组织所具有的10个主要特征来加以评价。这10个特征分别是：

（1）成员的同一性。指职工与企业组织保持一致性的程度，一致性越强，企业成员的同一性也就越高。

（2）团体的重要性。指工作活动围绕团队组织而不是围绕个人组织的程度。

（3）整合性。指鼓励企业组织中各单位以协作或相互依存的方式运作的程度。

（4）对人的关注。指管理决策考虑决策结果对企业组织中个人的影响程度。

（5）控制。指用于监督和控制员工行为的规章、制度及直接监督的程度。

（6）风险承受度。指激励员工进取、创新及冒险的程度。

（7）奖酬制度。指同资历、偏好或其他非绩效因素相比依绩效决定奖酬的程度。

（8）冲突的宽容度。指鼓励职工自由争论及公开批评的程度。

（9）手段—结果倾向性。指企业管理更注重结果或成果，而不是取得这些成果的技术和过程。

（10）系统的开放性。指企业组织掌握外界环境的变化并及时对这些变化做出相应反应的程度。

二、企业文化模糊综合评价模型的建立

在企业文化评价问题中常常会遇到许多模糊概念，难以用传统数学模型加以描述。因此，本文采用模糊理论对其进行探讨。

（一）确定评价因素集

针对评价对象选取评价因素，评价因素用 U 表示：

$$U=\{U_1, U_2, U_3, \cdots, U_{10}\}$$

U_1——成员的同一性；　　U_6——风险承受度；

U_2——团体的重要性；　　U_7——奖酬制度；

U_3——整合性；　　　　　U_8——冲突的宽容度；

U_4——对人的关注；　　　U_9——手段—结果倾向性；

U_5——控制；　　　　　　U_{10}——系统的开放性。

（二）确定评语集

对评价对象进行评价，要选取合适的评语集 V，采用国际惯例：

$V=\{AAA（很好），AA（较好），A（一般），（B较差），C（很差）\}$。

（三）确定评价因素的权重

因素权重反映了各因素之间的内在关系，权重大小则反映出各因素在整个因素集中的重要程度，权重向量记为：

$$A = a_1, a_2, \cdots, a_{10}$$

目前测权重的方法众多，如AHP法、DePih法、打分法、主成分分析法、熵值法、变异系数法等等。

（四）建立模糊关系矩阵

根据评价者对评价对象的评价结果，计算出各因素的各评语等级所占比重，得到模糊矩阵 R。

$$R = \begin{bmatrix} r_{11}, r_{12}, \cdots, r_{15} \\ r_{21}, r_{22}, \cdots, r_{25} \\ \cdots\cdots \\ r_{101}, r_{102}, \cdots, r_{105} \end{bmatrix} \quad \sum_{j=1}^{5} r_{ij} = 1 \ (i = 1, 2, \cdots, 10)$$

（五）企业文化综合评价

根据上述的权重向量 A 和模糊矩阵 R，则综合评判矩阵 B 可由下式确定：

$$B = A \cdot R = (b_1, b_2, \cdots, b_5)$$

其中：$b_j = \sum_{i=1}^{10} r_{ij} \cdot a_i$

（六）量化评价结果

首先将综合评价结果进行归一化处理，得到矩阵 $\boldsymbol{B}$：

$$\boldsymbol{B} = (b_1, b_2, \cdots, b_5)$$

其次，为便于得到一个精确的评价结果，设各等级变量值的范围为：

90~100（AAA），80~89（AA），70~79（A），60~69（B），0~59（C）。

并计算每组中值得到等级评价矩阵 $\boldsymbol{P}$：

$$\boldsymbol{P} = \begin{bmatrix} 9 & 5 \\ 8 & 5 \\ 7 & 5 \\ 6 & 5 \\ 5 & 5 \end{bmatrix}$$

则综合评价量化值为：$S = \boldsymbol{B} \cdot \boldsymbol{P}$。

再根据 S 的大小，对照表1找出相应的等级评语。这个评语即为某企业的最终评价结果。

表1 评价结果与等级评语对照

等级评语	AAA	AA	A	B	C
综合评价值	[90, 100]	[80, 89]	[70, 79]	[60, 69]	[0, 59]

三、企业文化识别模型

所谓的企业文化识别就是指通过把某企业文化与已知的企业类型对比来识别该企业的文化类型。具体原理如下。

（一）企业文化分类

按某种标准把企业文化分为若干类，记为：$H = \{H_1, H_2, \cdots, H_n\}$。

（二）确定各类文化的标准样品值

设各类文化标准样品值为：

$$H_1 = \{h_{11}, h_{12}, \cdots, h_{110}\}$$
$$\vdots$$
$$H_2 = \{h_{21}, h_{22}, \cdots, h_{210}\}$$
$$H_n = \{h_{n1}, h_{n2}, \cdots, h_{n10}\}$$

（三）计算企业文化与标准样品值的贴近度

设待识别的企业文化的10个因素评价值为：

$$H_0 = \{h_{01}, h_{02}, \cdots, h_{010}\}$$

利用Hamming（海明）贴近度公式计算企业文化与标准样品值的贴近度。设贴近度为$\delta(H_0, H_i)$，则

$$\delta(H_0, H_i) = 1 - \frac{1}{10} \cdot \sum_{j=1}^{10} |h_{0j} - h_{ij}|$$

再根据最大隶属度原则，待识别的企业文化应属于贴近度最大的标准样品值所属的文化类型。

四、实例说明

（一）模糊评价实例

1. 确定因素集

$$U = \{U_1, U_2, \cdots, U_{10}\}$$

2. 确定评语集

$$V = (AAA, AA, A, B, C)$$

3. 确定评价因素权重

本文利用层次分析法（AHP）测得各因素权重为：

$$\boldsymbol{A} = (0.013, 0.014, 0.125, 0.048, 0.133, 0.163, 0.104, 0.240, 0.08, 0.08)$$

4. 建立模糊矩阵

邀请若干个专家对某企业的文化进行评价。将专家填写的表格汇总，并将隶属于5个等级人数的频率写在相应的等级栏中，如表2所示。

表2 评价因素在等级评语中所占比重

评价因素	AAA	AA	A	B	C
成员的同一性	0.88	0.12	0	0	0
团队的重要性	0.75	0.15	0.1	0	0
整合性	0.65	0.35	0	0	0
对人的关注	0.24	0.36	0.37	0.03	0
控制	0.90	0.07	0.03	0	0
风险承受度	0.64	0.24	0.12	0	0
奖酬制度	0.45	0.33	0.22	0	0
冲突的宽容度	0.77	0.14	0.09	0	0
手段—结果倾向性	0.45	0.45	0.05	0.10	0.05
系统的开放性	0.05	0.33	0.62	0	0

5. 计算综合评价结果

$$X = A \cdot R = (0.611, 0.241, 0.10, 0.009, 0.004)$$

再进行归一化处理得：

$$X_1 = (0.632, 0.251, 0.103, 0.009, 0.005)$$

所以 $S = X_1 \cdot P = 90.4$，对照表1知此企业文化属于很好等级。

（二）模糊识别的实例

1. 企业文化分类

从是否有利于技术创新的角度，可将企业文化分为4类：强自由型（H_1）、弱自由型（H_2）、强稳定型（H_3）、弱稳定型（H_4）。

2. 确定文化类型的标准样品值

设此4类文化的标准样品值分别为：

$H_1 = (0.8, 0.85, 0.95, 0.85, 0.75, 0.6, 0.85, 0.95, 0.90, 0.75)$

$H_2 = (0.75, 0.8, 0.85, 0.65, 0.65, 0.6, 0.7, 0.85, 0.8, 0)$

$H_3 = (0.65, 0.7, 0.75, 0.55, 0.45, 0.75, 0.70, 0.85, 0.40, 0.40)$

$H_4 = (0.68, 0.75, 0.65, 0.75, 0.85, 0.75, 0.60, 0.45, 0.50, 0.6)$

3. 计算待识别的企业文化与标准样品值的贴近度

设待识别的企业文化的因素的值为：

$H_0 = (0.67, 0.75, 0.75, 0.45, 0.60, 0.78, 0.65, 0.6, 0.7)$

根据贴近度公式，计算出的贴近度分别为：

$\delta(H_0, H_1)=0.665$；$\delta(H_0, H_2)=0.775$；$\delta(H_0, H_3)=0.84$；$\delta(H_0, H_4)=0.901$

根据隶属度最大原则，由于$\delta(H_0, H_4)$最大，因此待识别的企业文化属于弱稳定型。由于弱稳定型并不利于技术创新，有必要对此企业的文化进行改造，营造出有利于技术创新的企业文化。

（原载：《郑州航空工业管理学院学报》，2000年第1期；合作者：叶飞）

管理信息系统中的文化行为研究

一、企业文化：管理信息系统成功实施的重要一环

每个企业都有一套自己的规则用以指导员工的行为。企业的条例规章和管理程序硬性地规定了员工的行为，而习惯、惯例和传统对员工则是软性约束，这两个方面构成了企业文化的基本内容，也界定了员工所具备的能力。企业文化就是这种规则所带来的企业"个性"，它是企业在长期的经营活动中所形成的并为企业成员普遍认可和遵循的价值观念、态度、工作方式、工作氛围和工作行为。文化折射在员工身上就是思维模式和行为习惯。

管理信息系统的实施，改变的是企业的传统、人们的思维模式和行为习惯。因为信息技术不仅仅是技术，还蕴涵了丰富的管理思想。为了充分发挥信息技术的潜能以达到企业的目的，企业就要考虑用什么样的管理模式和管理方法与之配套。许多企业也因此走向了改造业务流程、缩短管理层次、打破部门之间界限的组织变革之路。既然是变革，就牵涉到权、责、利的调整和重新分配，就要求员工必须改变现有的工作习惯和行为模式。由于这些变革都牵涉到改变和更新文化传统，而文化的回归性和惯性使其具有阻碍变革的天然倾向，企业就会发现自身的优化遭到了大大小小的抵制与反抗，阻碍管理信息系统的成功实施。

管理信息系统的实施是一场企业革命，成功的困难之一在于其与文化息息相关。很多企业把实施失败的原因简单地归结在人的身上，殊不知企业文化在起实质性的作用。企业文化会在深层左右人们的行为，不管这种文化的力量是强是弱，它都会在整个企业中产生深刻的影响。如果企业没有意识到文化在每个人身上烙下的印痕，就会发现管理信息系统的实施并没有达到原有的目的。文化，正是这样以其无形的力量影响着管理信息系统的实施。

二、企业文化在管理信息系统实施中的影响

企业文化对企业人员的影响可以用图1的模型加以解释。在管理信息系统实施的过程中,一定要突破文化对行为的约束性,并对新的东西加以保持,最终形成新的企业文化。在管理信息系统实施的整个过程中,改变人们的观念和行为是最重要的,也是在实践中可以操作的一环。文化对行为影响的这两大特性详细地反映在领导行为、员工行为、技术行为这三个层面。

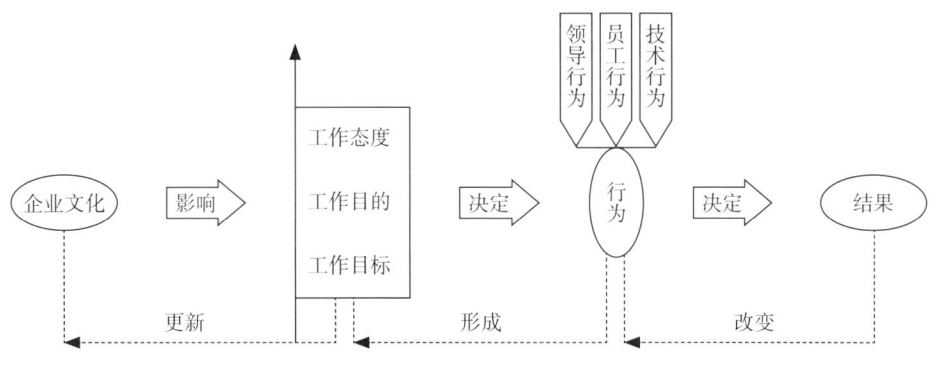

图1 企业文化的影响及其更新方式图

(一)领导行为

企业文化是旗手文化,有什么样的领导,就有什么样的文化。所谓兵随将转,身随头动,从"头"做起道出了领导在企业中的角色和责任。领导的行为不仅代表了自己,而且会影响到整个企业。他们通过制定企业的政策、情绪显露或隐藏、关注或者忽略业绩、对工作的投入程度、传达的态度和遵守的价值观念来影响组织整体人员的态度和行为。企业领导每天正是这样以自己有意识或无意识的行为和决策更新着企业的文化模式。因此要想让管理信息系统顺利地在企业中推行下去,必须首先从领导抓起,改变领导的行为和做事方式。但是领导行为的改变不是一朝一夕就可以完成的,而是要循序渐进。

领导可能不同心。任何一种文化,不论是好是坏,都有其忠实的拥护者,这是他们既得利益的来源。为了眼前的一切,他们会尽力抵制变化。企业领导中如果不能达成共识,而是有人落在后面甚至从背后损害现有的变革,将会给管理信息系统的实施带来莫大的阻碍。

领导可能不放心。由于管理信息系统的实施周期长、投资数额大、牵涉范围

广，所以很多企业领导坚持事事抓，坚决不让自己的钱"打水漂"，这往往会成为企业信息化的一个瓶颈。因为领导毕竟只是领导，而不是全才，虽然他们从大局上对企业认识深刻，但是在一些专业问题上还是要听取专业人员的建议。

领导可能不专心。很多企业领导希望一旦投入了就能很快收到效益，但是却不愿投入过多的精力，仅仅将权限委托给信息部门或某职能部门后就不再问津。然而管理信息系统的实施不仅仅是纯技术的，而且涉及企业的生产、经营、管理的各个层面，需要企业在业务流程、对事物的处理方式、组织结构等方面加以调整和改变，而这些都是牵涉到上层或全局的问题，有些实施人员会感到力不从心，进而导致局面难以改变。

新系统的实施给企业文化变革带来了新生力量，而文化的形成需要强有力的灌输，领导在这个过程中起了关键的作用。领导的行为是员工的表率，企业领导不仅要首先突破落后思想的束缚，统一认识，采取一致的行动，而且要给予有关人员（内部实施人员和外部咨询伙伴）强有力的支持，坚持在整个过程中负起全责，积极参与并推动管理信息系统的实施。只有这样的行为，才有可能带来丰硕的果实。否则，只能是一项有头无尾的工程，不仅没有带给企业任何效益，而且很有可能使企业从此一蹶不振，走向没落的道路。

（二）员工行为

一项全新技术和管理模式的出现，昭示着全体人员需要改变现有的行为习惯。这是一项艰巨的工作，即使是一个人要决心改变已经形成的习惯也是非常困难的，更何况管理信息系统的实施是改变企业全体人员惯有的行为方式和思维模式。令企业更为尴尬的局面是：很多员工甚至不愿意接受现有的改变，不愿意接受新系统，从而拒绝新文化的原因在于：

管理信息系统的实施，冲击的是人们脑海中沿袭已久却不符合管理规律的观念、思想、作风和习惯，由于人们的思维存在惯性，要让这一切发生改变来接受新事物需要一个较长的过程。

很多员工认为，新系统一上，就会大大减少自己的工作量。但是管理信息系统在实施的初始阶段，工作量几乎总是增加的，由于员工不能很快地对新系统进行熟练操作，工作中就可能会出现很多差错。伴随着怨言的增多，实施过程中的问题就会被无形地放大。

信息系统的实施必然伴随着计算机硬件和软件的使用。自动化程度的增高，将使简单、机械的手工操作被剔除，而员工又认为自己无法进行电脑操作，这会引起一部分人的岗位危机；同时，信息化要求信息共享，消除企业中的信息孤岛，原来资源独占的个人或者部门就会失去既得利益，为了个人或部门的利益，他们也会处处设置障碍。

管理信息系统的实施是一个涉及面很广的系统工程，需要多部门的协作。但它同时也是一个利益的调整过程，涉及各个部门的职权、利益和责任的重新分配，从而会受到原来的利益主体不同形式、不同程度的抵制，甚至引起部门之间的利益冲突。

决策在于领导，但是执行和巩固却在于全体员工，因此一定要解决员工的以上行为和观念。这就要求系统的培训。这些培训包括管理理念培训、软件技能培训、员工操作培训、技术管理人员培训、新流程培训，当然还包括领导培训。培训的目的是让员工尽可能地对新系统有一个明确的认识，帮助员工熟悉新系统的操作，最终达到心理上的认同和操作上的熟练。

（三）技术行为

技术需要与一定的管理理念相结合才有价值，而管理思想也只有通过与技术结合，才能广为传用。技术是实现高层次管理的基础，它将部分管理理念与思想进行固化后，融入实际的操作过程之中，实现标准化和程序化。技术的固化有效剔除了人为因素的影响。但是不同国家或地区所拥有的独有文化，造成了人们思维模式和行为方式的差异，而技术在形成的过程中由于融入了技术发源地的思维模式和行为习惯等相关文化因素，会在技术的引入地产生技术行为方式方面的不适。

管理信息系统是从国外传入的一个新的管理理念，与之相配套的很多软件是按照或参照国外的技术行为标准所做的，这些软件由于来源国或地区的不同会有不同的技术行为蕴涵其中。移入企业以后，就会产生技术接入的问题。如软件的界面、结构、流程等可能会不符合企业人员的思维模式或操作习惯。这时，很多企业就几乎完全根据自己的工作习惯和工作流程，大幅度修改已经应用成熟的软件，使科学先进的管理软件丧失了先进性，企业也只是实现了用计算机进行简单的模拟手工作业。这无疑就是用一个全新的技术辅助落后的管理模式，依靠管理信息系统的引进带来高效益的生产和先进的管理模式的梦想也因此而破灭。还有的管理信息系统的模式要求企业拥有与原来的运作不同的理念，这时候企业就需要在考虑技术中的文化因素后，加以选择。如起源于美国代表欧美文化的倡导在众多供应商竞价方式下建立供需关系，从而获得有利的价格；而在日本文化氛围中形成的方式，为了保证供应的及时和供货的质量，主张企业与供应商建立紧密协作和开放的关系，且强调和少数或单一供应商建立长期合作关系。企业采用不同的管理信息系统模式，就会形成不同的经营理念和管理方法。

正是文化的差异造成了技术行为的差异，企业在管理信息系统的实施中，一定要考虑到各国或地区之间的文化不同所造成的技术行为不同，让企业的管理信息系统实施成功的风险进一步弱化。当然，新的技术行为也会更新现有的文化。企业实施管理信息系统不应该仅为了采用一项新技术，而是以此为契机，引进先进的管理理念和管理模式，让企业形成一种适应时代的新文化，推动企业的长久发展。

（原载：《科学学与科学技术管理》，2002年第11期；合作者：刘晓英）

论我国民营企业的执行文化

我国民营企业在经历过改革开放后的迅速发展阶段后,正面临一系列问题,主要表现为:发展乏力,缺乏后劲;竞争力不够,企业的抗经营风险能力较差等。民营企业必须从内部管理改革入手,改变现有的制度和文化,才能摆脱目前所面临的发展困境。执行文化作为一门新近以来被广泛注意和加以研究的新兴学科,其在民企改革过程中所释放出来的巨大潜能和优势,正被我国越来越多的民营企业所注目。塑造企业内部的执行文化,成为我国民营企业摆脱困境、开始新一轮竞争的重要推动力量。

一、执行文化的内涵

什么是执行,有着各式各样的说法,其中最常见的解释是:执行是企业各项规章、措施的具体落实过程。但是这种解释忽略了执行与决策的互动关系,认为执行只是对决策的被动实施,而没有考虑到执行所具有的能动作用。正如美国作家拉里·博西迪与拉姆·查兰合著的《执行》一书中所指出的:"思考并不能使我们养成一种新的实践方式,而具体的实践却可以帮助我们形成一种新的思维方式。"企业在制定决策时必须考虑到企业自身所具有的或经过发展可以达到的执行能力有多大,否则这样的决策结果不是没有充分发挥企业现有资源和能力的作用,就是超出了企业的资源能力范围,成为对企业发展无益,甚至是有重大危害的决策。因此,我们认为执行是渗透在企业各种活动中的重要因素,它决定了企业所能达成的决策目标和实际完成程度。如何将其融入民营企业的经营理念当中,就有着非常重大的现实意义。民营企业要想摆脱其生命周期短暂的命运,就必须在企业内部树立起一种切实有效的执行文化。执行文化作为企业文化的组成部分,主要指企业所具有的执行观念、实施态度和行为方式。

二、执行文化对于民营企业发展的意义

民营企业作为我国经济改革的一支重要力量,为促进我国经济发展和缓解人口就业压力,做出了非常突出的贡献。但是,随着民企的不断发展,许多问题也随之暴露出来,其中管理控制滞后于企业快速发展的问题最为明显,并在一定程度上造成为数不少的民企因此衰败,甚至于破产消亡。本文认为解决这些问题的关键之一是要在民营企业内部建立执行文化,只有在执行文化的帮助下,才能确保企业的战略方向正确,并在企业内部真正得到贯彻实施。执行文化作为企业的一种执行观念、实施态度和行为方式,对于民营企业所起的重要作用具体体现在以下三个方面:

民营企业内部一种良好的执行文化可以将企业的战略制定、运营计划与人员设置三大基本流程衔接起来。它帮助企业在建立正确合理的战略目标的基础上,通过将适当的执行人员安排在合适的工作岗位上,来开展具体的运营活动。

执行文化能够为企业带来一种团队协作的理想工作氛围。战略计划的合理制定、运营流程的具体设计以及执行人员的合理配置,只有依靠领导的团结和各部门的积极配合才能完成。在对这三个流程的具体执行过程当中,可以进一步加强团队成员的向心力和凝聚力。

在前面两大作用的基础上,执行文化可以提升民营企业的盈利水平,增强企业的快速反应能力,强化企业的运作管理,最终在企业内部建立起一种高绩效的企业文化。而正是这种高绩效的企业文化可以克服民营企业生命周期短的顽症,实现民营企业的永续经营。

三、执行文化在民营企业生命周期中的表现

本文在美国著名学者伊查克·麦迪恩所提出的企业生命周期理论的基础上,结合我国民营企业的实际情况,将我国民营企业的生命周期划分为创业、成长、成熟和消亡四个阶段。在生命周期的不同阶段,民营企业会有不同的行为和特征,其执行文化的强弱也呈现出某种钟形曲线的发展变化趋势。

在创业期,迫于生存压力,整个民营企业以行动为导向。但此时由于企业尚未形成对执行的正确理解,更无从谈起企业形象和文化的塑造。因此,在创业阶段的民营企业,只是具有强烈的执行意识与行为导向,而对于执行文化则仅仅是

处于一种萌芽状态。

在成长期，民营企业摆脱了生存困境，资金开始充裕起来。创业者在具备一定的创业经验的基础上，开始注重企业的自我形象。同时，由于手头握有大量的现金，民营企业开始寻求更好的投资空间和发展机会。在资金充裕与关注形象的双重影响下，民营企业内部的执行文化开始显现上升趋势。

在成熟期，民营企业的资金充足，流动合理，内部的各项管理也比较规范。企业具有足够的执行力来完成企业的各项目标，而且也已在社会上赢得了一定的声誉。为了使企业能够持续经营下去，民营企业对于企业文化的建设工作非常重视，执行文化也因此上升到了钟形曲线的最高点。

在消亡期，民营企业的资金迅速流失，管理体制逐渐僵化，信息传递层级增多。在此情况下，企业的各项任务不能得以有效完成，整个企业会为了计划而计划，甚至从一开始就没有将其执行下去的念头。企业文化在此时也是形同虚设，变成一纸空文，执行文化在民营企业内部开始呈迅速下降趋势。本文将研究重点放在民营企业的第二生命周期阶段——成长阶段。

四、执行文化在成长期民营企业中的特点

本文在对我国民营企业进行深入调研和充分研究的基础上，发现我国民营企业在成长发展过程中所表现出来的执行文化特征主要有以下四个方面：

就企业总体来说，执行力不够，执行文化落后于企业的快速发展。造成这种状况的主要原因是在企业成长过程中，企业最高层对重要下属的领导失效和对整个企业的管理失控。主要表现在：企业内部的财务管理混乱，人员职责不清，以及除去企业最高层领导人，个别掌握实权人物的出现。

就企业领导人而言，其个人执行能力很强，具有强烈的执行意识。但由于企业发展所带来的众多机遇，或下属执行能力的缺乏和不足，以及企业内部规章制度完善程度的限制，使得企业领导人在执行文化的推行方面受阻。这也从另一方面反映出了企业领导人对于执行文化的具体内涵认识不充分，对执行文化的理解仅限于表面等问题。

就企业内部各个部门或集团下属各个企业来说，执行力的强弱不同，执行文化的发展程度亦不相同。对于那些盈利能力强，所做贡献相对其他部门较大的部门或企业，其内部执行能力强，执行文化的发展程度较高；相反那些盈利较差的

部门或企业，其内部执行文化则处于相对落后的局面。因此，整个企业或集团的执行文化发展不平衡。

由于整个企业或集团执行文化发展的不平衡，出现了个别部门或企业随着其内部执行能力的增强和执行文化的日趋完善，越来越不服从企业或集团最高层领导和指挥的极端现象；或者其他部门或企业对于企业或集团盈利的依赖性越来越强，其内部执行力越来越差，执行文化逐渐丧失殆尽的另一极端现象。虽然以上两种情况的发生概率非常小，但任何一种情况的发生，都会对企业整体的执行文化构建工作造成很大阻碍，对企业的整体经营产生破坏性的影响。

五、执行文化在成长期民营企业中的塑造

鉴于执行文化对于民营企业成长和发展的重要作用，以及其自身在成长期民营企业中的表现特征，我们认为，要想成功地在处于成长期的民营企业内部营造一种真正的执行文化，就必须确立民营企业领导人是执行文化塑造工程的核心。执行文化作为企业文化的一部分，同样满足执行文化是旗手文化这一定律。执行文化只有在企业高层领导的重视和带动下，通过他们的以身作则和大力推行，才能真正变成企业所有员工的行为指南，才能最终达到成功塑造民营企业执行文化的目的。

民企领导人在执行文化塑造过程中的工作重点应放在完善企业内部管理机制和构建人才培育渠道两个方面。之所以说这两方面是民企领导人的工作重点，是因为只有在制度合理有序的前提下，通过企业成员的各项具体活动才能做好执行文化的塑造工作。具体来讲，一是完善企业内部管理机制。企业可以制定和实施那些有利于执行文化形成和发展的对策措施，从而在制度上为执行文化的最终形成排除障碍。二是构建人才培育渠道。企业可以为企业的每一个岗位，特别是对企业尤为重要的岗位，谋求最合适的人选，以求在人员配备上保证执行文化的顺利推行。另外，企业内部管理机制的完善和人才培育渠道的构建，还可以化解民企领导人的用人风险，将企业内部执行文化发展不平衡的威胁降至最低点。

将民营企业领导人与企业高层管理人员，以及普通员工紧密连接在一起的纽带就是彼此尊重和相互信任的企业原则。彼此尊重，可以促进民企领导人、高层管理人员和普通员工之间的相互理解、相互信任，可以平衡他们之间的利益关系，使得企业的所有成员都能够为了企业的长远发展，而不太计较目前个人的利

益得失问题。因此，民企领导人在执行文化的推行过程中，必须广泛征求下属意见，平衡各方的利益关系，基本上使全体员工达成执行文化的共识，从而自觉改变自己的处事行为，并最终转化为企业内部的一种执行意识。

综上所述，执行文化在民营企业中的塑造工作，必须在企业领导人更新自我观念和以身作则的前提下，在企业所有成员彼此尊重和相互信任的基础上，通过完善企业内部管理机制和构建人才培育机制，最终依靠企业所有成员的共同努力才能取得成功。

（原载：《现代经济探讨》，2003年第11期；合作者：徐慧琴）

组织与文化管理

利用企业文化创建竞争优势

一、企业文化：竞争优势的来源

当我们从战略管理的视角去关注企业核心竞争力时，有以下四个标准帮助企业判别哪些资源和能力是核心竞争力。

（一）是否具有价值

企业文化有没有价值，首先要看它能否在企业获取市场的过程中做出贡献。

过去二十年，实业界人士和学者们日益关注企业文化。令他们感兴趣的是：即使两个员工没有直接的外在联系，一些员工的行为也能影响其他员工行为。在他们看来，员工的行为直接影响组织的长期运营绩效。

而企业文化对员工的行为则具有极大的约束性。企业文化在一定程度上界定了人们的行为能力，具有不同文化背景的人，处于相同的环境中会有不同的反应；企业新进的员工也会调整自己的行为以适应周围的环境。这些都是企业文化对人们思想和行为约束的表现。企业文化影响员工的行为，而员工的行为则影响利益相关者的感受，对内使部门、个人之间产生互动，对外则影响企业商业活动互动的方式。这两种互动的方式会直接影响企业的效率和效益，从而对企业的经营业绩产生直接的影响。

对于企业文化与经营绩效之间的这种假设，许多研究者也进行了实证研究。其中最为著名的是John P.Kotter和James L.Heskett。两人在其专著《企业文化与经营业绩》中，总结了1987—1991年对美国66个行业46家公司企业文化和经营状况的深入研究，列举了强力型、策略合理型和灵活适应型三种类型的企业文化对公司长期经营业绩的影响，并用一些著名公司成功与失败的案例，得出以下结论：企业文化对企业长期经营业绩有着重大的作用。企业文化在下一个10年可能成为决定企业兴衰的关键因素。笔者通过发放877份问卷调查了广东四家高科技企业，从而得出了高科技企业经营业绩与企业文化之间存在着一种正相关关系的结论。

（二）是否稀有

企业文化是在长期的经营活动中所形成的，是对其成长环境、能力、经验的归纳与变革。它不仅与企业所处的国家、地区、行业等有关，而且与企业的创建者、强有力的领导者以及所处的生命阶段有关。

公司最初的文化大都反映了那些富有远见的创建者的价值观、信仰、喜好以及习性等。如老托马斯·J.沃森的影子在IBM比起他本人保持得更久，从员工的着装到公司的管理体制，无不体现着沃森的思想。而且他有意识和系统地把那些在他任职期间曾经使IBM获得成功的价值观制度化。

对于那些具有强烈个性、魅力十足的继任者来说，企业往往是变革的试验田，在这里他们挥洒着智慧与远见，促使企业发生革新性的变化。TCL总裁李东生就是一例，在他的带领下，TCL创造了一个又一个辉煌业绩，从而也形成了TCL独特的合金文化。他认为，TCL之所以能取得今日的成就，建立开放的企业文化体系是一个重要因素。杰出的领导者对企业来说是不可多得的财富，他们对企业文化体系的影响是非常巨大的。

处于不同生命周期的企业，会采用不同的控制系统，着重点不同，自然会带来不同的文化体系。一家初创公司，创新意识可能更强；而一家已经成熟的公司，强调的则是人们的做事方式，资源更多的是应用在控制系统上。

创业者、继任者以及发展阶段这些都是具有历史特征的，是不可以重复的，在这些因素的影响下形成的企业文化对企业来讲是非常宝贵的。

（三）是否难以模仿

企业文化从无形入手，它所倡导的价值观念、团体意识、行为规范和思维模式都是无形的，它所关注的是企业中的符号，如语言、规范、惯例和仪式，给人的感觉是无从下手。因此，许多企业文化理论者把这一特征描述成影响企业运作的无形之手。无形，就意味着难以学习与模仿。

近几年，海尔比较成功的原因之一就是标榜它是一个以文化为特征的企业。众多企业去海尔取经，其中不乏有一定成就的企业。但兴冲冲地参观，回来后的结果却让人尴尬，企业依然按照原来的方式运行，海尔的许多东西不能真正学到手。部分原因在于企业的执行力度不够，但更重要的是企业文化所关注的是无形的事物。

（四）是否不可替代

所谓企业文化，是指企业在长期的经营活动中所形成的被全体成员普遍认可和遵循的具有本组织特色的价值观念、团体意识、行为规范和思维模式的总和。它不是实际的物质，而是以无形的形式存在于企业中。

员工的行为是按照企业规范，通过与其他人的相互作用来满足其个人需要的过程。企业文化的持续性让生活在其中的个人心甘情愿地调整自己的行为而适应企业，直到将这些规范内化于心中，成为一种无意识的行为。从本质上说，这种规范也是无法用其他形式来替代的。

二、利用企业文化创建竞争优势

虽然企业文化是企业竞争优势的来源之一，但过去成功的因素并不代表未来的成功，甚至这些曾经成功的因素会变成未来成功的绊脚石。因此，管理者一定要关注企业文化的保持与更新，不断创造新的竞争优势。

每个企业都会有企业文化，但这些自然形成的企业文化大多对企业经营没有明显的作用，有的甚至限制和影响着企业发展。主动的导入和塑造才能形成一个深具企业个性和竞争力的企业文化，这样的企业文化才能对企业经营产生更积极的影响。

企业文化变革是一项全面而系统的工作。文化问题不会自行得到解决，仅仅实施零星的不系统的努力，并不足以支持一个全面的、长久的文化变革。文化变革需要时间、耐心和不懈的努力。大量的研究说明，一家企业要真正实现从旧文化向新文化的转变需要5~10年的时间。通用电气公司前总裁杰克·韦尔奇实施的文化变革工程历经12年，IBM的郭士纳也花费了5年的时间才将旧的文化体系打破，建立起新的IBM文化。文化变革不仅历时长久，而且需要拥有一套系统的组织步骤。

（一）描述现有的企业文化

我们必须培养一种意识，意识到自己的文化是如何影响我们的行为，别人对这些行为又是如何接受和反应的。这意味着要学习一些陈规，然后再超越它们。其实这也告诉我们，文化变革必须在你了解这个组织的文化背景下进行，盲目进行文化变革有时候甚至会把自己毁掉。所以，进行企业文化变革的第一步就是了解企业现有的文化体系。

（二）构建新的企业文化体系

构建企业文化体系初期许多企业经常出错。每个企业都有自身的目标，支撑这些目标的实现需要环境的支持，但很多企业对两者的联系却没有给予足够的关注。他们仅仅从环境的要求出发，制定一些漂亮、时兴但与自身不适应的价值观体系，结果价值观成了摆设，人们仅仅记住了这些口号与标语，实际工作却依然如故。日常生活中，对于那些"我们赖以生存的价值观"口号，员工们甚至采取一种嘲笑的态度。构建新的企业文化体系时一定要与企业战略、企业环境相匹配。

（三）制订文化管理计划

文化变革应该是一种事先做出的考虑成熟、计划周密的努力，而不是当问题发生时作为补救措施的些许努力或权宜之计。管理者必须预计和考虑现有制度中哪怕是一个微小的变化将会如何影响企业的其他方面。一旦决定进行企业文化变革，就要制订一个标准的变革计划，从而规范和指导变革中人们的行为。同时对变革模式的选择、变革应该牵涉哪些部门、变革的阶段与进度、变革中的计划人员和执行人员安排等都应在计划中列出，以保证整个工程的连贯性，同时也让企业明了变革所到达的阶段。由于文化具有阻碍变革的天然倾向，在制订变革计划的过程中，管理者一定要清楚哪些是支持变革的文化因素，哪些是阻碍因素。

（四）执行文化管理计划

新系统的实施给企业文化变革带来了新生力量，而文化的形成需要强有力的灌输。仅仅制定一些标语和口号，在各种场合甚至员工的T恤衫上贴上这些空洞的口号，并不能让企业文化真正发生改变。想要变革成功，必须付出艰辛的努力。

执行文化管理计划之所以如此困难，原因在于：①仅规模本身就存在问题，尤其是那些规模比较大的企业，让成千上万的人共享同一个价值观、标准是一项艰巨的工作。②许多企业并不是首次进行文化变革，员工们可能已经参与了太多没有系统规划的文化变革活动，对于不断变化的文化体系，他们已经疲于去改变。③信仰、价值观是非常难以改变的，而这些又是变革企业文化时必须要改变的。正是这些问题，占用了企业的大量资源，尤其是时间资源。

除了配合新企业文化的一系列推广活动外，企业还要知道文化变革是一个全

员参与的工程。虽然决策在于领导，但执行和巩固却在于全体员工，因此一定要注意员工行为和观念上的更新。这就需要系统的培训。这些培训包括企业文化理念培训、员工行为培训等。培训的目的是让员工尽可能地对新的企业文化系统有一个明确的认识，最终达到心理上的认同和行为上的一致。

（五）文化监控

正因为文化变革是如此困难，所以必须对变革后的文化加以保持和巩固，文化的回归性和惯性有时会破坏掉先前所做出的努力。很多企业都有过类似的经历：下定决心改变并制订了完善的变革计划，可是不久就发现兜了一个圈又回到了原点，企业不仅没有变得更好，反而不如从前。

新企业文化系统的实施需要领导和员工改变现有的工作方式、程序、习惯和传统，而企业文化的转变不仅缓慢而且具有回归性，因此，对新文化进行监控和追踪以确保它继续发挥作用并获得预期的成果是至关重要的。整个监控工作可以由一个专门的管理团队负责，也可以动员全体员工互相监督。

三、结论

企业文化的力量只有在回顾的时候才会被更深地意识到，而此时，企业文化往往是作为失败的借口被摆上台面。企业文化不应该被如此理解。

企业文化应该被人们重视起来，利用它的特性帮助企业构建新的竞争优势。正如企业文化理论的兴起来源于美国商界解释日本竞争优势的尝试，最后人们认定企业文化是这些日本企业取胜的秘密武器一样，企业也可以通过文化重塑来获取市场地位。

（原载：《科学学与科学技术管理》，2004年第7期；合作者：刘晓英）

发展中国家在华投资企业的跨文化管理研究

目前跨文化管理的研究一般局限于对来自发达国家的大型跨国公司，研究中西文化之间的融合，而对于来自发展中国家的跨国公司，即东方不同文化之间的融合的研究较少。相比发达国家的企业而言，发展中国家的企业在海外投资所能借助的文化优势少，其本身并不是一种强势文化，搞好跨文化管理对这些企业的发展和成长的意义十分重大。

发达国家在中国的外资企业在进行跨文化管理时，由于自己具有强势文化，而且中国目前文化中有尊西学西的思想，所以他们所要做的就是将本企业的强势文化本土化，将本企业的价值观、管理模式和企业精神在潜移默化中让广大中方员工接受。而来自发展中国家的跨国公司在进行文化融合时，会形成两弱相轻的局面。这时，所要做的就是用第三种文化去解决文化冲突，寻找超越文化冲突的公司目标以维系不同文化背景下员工共同的行为准则，并据此创造公司独特文化。

本文通过对印度在华投资企业K公司的跨文化管理进行个案研究，希望能对跨文化管理研究做一补充。

一、相关研究回顾

跨文化企业管理是指企业内部的不同文化群体，在交互作用中出现文化矛盾和冲突时，如何有效地解决矛盾，达到文化的理解、沟通、协调、融合，从而高效地实现企业的管理。

（一）文化差异的分析理论

克拉克洪-斯托特伯克的"价值论双向模型"确定了分析文化差异的6个基本维度：与自然的关系、时间的取向、人的本质、活动取向、责任中心、空间观念。霍夫斯泰德的文化分维理论：霍夫斯泰德在所获数据的基础上进行了系统分析，并于1980年出版了《文化结局》一书，归纳出四种文化维度，即权力距离、不确定性避免（强/弱）、个人主义与集体主义导向、男性度和女性度。由于当时的条件限制，霍氏的研究未能涵盖中国内地。1989年加拿大学者加入了第五维度：长期导向性/短期导向性。通过对各民族文化的研究，霍氏证实了不同民族的文化之间确实存在很大的差异，而这种差异是根植在人们的头脑中的、难以改变的。

（二）关于跨国公司中的跨文化管理理论

在一个具体的跨文化企业组织中，文化冲突产生的原因主要有种族优越感、管理方式移植不当、不同的民族的思维模式、沟通误会和价值观差异等五个方面。从管理学的角度看，跨国经理人员在异域文化中如果不能很好地解决以上五方面的问题，则必然发生冲突。文化冲突常常导致生活失调，生活失调又加剧了文化冲突，二者交互影响。

根据加拿大著名的跨文化组织管理学家南希·爱德勒（Nancy J.Adler）的观点，解决这一问题有三种途径：一是凌驾，即组织内的一种文化凌驾于其他文化而成为统治文化。好处是可以在短时间内形成一种"统一"的组织文化，但其缺点也很明显：其他文化因遭到压抑而使其他成员产生强烈的反感，最终反而可能使冲突加剧。二是折衷，即不同文化采取妥协与退让的方式，有意忽略回避文化差异，从而实现组织内部的和谐与稳定。但是这种和谐与稳定背后往往潜伏着危机，只有当文化间差异非常小的时候，才适用这种方法。三是融合，即不同文化在承认、重视彼此差异的基础上，相互尊重、补充、协调，从而形成一种你我合一的、全新的组织文化。这种文化不仅具有较强的稳定性，而且极具"杂交"的跨文化优势。因此，对于大多数跨国企业而言，通过融合的方式吸收异质文化中的精华，形成自身特有的企业文化和管理方式，是适应跨国文化环境、降低文化障碍成本、提高企业经济效益的最佳选择。

（三）外商在华投资企业跨文化管理的实证研究

上海东华大学旭日工商管理学院和美国路易斯安那大学合作研究，定量地分析了在华跨国公司的文化冲突表现的表征因子。研究结果显示，跨国公司在华企业的跨文化冲突可以用五个因子表征：管理体制因子，外方经理行为方式因子，文化尊重因子，员工发展因子，金钱、权力距离因子。

河北大学的张玉柯教授在对日本在华投资企业的研究中指出：跨国公司在华投资企业的跨文化管理核心将是注重企业文化整合，其实质是重塑新的企业文化。

二、基本假设与个案研究

西方发达国家的在华投资企业在进行跨文化管理时可以借助自身已经形成的强势的、优良的企业文化来顺利过渡，在外部适应中国的"关系经营"的环境，从而在中国顺利经营和发展。发展中国家在华投资企业跨文化管理中，缺少的恰恰就是这种可以依赖的强势的优秀企业文化，需要在跨文化环境中建立起企业自身的、适应跨文化经营环境的企业文化。因此，可以假设：发展中国家在华投资企业跨文化管理中的文化整合模式应该是建立第三种文化去解决文化冲突。

（一）问卷调查

1. 调查目的

文化冲突的起源是文化差异，为了解K企业中中国员工和印度员工的文化差异，运用了文化分维理论对K公司员工的文化维度进行调查。

2. 调查的方法和程序

（1）调查的对象。

调查的对象是在K公司（广州）工作的印度员工和中国员工。发出问卷85份，其中收回有效问卷79份。调查对象的构成如下：

印度籍员工15名，占K公司全体印度籍员工的10%（印度籍员工相关统计资料见表1）。

表1 印度籍员工相关统计资料

性别		年龄段			
男	女	40~49岁	35~39岁	30~34岁	25~29岁
100%	0%	6.7%	13.3%	13.3%	66.7%
职务			调查对象的受教育年限							
经理/主管	班长	工程师	≤10年	11年	12年	13年	14年	15年	16年	17年	≥18年
33.3%	0%	66.7%	6.7%	0%	0%	6.7%	0%	53.3%	13.3%	0%	20%

中国籍员工64名,约占K公司中国籍正式员工的46%(其余为劳务工)。这次参与问卷调查的中国籍员工,占了K公司同层次(主管级、班长级和机师级)总数的80%。他们是公司的骨干力量,特别是机师级别的"灰领"阶层,人数众多,处于工人和管理层之间。他们的工作表现直接影响公司的日常运作,其价值取向特别值得管理层的注意(中国籍员工相关统计资料见表2)。

表2 中国籍员工相关统计资料

性别		年龄段			
男	女	35~39岁	30~34岁	25~29岁	20~24岁
76.6%	23.4%	1.6%	18.8%	51.5%	28.1%
职务			调查对象的受教育年限							
主管	班长	机师	≤10年	11年	12年	13年	14年	15年	16年	17年	≥18年
9.4%	9.4%	81.2%	4.7%	9.4%	28.1%	25%	14.1%	14.1%	1.6%	0%	3.1%

(2)调查问卷。本次调查采用的问卷是霍夫斯泰德的VSM94价值观调查问卷(The Value Survey Model 1994)。调查目的是通过问卷调查了解在K公司工作的印度员工和中国员工的价值观差异。调查主要涉及的是民族文化的五个维度:权力距离(power distance)、不确定性避免(uncertainty avoidance)、个人主义与集体主义(individualism and collectivism)、男性度和女性度(masculinity and femininity)、长期导向和短期导向(long-versus short-term orientation)。

(3)数据处理结果。利用SPS工具,作者对79份有效答卷进行了统计分析,求出了印度和中国员工对20个问题回答得分的均值(Mean)和方差(Variance)。具体数据参见表3、表4。

表3 印度员工问卷调查得分统计

	N	Mean	Variance
问题1	15	3.67	0.524
问题2	15	2.40	0.543
问题3	15	2.00	0.857
问题4	15	1.87	1.124
问题5	15	2.00	0.857
问题6	15	3.20	1.600
问题7	15	2.00	0.000

续上表

	N	Mean	Variance
问题8	15	2.60	0.971
问题9	15	1.67	0.381
问题10	15	2.80	0.886
问题11	15	2.33	0.381
问题12	15	3.00	0.857
问题13	15	2.20	0.743
问题14	15	4.07	0.781
问题15	15	1.87	0.410
问题16	15	4.33	0.524
问题17	15	3.60	0.829
问题18	15	3.40	1.257
问题19	15	3.00	0.857
问题20	15	2.20	0.314
Valid N (listwise)	15		

表4 中国员工问卷调查得分统计

	N	Mean	Variance
问题1	64	2.91	0.912
问题2	64	2.41	0.467
问题3	64	2.39	0.781
问题4	64	2.28	0.967
问题5	64	2.16	0.737
问题6	64	3.05	0.839
问题7	64	2.17	0.748
问题8	64	2.95	1.156
问题9	64	2.52	0.603
问题10	64	2.05	1.030
问题11	64	2.00	0.667
问题12	64	3.34	0.801
问题13	64	3.16	0.832
问题14	64	2.69	0.980
问题15	64	2.44	1.075

续上表

	N	Mean	Variance
问题16	64	3.80	0.895
问题17	64	2.86	1.361
问题18	64	3.67	0.954
问题19	64	2.97	1.301
问题20	64	3.19	1.234
Valid N (listwise)	64		

（二）调查结果及其分析

参照VSM94提供的公式计算权力距离指数（PDI）、不确定性避免指数（UAI）、个人主义与集体主义指数（IDV）、男性度和女性度指数（MAS）、长期导向和短期导向指数（LTO）。公式如下：

$PDI = -35m(03)^* + 35m(06) + 25m(14) - 20(17) - 20$

$UAI = 25m(13) + 20m(16) - 50m(18) - 15m(19) + 120$

$IDV = 50m(01) - 30m(02) + 20m(04) + 25m(08) - 130$

$MAS = 60m(05) - 20m(07) + 20m(15) - 70m(20) + 100$

$LTO = -20m(10) + 20m(12) + 40$

（*公式中的$m(03)$为第3题得分的均值，其余依此类推）

经过计算，得出中国员工和印度员工的文化维度指数如表5所示：

表5 K公司中国员工和印度员工的文化维度指数

维度指数	PDI	UAI	IDV	MAS	LTO
中国员工	13.15	46.95	28.65	11.7	56.4
印度员工	51.75	46.6	-9.1	63.4	44

从上表可以看出K公司的中国员工和印度员工之间存在相当大的文化差异：

印度员工的权力距离指数比中国员工的高38.6；

印度员工的男性度和女性度指数比中国员工的高51.7；

中国员工的个人主义与集体主义指数比印度员工的高37.75；

中国员工的长期导向和短期导向指数比印度员工的高12.4；

中、印员工的不确定性避免指数相差无几，这是五个维度中唯一没有明显差异的维度。

(三）K公司文化冲突的表现和分析

我们用由上海东华大学旭日工商管理学院和美国路易斯安那大学合作研究得出的反映在华跨国公司的文化冲突表现的5个表征因子来说明K公司企业文化冲突的具体表现（见表6）。

表6 K公司文化冲突的表现

冲突类型	冲突表现
管理体制	该公司的决策是高度集中的，K公司所有大于4万元人民币的固定资产投资和费用都要经过印度总部审批。由于该公司在印度市场上处于绝对的垄断地位，而印度客户对质量要求很低，即使产品存在一些质量问题，客户都会让步接受。而在中国市场上却存在白热化的竞争，客户对质量的要求追求完美近于苛刻。中国客户认为严重的质量缺陷，在印度客户看来根本算不了什么。所以K公司为了满足市场的质量要求而要求追加的设备投资和技术改造都得不到批准，使得在中国的客户感到不受重视而转向K公司的竞争对手
外方经理行为方式	印度人更多讲任务而不是困难，而中国人更多强调困难，希望能找到减少完成任务压力的借口。中方员工常常把不能完成任务归因于环境，如任务交代不明确、准备不充分、技术太复杂、沟通有障碍等。而印度经理则从人身上找原因，接受任务就千方百计想办法，任何借口都是缺乏工作能力的表现。这两种因果解释针锋相对，中印双方很难沟通，双方随之而来的行动和反应就可能导致冲突的发生 在客户关系上，印度籍的销售经理同客户进行谈判时喜欢直来直去，一竿子到底，给客户的印象是古板保守、很难让步。而这个销售经理也觉得中国客户说话喜欢拐弯抹角，加上中间的语言翻译，使他很难把握客户的真实意图。并且该销售经理和下属不和、不注意和客户建立关系、发展友谊，造成本土客户的流失
文化尊重	公司对印度员工的差旅费、交通费和餐费控制很松，对中国员工控制却很严，在等级森严的印度人看来理所当然，但中国员工却认为是国别歧视，使他们对企业的忠诚度大大降低
员工发展	该公司对当地人才的吸引力不够，印度总部把印度公司的工资水平和标准人员定额搬到中国，造成员工的不满。对员工的发展不重视
金钱、权力距离	在印度员工的文化中，上级和下级的权力距离非常大。上级有绝对的权威，下级必须无条件服从。下级接到任务就去执行，而不会探究任务的目的和意义。下级非常尊重上级，即使上级决定有错误，也不会对上级进行提问和置疑，最多是让任务不了了之。上级对下级可以严加斥责，下级只能唯唯诺诺。而中国员工对上级的权力距离感相对较小，特别是年轻的受过较多教育的人，并不认可上级的绝对权威，认为上下级间人格应该是平等的。中国员工接受任务时，总想知道任务的目的和意义，而且这对完成任务的主动性和积极性有相当大的作用。如果中国员工认为上级的决定不够完善，一般会提出自己的疑问和看法。如果不是出现重大错误，下级很难接受上级的严词斥责。在K公司中，印度经理们经常根据自身的经验把工作任务的每一步都安排好，交给中国员工去做。他们不愿意（或不习惯）解释任务的意义和目的。面对员工的疑问和建议很少予以采纳，反倒认为是下属不尊敬他。而中国员工很有主见，认为没有意义的事情或步骤就不去做，印度经理发现后就会对员工斥责而且常常在众人面前斥责。这使中国员工感到"没面子"，伤了自尊心，以至于对印度经理产生敌意，表现出不合作的抵触情绪

因子1：管理体制。反映了跨国公司管理体制的程序化、数字化、制度化。如决策、请示、资源调配上的程序化，要求员工每日、每周写工作报告，决策时要求必须有数字化的证明，员工的提升必须要有良好的英语能力，它所代表的变量与公司内部的管理体制相关，是相对稳定的。

因子2：外方经理行为方式。反映跨国公司外方经理的行为方式。它基本与外方经理的个人行为相关，如外方经理的工作的态度、沟通方式、决策方式和管理方式等。

因子3：文化尊重。反映了跨国公司外来文化对中方文化的尊重程度。如歧视的存在，对中方员工的偏见和文化上的优越感等，因此将其定义为文化尊重因子。

因子4：员工发展。反映跨国公司对员工发展规划的重视程度。是否重视员工的发展要求，是否为员工发展提供了组织学习，因此定义为员工发展因子。

因子5：金钱、权力距离。反映了跨国公司中的差异程度。如薪水差异、权力差异，根据霍夫斯泰德著名的文化比较四指标，将其定义为金钱、权力距离因子。

（四）K公司跨文化管理的策略

1. 文化的融合

从K公司的实践来看，外来文化根本无法也不可能凌驾于本土文化之上。中国和印度文化有很多方面的差异，但这两种文化都有包容性，都是不确定性指数很低的社会，所以在K公司进行保留性文化整合。只要持续地采取正确的跨文化管理策略，加强中国员工和印度员工之间的理解和沟通，就可能在两个民族文化的基础上，创造出超越两国民族文化并且吸收世界先进企业文化的第三种文化。

2. 塑造企业第三种文化

塑造企业文化可以从以下几个方面入手：愿景规划、组织的使命和目标、企业的价值观和原则（K公司的企业理念要素见表7）。

表7 K公司的企业理念要素

企业理念	愿景规划	成为全球受人尊敬的特种包装公司，并在复合管领域保持领导者地位
	组织的使命和目标	通过充分地利用公司现有的资源和不断寻求更好的解决方案，为公司的客户、股东和员工提供更大价值
	企业的价值观和原则	以客户为中心：K公司的直接客户是专业制造企业，这决定公司必须和客户一起成长。客户的标准就是公司的标准，客户的要求是公司一切活动的起点，客户满意是公司一切活动的重点。顾客是K公司存在的唯一理由
		诚实正直：在K公司，提倡公开透明的企业文化。员工应该以诚相待，应该言行一致，必须互相信任和尊重

续上表

企业理念	企业的价值观和原则	每个员工都必须遵守国家法律和公司的规章制度 　团队合作：K公司认为员工之间的合作是企业成功的关键。公司鼓励各个层次上的横向沟通，鼓励通过群策群力解决问题。管理层支持跨部门的团队合作 　尊重个人价值：K公司认为公司最重要的资产是公司员工，公司一切目标的实现都离不开全体员工的努力，公司相信每个人都有做好本职工作的意愿。公司为每个员工提供发挥聪明才智的机会和发展空间，帮助员工增加其市场价值，而每个员工应该对自己的职业生涯负责。公司充分尊重个人的意愿、信仰和选择权 　创造性地解决问题：K公司鼓励每个员工创造性地解决面临的问题。公司尊重每个员工的首创性和主动性，公司鼓励每个员工为改善工作而提出的合理化建议，并积极予以采纳 　专业精神：K公司提倡专业精神，守时守信。提倡工作的有计划性，处理问题的专业性，解决问题的系统性 　持续改进：K公司相信持续改进是企业保持领先地位的途径。K公司相信日积月累的点滴改善必将导致质的飞跃和提升 　追求卓越：K公司永远不满足既得的市场地位和成就，将通过不断地创新，不断地改进，不断地变革，保持在行业中的领先地位

3. 本土化的管理模式

采用"制度式"管理，同时汲取"家族式"管理的某些做法。例如，重视人力资源管理、关心员工、信赖员工、建立亲密的上下级关系、营造温暖和睦的"大家庭"气氛等等。从中国的国情出发，汲取"家族式"管理的某些做法是完全可能的，甚至在增强员工的"组织承诺感"方面能够收到比西方企业更佳的效果。例如，创造一个温暖的"大家庭"的气氛，对于集体主义观念较强、对集体（企业）的依赖度较大的中国员工来说，更易产生"以企业为家"的思想。企业主管与下属建立亲密的关系，对于注重关系、人情的中国员工来说，无疑更愿意为上司及公司效力。以下的做法，值得考虑：

（1）将员工的个人收入与企业的收益挂钩。例如，实行浮动工资制是可行方法之一，即将员工的部分收入与企业的效益相联系，作为浮动工资。这种做法在国有企业、乡镇企业颇流行，但有些中外合资企业并没采用。实际上，在中国，此方法对于增强员工的"组织承诺感"是有效的。

（2）关心员工的福利。在中国，由于社会保障制度尚未健全，企业在一定程度上不得不为员工负担福利开支。例如，国有企业一般都要为职工的住房、医疗费以及其子女的入学（入托）提供资助。如果中外合资企业不顾中国的国情，不在员工福利方面努力，员工的"组织承诺感"将会减弱，导致留不住人才。

（3）给员工多点"人情味"。中外合资企业应多关心员工"八小时外"的生活。主管要多与员工沟通，做员工的良师益友。

（4）重视民主管理。不要将员工当"打工仔"，要让其参与某些决策，以增强他们的主人公意识。

三、讨论

发展中国家国际化问题中必然包含跨文化管理问题，在文化整合以及企业文化建设中，会遇到不同于发达国家国际化的跨文化管理问题。本文通过印度在华投资企业K公司跨文化管理问题这一个案的研究，对发展中国家在华投资企业的跨文化管理问题作一探讨。由于发展中国家在同属发展中国家的中国投资经营，在与当地文化整合方面，作者认为可能会出现两种情况：①中国员工既不接纳外商的企业文化，又不能坚持自己原有文化，从而处于文化迷茫状态的整合情况。②两种文化在沟通良好、互相尊重的基础上，吸收双方文化中的优点，慢慢实现融合。这是一种比较理想的状态。但大多数会是第一种情况。以上的个案就属于第一种情况。要解决这一文化融合的问题，作者认为唯一的出路就是外商高度认识到企业文化的重要性，努力建立第三种文化来引导、统一企业，以此作为企业的竞争优势。只有这样，才能做到内部整合，才能实现外部适应。这才是企业在全球化竞争中立足和发展之本。

（原载：《中国软科学》，2004年第12期；合作者：金智慧，姜子学）

企业并购下的文化整合与创新

一、企业并购的现状

迄今为止,世界已经经历了五次并购的浪潮,并且并购的数量和交易额日益增加。据联合国贸发组织的统计,最近20年全球并购金额以年平均42%的速度迅猛上升,到2001年跨国并购的规模已经达到114 000亿美元。

并购是企业实现低成本高速扩张、超常规发展的重要方式。在现实中,尽管并购的数量和交易额日益增加,但并购的效果却并不乐观。Marksrower公司调查了发生在20世纪90年代的168宗并购交易,发现有2/3的并购活动减少了公司价值。美国《财富》杂志2000年的调查也发现,有3/4的并购活动所产生的并购收益不足以弥补其并购成本。

企业并购将两个具有不同文化特质的企业联系在一起,目的就是实现并购双方的有机协调配合,充分发挥各自的资源优势与潜力,实现"1+1>2"的协同效应,提高企业整体的竞争力和持续发展力。然而,当某个企业对其他企业实施并购之后,原来不同质的企业文化共处于同一时空环境之中,必然要经历一个冲突与选择的互动过程,形成新的企业文化体系,从而在真正意义上完成企业的并购过程。

二、文化整合对企业并购的重要性

决定并购成败的关键因素是什么呢?并购管理专家P.S.萨德沙纳姆(1998)认为:"收购和兼并通常使两个相互独立的具有不同公司特性、文化和价值体系的组织包容在一起。所以成功的并购取决于不同组织之间如何进行有效的管理整合。"在并购中,管理整合的内涵十分丰富,包括资产的整合、人力资源的整

合、组织战略的整合、企业文化的整合。在通常情况下，大多数企业并购决策都是基于企业间业务、技术、财务等看得到的企业资源能否实现互补，却往往容易忽视并购后的文化整合。据波士顿咨询集团的研究发现，只有不到20%的公司在并购目标企业之前考虑过文化整合计划。忽视文化的整合是导致公司并购失败的重要原因之一。

事实上，由于文化差异的客观存在（它起源于并购企业双方在社会文化背景、企业性质和管理风格等方面上的差异），并购后的企业作为"一个多元文化机构"，必然面临来自不同的文化体系的碰撞。随着两种异质文化接触面的扩大和接触程度的加深，企业文化中本质的、深层次的差异和矛盾就会显现出来，并渗透到企业管理的各个方面，势必在企业中造成激烈的文化冲突。只有通过企业文化的配合，发挥企业文化的同一性和能动性的功能，才能消除激烈的文化冲突，促进企业管理各层面的改革和完善，实现企业内部的自我优化。

三、并购下企业文化整合模式综述

从本质上说，企业文化的整合过程就是一个文化再造的过程，它既是原有文化模式被打破、消散的过程，又是新企业文化形成和发展的过程。一般而言，企业文化整合模式有以下四种：

（1）融合式。这种方式是重组双方的企业经过沟通、渗透和妥协，相互取长补短、有机结合，从而形成一种双方认同的新型文化。这种整合模式糅合了双方文化的长处，往往使原有的文化功能更齐全，结构更完善，并且由于经过了双方的沟通和妥协，不存在敌对的文化分歧，文化冲突比较少。但这种整合模式的缺点在于风险和成本较大，整合的速度较慢，整合成功与否很大程度上取决于新文化的质量和员工的适应能力的强弱。

（2）吸收式。一般来说，该模式是指并购企业文化取代被并购企业文化，故又可称为文化注入式。这种注入式的文化整合通常发生在被并购企业的经营状况不太好，并购方在并购中完全处于主导地位，而被并购方完全处于被动地位的情况下。采用该模式时，企业要注意被并购方员工的抵触心理，并防止并购方优越感和被并购方自卑感的产生和冲突。

（3）分隔式。也就是限制双方接触，保持两种文化的独立性。当并购双方的文化差异较大，被并购方员工希望保持原有文化、拒绝接受并购方的企业文化，而双方又在技术资源上有很强的互补性和时效性时，为了避免激烈的冲突，可以采用这种模式。这种方式在短期内的效果较明显，但只是一种权宜之计，往往会给企业的长期发展留下隐患。企业在重组完成后，要注意逐步消除企业间的文化分歧，在时机成熟的时候注意及时整合，重塑新的企业文化。

（4）混沌式。在文化整合的过程中可能会出现一种所谓"混沌化"的文化适应状态，即当被并购企业员工既不珍惜原来的价值观，将其抛弃，同时又不认同并购企业的文化，员工之间的文化和心理纽带发生断裂，价值观和行为变得混乱无序。出现这种情况，企业就应加强员工之间的沟通，对混沌化的文化进行整合，以防止其产生强烈的抵触情绪，影响企业的重组效果。

不同的文化整合模式为文化整合提供了各种可能的方向，企业应遵循从实际出发的原则，充分考虑并购双方战略的相关性、文化的宽容性以及员工对文化的认同度，选择适宜的文化整合模式。然而，仅仅把握文化整合模式是不够的，文化整合是一个复杂的过程，只有深刻地理解并把握整合创新的整个过程，并采取相应的措施，文化整合才能顺利进行。为了系统而深入地研究这个问题，以下就结合S形曲线理论，详细阐述文化整合创新的全过程及其各个阶段应采取的策略。

四、并购下企业文化整合发展的过程及其创新策略模型

在现实中，人们对于新事物的反应往往会经历一种S形曲线，即从"认知""试行""评估"到"使用/实施"的过程，其基本表现形式为开始时很平缓，在一段时间后，陡然成长，然后又恢复缓慢。在相关理论的应用方面，S形曲线也同样适用，对此英国商业经济学家Charles Handy教授曾明确指出："在相关理论中S形曲线的方法能获得较佳的结果。"

在这里引入S形曲线理论，以时间—企业绩效作为相关的两个维度，并按时间顺序将S形曲线依次分为四个部分以代表文化整合的四个阶段：探索期、碰撞期、磨合期和拓展期。以下就结合S形曲线，具体论述文化整合的过程及其相应的策略。

（1）探索期。探索期是指全面地考察并购双方文化的状况、差异以及根据考察的结果做出初步整合方案的时期。在这个阶段，双方的人员开始相互认识，并按照自己价值标准去"考核"对方，交流和沟通比较少，并且多以"理性为主、感性为辅"。在组织中，激动、希望、怀疑、焦急和犹豫并存，人们存在很

多疑问：对方到底是怎样的人？自己的为人处世方式能否得到认同？

这一阶段的主要策略是识别文化差异，构筑共同的愿景。文化冲突是由文化的差异引起的，因此必须首先对文化差异进行识别。根据美国人类学家爱德华·赫尔的观点，文化可以分为正式规范、非正式规范和技术规范三个层次。正式规范是人的基本价值观和判断是非的标准，它能抵抗来自外部企图改变它的强制力量，故由正式规范引起的文化冲突不易改变。非正式规范主要是人们的风俗习惯，由其引起的文化冲突可以通过较长时间的文化沟通和交流加以克服。技术规范可以通过技术知识的学习获得，其引起的文化冲突容易解决。由此可见，不同规范的文化所造成的文化冲突的程度和类型是不同的，文化管理者首先要识别和区分文化差异，才能有效地采取针对性的措施。

（2）碰撞期。碰撞期为文化整合开始执行的阶段。这一阶段往往伴随着大量的变革措施，如新的组织结构的建立、管理层的调整、人员的精简或启动较大的项目等。随着文化整合步骤的实施，各种文化直接发生接触和碰撞，冲突的产生在所难免。此时，组织中气氛比较紧张，士气较低且起伏不定，组织成员可能会抵制各种形式的变革，并伴随着挫折、愤怒和对立的情绪。

这一阶段的主要策略是发展文化认同，进行跨文化的培训和沟通。跨文化培训和沟通包括对文化的认识、文化的敏感性训练以及冲突的处理等。文化整合的模式不同，跨文化培训和沟通就应有所侧重：①对于吸收式的整合模式，培训和沟通的重点是被并购方的人员，要强化被并购方的人员对企业的经营理念和文化价值观的认同，建立规范的企业组织结构和双方认同的各种沟通机制；通过技术培训和管理培训使得员工的观念尽快地更新，以适应新的经营管理环境。②对于融合式的文化整合模式，培训和沟通的重点在于双方的人员对新的文化的认同，应通过敏感性训练来加强人们对不同文化环境的反应和适应能力，促进不同文化背景人之间的沟通和理解；通过各种正式和非正式、有形的和无形的文化沟通，打破每个人心中的文化障碍和角色束缚，找出不同文化间的相同之处，强化每个人对不同文化环境的适应性，提高不同文化间的合作意识。③对于分隔式和混沌式的文化整合模式，由于它们只是企业在短期内的一种权宜之计，培训的重点主要在于减小企业间的文化分歧，消除彼此对对方文化的成见和误解，为下一阶段进行有效的整合沟通做准备。

（3）磨合期。磨合期是指两种文化逐渐走向融合发展的一个较长阶段。这一阶段的主要策略是排除"隐性"的冲突，强化员工的行为，以促进文化的巩固、融合和发展。这个阶段，尽管绝大部分的"显性"矛盾已经解决，但是各种"隐性"矛盾仍可能存在。其主要表现为以下几个情形：①自我表达之隐藏性——表里不一，外表显露的意愿不是其内心真正的目的。②相互沟通的不完全性——经常因为工作职位上隐含的顺从压力使成员把间接、隐晦的方法传达给对方。③满足自我需求——假装与对方理念一致而利用对方来满足自己的需求。④角色规范的不对称性——工作关系中利用对方履行其职务中内含的义务与责任，而从中取得方便。"隐性"矛盾的存在，构成了对组织利益的潜在威胁，"隐性"矛盾长期的积累往往容易导致不良行为和"显性"矛盾的反复。因此，管理者要善于发现并排除各种"隐性"矛盾，不仅要注重员工的协调和沟通，更要注意对员工的行为进行强化。管理者在对人员的行为进行强化时，要遵行"强化理论"的一些行为原则：①要依照强化对象的不同，采用不同的强化措施。因为文化背景不同，需要就不同，强化的方式就应该不一样。②在强化手段的运用上，应以正强化为主，在必要的时候也可实施负强化，对不利于企业的行为给予惩罚，做到奖惩结合。③及时反馈。及时反馈是很重要的，组织成员在实施了某种行为以后，即使是管理者表示"已注意到这种行为"，也能起到正强化的作用；如果管理者对这种行为不予注意，这种行为重复发生的可能性就会减少以至消失。

（4）拓展期。拓展期是在双方文化趋于融合的基础上，整合创新出新的文化的时期。在这一阶段，经历了文化冲突、文化振荡（cultural shock）和合作，文化整合已经从显性的、有意识的外部推动，逐步过渡到潜移默化的自然整体化和统一阶段。此时，组织的管理人员和员工之间基本形成了共同、共享的价值观和理念，并逐渐发展到不容置疑的基本假定，从而完成新文化的整合创新过程。

这一阶段的主要策略是深化共同价值观，树立崇高目标，增强凝聚力，促进整合文化的不断创新和发展。价值观念作为企业文化整合的核心，必须加以深化才能形成持久的信念和基本假定，增强员工的向心力和凝聚力。崇高目标对员工的目标和行为具有强烈的导向和诱导作用，人们在为着共同目标而奋斗时，往往会忽视导致冲突的因素。而根据企业凝聚力的三层次系统分析法，在树立崇高目标后，还必须侧重目标内化层次，即将企业目标内化为个人目标，以进一步增强凝聚力。

总之，在企业并购之后的管理整合中，除了要进行资产的整合、人力资源的整合和组织战略的整合外，还必须重视加强企业文化方面的整合和创新。只有充分理解企业文化整合的全过程，把握各个阶段文化冲突的主要特点，采取相应的策略进行文化整合的管理,并购才能真正成为企业提高整体竞争力和持续发展力的有效途径和手段。

(原载:《经济师》,2005年第4期;合作者:吴隆增,别俊)

动态企业文化研究

一、企业文化与动态企业文化

企业文化（corporate culture）作为一门学科——企业文化学的兴起，不过二十多年时间。关于企业文化的概念，国内外学者有许多不同的表述，如泰伦斯·迪尔和爱伦·肯尼迪将企业文化理解为：企业文化是由五个因素组成的系统，其中价值观、英雄人物、习俗仪式和文化网络是它的四个必要因素，而企业环境则是"形成文化惟一的而且又是最大的影响因素"。彼得·德鲁克则认为，企业管理不仅是一门学科，还应是一种文化，即有它自己的价值观、信仰、工具和语言的一种文化。而威廉·大内说："一个公司的文化由其传统和风气所构成。"有人对企业文化的定义作过统计，共有180多种。

企业文化有广义和狭义之分，广义的企业文化是指企业物质文化、行为文化、制度文化、精神文化的总和，狭义的企业文化是指以企业价值观为核心的企业意识形态，包括企业全体员工在长期的创业和发展过程中培育形成并共同遵守的最高目标、价值标准、基本信念和行为规范。

企业文化是伴随着企业成长而发展的，企业文化与企业的关系犹如人的思想与人的身体的关系。从这个角度看，任何企业都有其相应的企业文化，区别在于企业情况不同其文化优劣强弱也不同。一个企业消失了，可能她的文化得以流传下来，犹如一个人虽然去世了，但他的思想得以流传下来一样。但绝不可能一个企业还没有诞生，就已有她的企业文化，犹如一个没出生的人不可能有他的思想一样。

企业文化会带有民族、地域、时代等通性特征，也会有企业独特的一些特征，但无论如何，这些文化特征都应该与企业及其环境相匹配。因为企业一定是在特定的地域、时代环境下成长的。与企业不相匹配的企业文化会给企业带来危害,犹如人的思想与身体的成长不相匹配会造成危害一样。

并不是所有的企业都可以顺着预想的轨迹平稳成长前进的,由于内力或外力的原因,企业可能会突然脱离原来的轨迹,改变原来的运行方向。由于企业文化具有一定的惯性作用,这会造成企业与文化的不匹配,会出现一个振荡过程。

由于内力或外力的原因使企业方向和战略目标发生重大变革,引起企业文化与企业不匹配导致文化振荡,直到与变革后的企业相匹配后才逐渐平稳,形成新的企业文化。本文将这一振荡过程中的企业文化称为动态企业文化。

国内外学者大多数集中在对企业正常成长运营状态下的企业文化作研究,对动态企业文化专题展开研究的还不多。如河野义弘(1992)调查统计了上百家企业后,将企业文化分为活力型、独裁活力型、官僚型、僵化型和独裁僵化型五种类型,迪尔和肯尼迪(1982)也将企业文化分成强人文化、赌博文化、过程文化和"拼命干、尽情玩"文化四种,胡军(1995)对跨文化管理作了较深的研究,陈维政等(2005)研究了转型时期的中国企业文化,但对企业发生并购等重大变革情况下的文化振荡过程研究不多。

二、动态企业文化形成的原因

企业文化结构分为四个层次(见图1),核心层是精神文化,中层是制度文化,浅层为行为文化,最外层(表层)是物质文化。

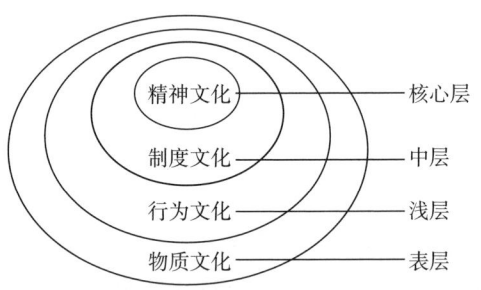

图1 企业文化结构示意图

企业文化的形成过程是由外到里,一层一层沉淀积累起来的,具有过程性、社会性、民族性、渗透性、传统性等特征,时间越久沉淀得越深、越牢固,会浸润到企业的每个环节,影响到员工的价值观念、行为规范、精神面貌等。正因为这样，当企业突然改变运行方向时，会引起企业文化的惯性和反作用力的对抗。企业方向改变得越大，受到惯性和反作用力的对抗也越强；企业改变越靠近核心层，振荡幅度越大。

企业突然改变运行方向可能由两种原因造成，一是来自外部力量，如企业发生并购而且并购后企业目标、方向或管理模式发生重大改变；二是企业发展到一定程度，企业内部矛盾从量积累到质的变化，公司需要拆分、转行、地区迁移、领导层大变革等。这有点类似佛教里面的顿悟和渐悟，无论哪种方式，最终结果都已经发生了质的变革。这种变革一旦发生，往往时间上会希望尽快完成，希望尽快在新的轨道上取得实效，这时企业文化的变革可能无法与企业变化同步，从而产生了不匹配现象。但经过一段时间的振荡磨合后，振幅会越来越小，逐渐过渡到新的企业文化形成（见图2）。

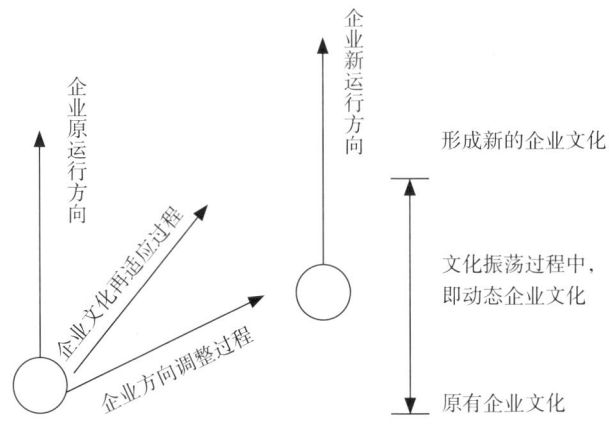

图2　动态企业文化过程示意图

三、动态企业文化带来的利弊

动态企业文化由于和企业处于不完全匹配状态，会给企业变革带来风险，甚至可能导致变革失败。很多专家学者的研究结果表明，并购失败的主要原因是并购之后的整合不成功，也就是被并购企业无法调整到所希望的方向目标上，而整合失败的首要原因正是企业文化的差异和冲突。在变革中动态企业文化会形成两种风险：一是企业文化的一些隐性特征在变革中会显现出来，并成为文化冲突的重要原因。一个企业往往需要很长时间的发展，然后形成一种较稳定的价值观和规范，逐步沉淀为企业的文化，这是文化的社会性、过程性、传统性特征。文化中可能有很多优秀的特点，也可能会存在一些瑕疵，有些缺点可能对企业本身来讲已经习惯了或者已经感觉不到了，成了隐性特征，但一旦发生并购或重大变革，这些隐性特征就会显露出来，也许正是这些特征与新目标无法相容。这好比一个广东小伙娶了一个四川姑娘，结婚后发现自己无法接受吃辣椒的习惯，而四川姑娘吃辣椒在当地本来是习以为常的事情，是原本就存在的习惯，只不过两个人合到一起才显示出习惯差异而已。二是企业文化在变革发生过程中会产生一些特性的变异甚至形成一些临时性的特征。比如原来很温和的文化在并购发生后会变得焦躁，原来并没有那么多的谣言在并购发生后会大量产生等等。这好比一个平时对老人很温顺的姑娘在结婚之后面对婆媳关系时却显得很粗暴，与原来的性格产生很大差异，但在结婚之前并不存在这种矛盾。

动态企业文化可能会引发人心动荡，在新的价值观和规范形成之前员工处于迷惘状态，影响团队战斗力，增加人力资源成本。

但如果引导得当，动态企业文化状态是企业文化提升和完善的最佳良机。由于企业文化的惯性作用而存在惰性，正常情况下有些文化中的劣质或已经过时（曾经是时尚和先进的）的特征要去掉往往相当困难，或者需要付出高昂的变革成本，但在动态企业文化状态下可以很容易或以很低成本实现这种变革。

四、降低动态企业文化风险的方法

缩小企业文化振荡的幅度和缩短振荡的时间是降低动态企业文化风险的主要思路。

如果企业变革后的方向是企业员工所盼望的，或者并购方的企业文化是本企业员工所仰慕的，则可以产生一定的向心力，抵消部分惯性和反作用力，可以降低振荡幅度和缩短文化振荡过程。所以在企业变革发生前充分让员工理解变革的必要性，让员工认同变革所带来的好处，是非常重要的。

在图1所示的企业文化四个层次中，变革越靠近核心，带来的振荡越大、时间越长，如果企业改变方向虽然涉及文化的核心层，但尽量保持制度不变，那么精神文化层的振荡对行为文化等层面的影响就会被隔离，可以缩小振荡幅度。所以如果一项变革可能引起文化的重大振荡，就不如分开层次变革，减少文化风险。

当然，如果变革本身就希望用新的企业文化覆盖原来的文化，就应该以速战速决的方式，长痛不如短痛。虽然振荡幅度很大，但时间短了，从成本上看更有利。

五、结论

无论是由于外部力量还是企业内部原因，企业方向或目标发生重大变革时，企业文化进入振荡过程是很难避免的，这样的过程本文称之为动态企业文化。动态企业文化给变革带来风险，甚至可能导致变革的失败，但也存在有利的一面，就是可能会提升企业文化，形成更高更新的价值观和规范，可能会驱除多年沉淀下来的企业文化中劣质和过时的部分。缩小企业文化振荡的幅度和缩短振荡的时间是降低动态企业文化风险的主要途径。

（原载：《科技管理研究》，2006年第9期；合作者：臧根林）

论六西格玛管理中六西格玛文化的构建

20世纪80年代中期,美国摩托罗拉公司创立并实施了六西格玛(6Σ)管理。六西格玛管理是一种以满足顾客要求为中心点,以提高产品质量效益为导向,综合运用各种统计技术和手段来发现和减少过程变异,最终求得企业长期稳定发展的综合性管理方法。其改善的典型步骤是:定义、测量、分析、改进、控制。六西格玛管理哲学是建立在以往许多先进管理理念和实践基础上的一门学说,其追求的目标是每百万次机会不多于3.4个缺陷。这一哲学的核心价值观可概括为:客户导向、数据驱动、持续改进、追求卓越。六西格玛管理的实施不仅使摩托罗拉公司摆脱了被动的竞争局面,而且使其第一批获得了波多里奇质量奖,成为今天世界级的质量领袖。随后,Abb、联合信号、GE相继采用了六西格玛管理,并取得了丰硕成果,由此引发了一场国际性的六西格玛管理浪潮。20世纪90年代末,一些在华跨国公司开始实施六西格玛管理,由此引起了国内众多企业关注这一管理理念。本文主要就六西格玛文化对六西格玛管理实施的影响等问题作一些探讨。

一、六西格玛文化对实施六西格玛管理的重要性

彼得斯等人在《寻求优势》一书中指出:"在经营成功的公司里,居第一位的并不是严格的规章制度或利润指标,更不是计算机或任何一种管理工具、方法、手段,甚至也不是科学技术,而是企业文化或公司文化。没有强大的公司文化即价值观和哲学信念,再高明的战略也无法成功。公司文化是企业的基础、发展的动力、行为的准则、成功的核心。"从彼得斯等人的上述论述中,可以深刻

地体会到企业文化对企业成功的重要性。六西格玛管理作为一种新的管理方法和技术，同样离不开六西格玛文化的支持。

（一）六西格玛文化的内涵

对于六西格玛文化，目前学术界尚无明确的定义和解释。现实中，产业界的关注似乎比学术界要多。GE前任首席执行官杰克·韦尔奇曾将六西格玛管理的文化定义为：六西格玛质量管理属于领导者，属于经理人员，也属于员工——每一位公司成员的工作；我们要改变我们的竞争能力，所依持的是将自己的质量提升至一个全新的境界；我们要使自己的质量让顾客觉得极为特殊而有价值，并且对他们来说是相当重要的成功因素。如此一来，我们自然就会成为他们最有价值的唯一选择，我们必须在我们所做的工作中成为最好的。必须做到最好，否则就别去做。虽然韦尔奇的定义表达了六西格玛文化的核心内容即追求完美，但该定义还不是六西格玛文化的全部内涵，同时，该定义也过于繁琐。因此，有必要对六西格玛文化做一个言简意赅的定义。基于六西格玛管理与六西格玛文化的关系，可以将六西格玛文化定义为：一种以六西格玛管理哲学和理念为主导思想和核心价值观的企业文化。该定义有两层含义：一是说六西格玛文化是企业文化的一部分；二是说六西格玛文化以六西格玛管理哲学和理念为核心价值观。该定义基本反映了六西格玛文化的本质属性，而且言简意赅。当然，该定义也只是反映了六西格玛文化的核心和本质内容，其具体内容则必须将六西格玛管理哲学和理念与企业文化理论结合起来拓展。

（二）六西格玛文化是影响六西格玛管理实施的关键因素

六西格玛是一个管理系统。企业引入和实施六西格玛管理更是一项庞大的系统工程，因此，很多因素影响着六西格玛管理的实施。许多学者对影响六西格玛管理实施的因素进行了研究。纵览这些研究，尽管看法莫衷一是，但对诸如管理者承诺和支持、组织文化、有效内部沟通等因素的关键作用则有较为一致的看法。

埃克斯（2004）认为，要实现六西格玛管理的目标，有3个关键因素，即战略因素、战术因素和文化因素。他认为在这3个因素中，文化因素是最重要的因素，三者与六西格玛管理成效间的关系可以用一个简单的公式来表达：$Q \times A = E$。其中：Q代表六西格玛管理中战略和战术因素的总和，A代表组织在文化方面对六西格玛战略和战术因素的认同，E代表在开展六西格玛管理方面所能达到的绩效水平。

埃克斯将Q和A的分值区间定为1~10。因这是一个乘法公式，因此E的得分在1~100之间。姑且不去探讨该公式是如何得来的、其合理性如何，但由该公式可以得到如下启示：一是六西格玛管理绩效与战略战术及文化的关系是非线性的；二是六西格玛管理绩效是战略战术和文化共同作用的结果；三是六西格玛文化与战略战术对六西格玛绩效来说具有同样的重要性；四是六西格玛文化与战略战术互为条件，两者只有协调发展才能取得理想的绩效；五是六西格玛管理业绩与六西格玛文化和战略战术间为正相关关系。

埃克斯（2004）的战略、战术、文化和绩效关系公式为企业实施六西格玛战略指明了方向，即在强调战略、战术等技术硬件的同时，必须重视文化因素，不可偏废。

一个组织引入六西格玛管理，就必然要改变其决策方式，必须从想当然、大概、或许的模糊决策向基于事实和数据的确定性决策方式转变。这对那些习惯于靠拍脑门进行决策的组织来说，是巨大的变革。在任何组织中，推行变革都将是一项艰巨的任务，对于推行六西格玛管理来说更是如此。六西格玛管理变革的阻力可能来自于三方面：一是技术方面的，如员工在实施六西格玛管理时面对复杂统计技术而产生的恐惧和无能感；二是文化方面的，这主要是由组织以前文化的惯性和惰性造成的；三是个人方面的，即因个体心理压力所导致的情绪及行为上的紊乱，进而引起对变革的抵制。在这三种阻力中，技术方面的阻力是普遍的，文化方面的阻力则是最强的，也是最具挑战性的，尤其是对以前获得成功的组织更是如此。

构建与六西格玛管理相适宜的企业文化对于持久的六西格玛管理具有极其重要的意义。对于任何决定导入六西格玛管理的企业来说，要想获得持久成功，就必须将其上升到企业战略的高度，成为企业经营战略的一部分，甚至成为公司经营的突破性战略，如果仅将其作为解决问题的工具和削减成本的手段，那么其成效必定是有限而短暂的。然而，所有战略的有效实施都必须依靠企业组织及其文化的及时响应。如果没有组织背后的文化支持，战略中的杰出智慧将变得一文不值。战略与企业文化是相互为用的东西，事实上，现实中即便是不尽完美的战略，如果获得了积极文化的支持，其结果也会比方案上出色、却不能得到组织文化大力支持的战略具有更大的成功机会，因为企业文化的"机器"具有引导和维持员工一系列行为的功能，而这些行为对于企业战略目标的实现又是十分重要的。

在对文化的依赖方面，六西格玛管理战略也概莫能外。没有与之相适应的文化配合，六西格玛管理战略就只能是一句空话。为进一步说明六西格玛文化对六西格玛管理战略的重要影响，我们对埃克斯的公式再略作如下探讨。

事实上，埃克斯的公式隐含着这样的假定：文化与战略战术是完全匹配的。也就是说该公式假定战略战术与文化配合产生的始终是正协同效应。对文化与战略战术冲突的情况没有考虑，这显然是不完善的。为此，将其修订成更为一般化的公式：$Q \times A^{\lambda} = E$。其中：Q代表组织实施某项战略和相应的战术因素的总和，A代表组织文化力强弱指数，E代表在开展该项战略所能达到的绩效水平。Q、A的取值范围仍为1~10，$\lambda \in [-1, 1]$。λ为1时表示战略与文化完全匹配，文化和战略产生预期的正协同效应，此时为埃克斯所表述的公式$Q \times A = E$；λ为-1时表示战略与文化完全不匹配，公式变为：$Q \times A^{-1} = E$。该公式表明，文化力越强，战略战术的成效就越小，文化对战略不是起促进作用，而是制约着战略的成效。一般情况下λ介于-1到1之间，λ等于1或-1都是极为罕见的。上述公式表明文化与战略的匹配性对战略绩效的影响。

由以上论述我们可以看出，六西格玛文化对实施六西格玛管理起着关键作用。若想六西格玛管理持续发挥功效，就必须构建与之相一致的六西格玛文化。也正是基于此，有的学者提出应该把是否形成了六西格玛文化作为实施六西格玛管理成功与否的标准。

二、我国企业实施六西格玛管理所面临的主要文化冲突

由于六西格玛管理产生于美国，因此六西格玛管理中蕴含的文化与中国的传统组织文化会产生冲突。对于想导入六西格玛管理的国内企业来说，都必须面对和正视这种文化冲突。国内企业导入六西格玛管理必须面对和解决的主要文化冲突有：

（一）思辨性思维与逻辑理性思维的冲突

中国几千年的文化尽管给国人思辨性思维以深厚的底蕴，但这种思辨性思维不是以经验事实为基础，其空谈议论多于实质性内容，不讲究逻辑推理，也不追求严密的公理体系。这种思辨性思维反映到企业管理中便是从哲学层面研究问题较多，而不愿扎扎实实去做具体的工作。国人的这种思辨性思维显然与六西格玛管理要求的逻辑理性思维格格不入，因为六西格玛管理要求企业的

"言""思""行"都必须基于事实,要求做事要三思而后行,不能想当然。因此,任何不改变思辨性思维习惯的企业,引入六西格玛管理都将注定要失败。

(二)精英文化与中庸文化的冲突

六西格玛管理产生于崇尚个人主义、英雄主义文化背景的美国,是一种靠精英的努力来推动流程优化的方法。可以说,六西格玛管理推崇的是一种精英文化。然而,在奉行"中庸之道"的中国传统文化背景下,六西格玛管理的精英文化不得不面对"枪打出头鸟""木秀于林,风必摧之"的尴尬。因此,在中国本土企业中推行六西格玛管理必须处理好精英文化与中庸文化的冲突。

(三)人治文化与法治文化的冲突

中国尽管是世界上最早有成文法的国家,但在中国的历史上,没有一个朝代是完全以法来治理的,更多的是依靠"父母官"的个人品行。几千年来,人治成为一种根深蒂固的传统;就是在今天,其影响仍然很大。许多企业习惯于人治,他们尽管也制定了许多规章制度,但大多是摆设,根本不起作用。六西格玛管理要求行事按规程、奖罚按条理、提升按业绩,倡导用制度来约束人的行为、制度面前人人平等,因此,国内企业实施六西格玛管理必须处理好人治文化与法治文化的冲突。

(四)定性管理文化与定量管理文化的冲突

中国企业,一般习惯于定性地描述问题和决策,很多情况下人们是凭经验办事,不习惯收集、分析数据来找事物发展的内在规律。而六西格玛管理强调的是数据和量化管理。"六西格玛"本身是一个量的概念,在六西格玛管理中,要求人们用统计思想和方法来思考、分析和解决问题,可以说,六西格玛是一种定量文化。国内企业要实施六西格玛管理必须跨过定量化管理这道坎,否则,实施六西格玛管理将难以有实质成效。

三、构建有利于实施六西格玛管理的六西格玛文化

企业文化的形成是长期渐进的结果。影响企业文化形成的因素很多,涉及企业生产经营的各个方面。在影响企业文化建设的因素中,领导者行为,绩效考核,人事管理,愿景、目标和战略,组织结构和竞争环境被认为是六个最主要的

因素。六西格玛文化的构建是一个复杂、长期的动态过程，需要企业内部各方的共同努力。六西格玛文化的构建不可避免地也要经过解冻、变革和固化三个阶段。其具体步骤则应该因地制宜，不可生搬硬套。根据上述对影响企业文化形成主要因素的简要分析，我们认为要构建企业六西格玛文化，应着重从如下几个方面入手：

第一，组织高层领导必须从一开始就以饱满的热情承诺支持和参与六西格玛活动。事实上，企业领导者在重塑企业文化方面所起的作用无人能及，因为在所有的组织中，下属都有一种模仿领导行为、态度和习惯的倾向，这被称为"文化的领导因素"。正因为文化存在这种领导因素，才有"整个企业的最高领导者造就了企业文化"这样的结论。在六西格玛文化创建中，更需要领导者一贯的承诺、支持和行动，因为对于许多企业来说，导入六西格玛管理都是一场巨大的变革。国内外的经验表明，领导的承诺、支持和在日常工作中的表率作用，是企业取得六西格玛管理成功的第一关键要素。

第二，应创建一种对六西格玛文化表现出强烈需求的氛围。埃克斯（2004）认为创建组织对六西格玛文化的需求，可以从让员工意识到他们所面临的现实和潜在威胁、机遇两方面入手。在明确威胁和机遇的基础上与各利益相关方进行充分沟通，激发他们对六西格玛管理的需求。当六西格玛管理被普遍认同和实施时，六西格玛文化就可见雏形。埃克斯所说的明确机遇和威胁并与各方充分沟通，实际上就是让组织各相关方充分了解组织所处的竞争环境，明确组织在竞争中的位置。了解竞争环境对文化变革是必要的，因为在某种意义上，企业文化是组织竞争环境的函数。

第三，要制定清晰的六西格玛管理战略，并及时向员工传达。在阐述战略和企业文化的关系方面，尽管有的学者提出战略与文化是相互为用的关系，但也应认识到并非所有的战略都能推动企业的文化建设，只有当一项战略能引起连锁反应时，才具备了传播改造企业文化的能力，才能导致公司整体企业文化的变革。事实上，只有精心谋划的战略才是塑造企业文化的强有力手段。当然，公司制定战略时所采用的方式也会有助于企业文化的塑造。有研究认为，改变文化的最好方式是，企业在制定战略时能充分考虑生产第一线员工的积极性和智慧，让他们参与战略的制定过程。只有当公司的战略清晰、明确、协调一致并得到员工的理解支持时，它才能深深植入员工的心中，才能促进新文化的形成和发展。在六西格玛战略中应将六西格玛愿景、目标作为重要内容加以明确阐述和传达，将其作为塑造员工六西格玛行为模式的指路明灯。

第四，强化组织人力资源管理，以满足构建六西格玛文化的需要。企业人力资源管理在企业的六西格玛文化构建中具有举足轻重的作用，是六西格玛文化构建的基础。在人力资源管理方面，应做好这几项工作：

一是慎重招聘和选择六西格玛项目人员。在六西格玛管理中，尽管全员参与很重要，但六西格玛管理是通过逐个项目来实施的。因此，招聘和选择六西格玛项目人员就显得十分重要。一般来说，六西格玛项目人员应乐观开朗、愿意学习新的知识和理念、有较强的团队协作精神、对持续改进持积极态度。对于黑带以上的人员，不仅要具备开展六西格玛活动必要的技术，还要具有一定的组织、领导和协调能力。

二是搞好六西格玛培训。要使组织中人人都能感受到六西格玛的理念、形成良好的六西格玛氛围，就必须进行培训。培训是使组织成员了解、参与六西格玛活动必不可少的工作，培训的内容应包括一些基本的概念、知识和理念。培训应有针对性地进行，即要根据员工的工作性质有区别地开展培训，绝不可搞一刀切。

三是构建对六西格玛文化具有驱动效应的绩效评价和认可体系。绩效评价和认可体系与企业文化模式有一定的相关性，但其相关程度取决于绩效考评和认可对员工的行为所产生的驱动效应。当绩效考评的指标和认可力度对员工有很强的驱动效应时，就能加速某种文化模式的形成或强化某种文化理念，因为考评指标体系反映了企业对构成企业文化的一些重要因素，如企业的价值观、规范甚至是在基本信仰体系上的态度。要塑造六西格玛文化就应当设计好对六西格玛文化具有驱动效应的绩效评价和认可体系。

四是在企业内部建立有效的沟通网络。六西格玛管理倡导的是跨部门、无边界合作，因此沟通就成为六西格玛管理成功的重要因素。企业通过建立完善的内部沟通网络，一方面可以将管理层对六西格玛管理的态度、决心和承诺以及六西格玛管理实施动态告诉全体员工，鼓舞士气；另一方面，也可以使员工及时了解六西格玛管理实施的现状、成效和存在的问题，让员工有发表意见和建议的通道。同时，通过沟通也可以减少员工对六西格玛变革的恐惧心理，减少六西格玛变革的阻力。

第五，调整组织结构，使之与六西格玛战略目标和绩效考核认可体系相匹配。组织结构不仅明确个人的分工、等级关系和政治权力，影响着个体和群体朝向组织六西格玛目标的行为，也对员工个人的六西格玛行为产生激励作用。然而，如果组织的关键因素不能得到绩效考评认可体系的支持，组织结构的重要性就会削弱，企业想要促成六西格玛文化变革的努力将会受到消极的影响。

　　第六，坚定不移地执行组织制订的战略目标和计划，并对执行过程和效果进行必要的监督和控制。六西格玛文化的构建是一项系统工程，是一个破旧立新的过程，为此，组织应该综合考虑各种影响因素，制定切合实际的构建方案。此外，文化是时间的函数，没有时间的积累就不可能有文化的沉淀。六西格玛文化的构建和重塑也要在时间的轨迹中完成，不可能采用运动战的方式一蹴而就。一般来说，组织要完成六西格玛文化转型通常需要2～5年的时间，即使初见成效也需要大约6个月的时间。不过，达成六西格玛文化转型所需要的时间取决于组织目前的运行绩效、管理层对变革所做出的承诺以及员工的努力。

（原载：《华南理工大学学报（社会科学版）》，2006年第1期；合作者：陈永清，黄嘉涛）

组织与文化管理

论企业核心竞争力来自企业文化

企业文化是在一定的社会历史条件下,企业生产经营和管理活动中所创造的具有本企业特色的精神财富和物质形态。它包括文化观念、价值观念、企业精神、道德规范、行为准则、历史传统、文化环境、企业产品等。其中价值观是企业文化的核心。沙因(Edgar H. Schein)在《组织文化与领导》一书中提出,文化分为三个层次:基本假设、外显价值观和人为饰物。其中,基本假设是潜意识的且被视为理所当然,它是价值与行为的终极来源;外显价值观指外显的判断,包括策略、目标及哲学观;人为饰物是可见的组织架构及过程。

核心竞争力是指企业在研究开发、设计、制造、营销、服务等一两个环节上具备明显优势,并且不易被竞争对手模仿的能够满足客户价值需要的独特能力。核心竞争力的特征主要表现在以下几方面:首先,它具有扩散性。企业的核心竞争力应该能够为企业带来多方面的竞争优势。其次,它重视用户价值。再次,它具有独特性。如果某种能力为整个行业普遍掌握,就不能成为核心竞争力。另外,它还具有价值的可持续性。

企业的核心竞争力不是来自企业外部,而是取决于企业组织文化。但在我国的企业管理实践中,往往没有正视企业文化对企业核心竞争力所做的贡献,或没有系统地研究二者之间的内在联系,从而提出完整的企业文化建设思路,以促进企业核心竞争力的培育。

一、企业文化力构成企业核心竞争力的条件

企业文化力是指以价值观为核心的企业文化指导企业经营活动的能力。企业核心竞争力由多种关键要素所组成,文化力是关键要素之一。企业文化力构成企业核心竞争力应具备以下条件:

（一）协调性

协调性，就是企业价值观必须与社会价值观保持一致，企业文化的前进方向必须与社会主流文化的前进方向保持一致。这就要求企业文化能够体现诚信经营、造福社会、顾客至上等经营宗旨。能够产生社会福利、企业效益和顾客利益的文化力，才能成为企业的核心竞争力。

（二）独特性

因为企业文化的形成与特定历史阶段或者特定的历史经历有关，根植于特定组织结构。根植于组织和文化的竞争力是独特的，是很难模仿或者学习的。比如海尔"用户永远是对的，把用户的烦恼降为零"的服务理念，竞争者都在仿效，但难有哪一家能超越它。能够保持可持续竞争力的文化力，才能成为企业核心竞争力。

（三）扩散性

企业文化应具有指导企业在多产品或多领域内成功经营的能力。这就要求企业文化不仅能在当前的经营领域内显示超强的指导能力，而且还具有指导企业下一步成功地开发新产品或进入新领域的能力。比如，海尔的整个文化理念，在指导海尔人继冰箱、空调之后，成功地开发了洗衣机、彩电、厨房设备、个人电脑、手机等许多新产品，各种产品只要打上海尔的品牌，在市场上很快为消费者所认可。海尔在多产品、多领域的成功与海尔文化是分不开的。具有开拓能力的文化力才是企业的核心竞争力。

（四）创新性

企业文化是创新文化。这就要求企业文化要有创新意识，勇于创新。没有创新，企业将是死水一潭；不断创新，企业才有生命力。比如，华为"恪守敬业、创新、技术为王"的企业精神，投巨资不断开发新技术，用华为总裁任正非的话说："对核心技术的掌握能力就是华为的生命。"仅2001年，华为投入科研的资金接近30亿元，约占当年销售收入的11.7%，这在世界的高科技行业中仅次于微软。2001年华为开发了500多项专利技术，而且智能网还获得国家科技进步一等奖。华为勇于创新的企业精神，使这家成立仅13年的企业成为国内IT行业大名鼎鼎的企业。事实说明，能驱使企业不断创新的文化力，才是企业的核心竞争力。

满足以上条件的企业文化力才能构成企业的核心竞争力，不具备以上条件的企业文化力，即使能形成企业竞争力，那也是一般的、短期的企业竞争力。

二、企业文化是企业核心竞争力形成的基石

美国著名企业文化专家沙因教授在《企业文化与生存指南》一书中指出：大量案例证明，在企业发展的不同阶段，企业文化再造是推动企业前进的原动力，企业文化是核心竞争力。从更深层次来说，企业的核心竞争力是企业文化中的企业理念和核心价值观。任何企业，产品竞争力是企业竞争力的最直接体现。而产品竞争力是由技术竞争力所决定的，所以说技术是第一竞争力。而技术竞争力是由制度竞争力所决定的，制度高于技术，制度又是第一竞争力。而制度无非是物化了的理念的存在形式，没有正确的理念就没有科学的制度。因此，理念高于制度，理念才是第一竞争力。这就是说，理念决定制度，制度决定技术，技术决定产品。拥有正确的、不断创新的理念，才具有最强的竞争力。国际上众多知名大公司的实例证明，企业文化是企业竞争力的核心内容和基础。

（一）企业文化保障企业核心竞争力的形成

企业文化主张人既是管理的主体，又是管理的客体，人处于企业生产经营活动的中心地位，在完成对"物"的管理的基础上，突出对"人"的管理，并将二者有机地结合起来。在对"人"的管理中，既重视制度和纪律的规范作用，又强调充分发挥人的精神因素和能动作用，把"硬管理"和"软管理"有机地结合起来，以使管理内部的物质、制度、精神三大要素协调发展，实现企业的管理功能的整体优化。简言之，就是通过精神和文化的力量，从管理的深层次规范企业的行为，为实现企业的目标服务。

（二）企业文化为企业核心竞争力提供良好的内部环境

首先，企业文化是支持企业在激烈的市场竞争中搏击的精神支柱。企业的凝聚力越来越要靠员工对企业使命、企业宗旨和企业价值竞争观体系的矢志不渝来维持。其次，企业文化是增强合作意识、锻造团队精神的利器。在企业管理重点上，是由行为控制转向观念塑造，下大力气培育企业精神、企业哲学等先进群体理念；在管理手段上，既要重制度约束和经济、行政手段的运用，更要重思想引导、精神激励。最后，通过构建企业文化，激发员工的积极性与创造性。企业管理就是要以人为中心，既要教育人、引导人、鼓舞人，又要尊重人、理解人、培养人，充分调动人的积极性，发挥人的作用。企业强大的凝聚力与员工的工作热情必然有利于企业核心竞争力的培育。

（三）企业文化的创新为核心竞争力的创新提供不竭的动力

企业文化建设是一个动态的开放的系统，在适应外部市场变化过程中，企业文化通过实践不断发展和完善，并有所突破和创新。知识经济的核心是知识的创造和知识的运用，与此相适应，企业必须弃旧图新，对传统的企业理念进行发掘、整理和扬弃。对于企业来说，创新也是一个企业保持和推动核心竞争力的秘密之所在。发动群众力量进行企业文化创新必然能够推进竞争力的不断进步。以此为基点，企业核心竞争力得以持续发展和创新。

三、企业文化修炼，提升企业核心竞争力

企业核心竞争力与企业文化密不可分，竞争力是一个平台，但没有一套成功的企业文化，企业的生产力是有限的。打造适应中国企业的企业文化，增强核心竞争力是任何具有前瞻性企业自觉的选择。

（一）提升企业文化的素质

第一，塑造以人为本的企业价值观。在知识与信息时代，企业要充分发挥员工的积极性和各方面的潜能，就必须实行以人为本的管理。而企业文化则是实行以人为本的管理的核心和灵魂，对整个企业管理具有导向作用，从而对企业的竞争力产生重大影响。IBM的三条行为准则就是"沃森哲学"的体现：第一条是必须尊重个人；第二条是必须尽可能给顾客更好的服务；第三条是必须追求卓越的工作表现。沃森哲学体现了以人为本的企业价值观，造就了IBM的企业文化，IBM的企业文化造就了一个成功的IBM公司。第二，企业领导自身素质的修炼。企业领导的自身素质对引导企业文化建设、增强企业核心竞争力至关重要。作为企业文化核心的企业精神，它渗透着企业创立者和历届主要领导人的世界观、价值观和方法论，以及建立在这种世界观、价值观和方法论基础上的经营理念，并深植于每位员工的心中，为全体员工所认同，这是任何组织都无法模仿的。

（二）学习型组织修炼

从某种意义上而言，获取、更新知识已成为企业的第一要务，未来唯一持久的竞争优势就是比竞争对手学得更快。在学习型组织中，组织成员拥有一个共同的愿望，这种愿望使企业中不同个性的人凝聚一起，朝着组织的共同目标前进。

组织成员不断地学习,这种学习是全方位的,不但注重员工的个体学习,更强调组织成员的合作学习和组织智力的开发,从而使企业具备不断改进的能力,提高企业组织的竞争力,实现个人与工作的真正融合。人们在工作中体味到生命的意义,引导出一种创新—进步—创新的观念,建立起为公司—客户—竞争对手而学习的价值观,从而使企业文化保持长久的活力。

(原载:《商场现代化》,2006年第8期;合作者:邓德鸿)

论"6Σ"文化及其构建

20世纪80年代初,美国摩托罗拉公司因质量原因而备受日本、欧洲公司的打压,总是活在"一个受伤害的世界"中。为了生存,他们决定实施质量改进战略以扭转"乾坤"。"6Σ"管理就是在这样的历史背景下诞生的。

数学中,希腊字母"Σ"表示变量偏离均值的程度。一般情况下,人们对"6Σ"这一普通统计符号不会太留意,然而,自摩托罗拉赋予其新的管理内涵后,便引起了全球业界的广泛关注。随后,因GE、福特汽车等众多《财富》500强公司对它的推崇,使其在20世纪末如同野火般传遍全球。采用"6Σ"管理的国际著名跨国公司呈指数增长趋势。为此,有人称之为一种现象,也有学者称之为一次管理革命。2000年前后,在华的一些跨国公司开始引入这一先进的管理理念和方法。之后,国内的一些大企业,如联想、宝钢等相继导入"6Σ"管理并取得一定成效。为推动"6Σ"管理在国内的实施,国家质量管理协会成立了"6Σ"推进委员会,许多地市也成立了相应组织。这使得人们对这一舶来品的认识越来越深,兴趣也越来越浓,许多企业成了这一管理方法的追随者,"6Σ"管理在国内大有遍地开花之势。然而,纵观国内外众多实施"6Σ"管理的企业不难发现,尽管有的硕果累累,但大多品尝的乃是苦涩之果。现实表明,企业并非引入这一管理方法就能获得成功,企业要获得真正的成功就必须塑造与"6Σ"管理相适宜的"6Σ"文化。那么,什么是"6Σ"文化,它有何特征,为什么要构建"6Σ"文化,如何构建"6Σ"文化?这一系列问题是许多已经实施了或准备实施"6Σ"管理的企业十分关注的问题,也是笔者要重点探讨的问题。

一、"6Σ"文化及其特征

（一）"6Σ"管理及其主要特征

尽管"6Σ"管理在20世纪80年代中期就在摩托罗拉诞生了，但当时并没有引起学术界的广泛关注，即便在90年代末期，关于"6Σ"管理的学术文章依然很少。因此使得迄今为止，无论是在操作层面还是在学术层面对"6Σ"管理都没有一个统一的定义或严格解释。对这一管理定义的探讨不是本文的重点，但因"6Σ"文化与"6Σ"管理的极度相关性，因此，事先给出"6Σ"管理的定义是必要的。在参考众多学者定义的基础上，笔者将其定义为：一种以满足顾客需求为出发点，以提高质量效益目标为导向，以全员参与为基础，综合运用各种统计技术和方法来发现和减少过程变异，最终求得企业长期稳定发展的综合性系统管理方法。它最为突出的特点是四个导向，即顾客导向、业绩导向、过程管理导向和持续改进导向。

（二）"6Σ"文化的内涵

对"6Σ"文化的内涵，学术界也无明确的定义或解释。在现实中，产业界对其的关注似乎比学术界多。GE前任首席执行官杰克·韦尔奇曾将"6Σ"管理文化定义为：①"6Σ"质量管理属于领导者，属于经理人员，也属于员工——每一位公司成员的工作；②我们要改变我们的竞争能力，所依持的是将自己的质量提升至一个全新的境界；③我们要使自己的质量让顾客觉得极为特殊而有价值，并且对他们来说是相当重要的成功因素，如此一来，我们自然就会成为他们最有价值的唯一选择；④我们必须在我们所做的工作中成为最好的，必须做到最好，否则就别去做（转引自王金德等）。虽然韦尔奇的定义表达了"6Σ"文化的核心：追求完美。但笔者认为它还不是"6Σ"文化的全部内涵，而且，也过于繁琐。因此，无论是站在学术界还是产业界的立场来说都有必要就"6Σ"文化做出一个言简意赅的定义。基于上述对"6Σ"管理的认识以及"6Σ"管理与"6Σ"文化的关系，可以将"6Σ"文化简要地定义为：一种以"6Σ"管理哲学和理念为主导思想和理念的企业文化。该定义有以下两层含义：其一，"6Σ"文化是企业文化的一部分；其二，"6Σ"文化以"6Σ"哲学和理念为核心。应该说此定义基本反映了"6Σ"文化的本质，而且言简意赅。当然，它也只反映了"6Σ"文化的核心和本质，至于具体内容则须将"6Σ"管理哲学、理念与企业文化理论结合起来拓展。

(三)"6Σ"文化的特征

"6Σ"文化虽然是企业文化的一部分,但它不同于一般的企业文化,它是和特定的管理实践活动——"6Σ"管理相联系的一种企业文化,因此,除具有企业文化的一般特征外它还具有其自身特征。

1. 是一种以满足顾客需求、追求顾客满意和忠诚的顾客导向文化

"6Σ"文化的一个核心指导思想是:企业的所有活动都要围绕满足顾客需求和超越顾客期望这个中心来进行。也就是说,任何"6Σ"项目的实施都必须从明确顾客对象、倾听顾客声音、定义顾客需求、确定顾客关键质量特性开始,同时又要以顾客满意作为项目的评价尺度。

2. 是一种追求完美的持续改善文化

"6Σ"在统计意义上表示六倍标准差,但在"6Σ"管理中,它意味着每百万次机会中缺陷数不超过3.4次。这几乎是人类通过努力能达到的最完美的质量水平。面对这一完美目标,"6Σ"文化提倡企业员工在工作中首先做正确的事,然后用正确的方法做好每件事。其次,"6Σ"文化更倡导员工树立持续改进观,并将"改进没有尽头"的理念作为日常工作的座右铭。

3. 是一种注重"开源"和"节流"并重,追求全方位进步的绩效文化

盈利是由企业的本质决定的,"6Σ"文化也不例外,但"6Σ"文化对财务绩效的追求不是采用降低产品性价比的方式来实现,而是注重"开源"和"节流"并重。一方面,"6Σ"管理通过持续改进以消除过程变异来稳定和提高产品质量,扩大市场份额达到增加销售收入,即"开源"的目的;另一方面,"6Σ"管理通过挖掘看不见的"金山"来降低隐性质量损失成本以实现"节流"的目的。据研究,企业质量水平每提高一个"Σ",企业净利润就增加5%~10%。因此,"6Σ"管理紧紧抓住提高企业"Σ"水平这一主线,实际上就是在时时把握企业效益这根主旋律。此外,"6Σ"不仅追求财务绩效,同时也关注缩短生产周期、改善作业流程以及员工满意等各方面情况的改进。

4. 是一种重数据摆事实的"刚"性管理文化

"6Σ"管理综合运用各种统计技术和工具来挖掘、整理、分析生产经营活动中产生的看似杂乱无章的数据,以揭示其内在发展规律,为企业正确决策提供依据,而不是想当然、拍脑袋。"6Σ"管理的基础是数据,无论是项目选择还是评价、顾客需求识别还是生产过程控制,以及对员工评价和奖罚提升等都是以数据为基础来进行的;没有数据,"6Σ"管理便成了空中楼阁。

5. 是一种倡导创新和学习的"学习"型文化

"6Σ"管理的最高目标是使组织达到"6Σ"质量，即每百万次机会中缺陷数不超过3.4次。为了实现这一人类极限目标，企业须面对各种困难和障碍，而克服这些困难和障碍的唯一出路在于创新和学习，不仅要管理创新，而且要技术创新、组织创新。离开了学习和创新，达到每百万次机会中缺陷数不超过3.4次便是水中月、镜中花。此外，"6Σ"管理能促进组织学习和相互学习，在组织内部促进并加速发展、分享新观点，产生新思想，形成新文化。

6. 是一种容忍员工犯错误的宽容文化

"6Σ"追求完美，但并不等于不允许犯错误，两者并不矛盾，其最终目的是一致的。"6Σ"管理为解决复杂问题，就必须大胆创新，要采用新思想、新方法来改进设计和流程，没有不执行新方法、贯彻新理念就实施"6Σ"管理的公司，而在新思想、新方法的实施中，失败是难以回避的话题。"6Σ"崇尚完美，但更能容忍员工在探索复杂性世界的征途中的理性失败。

二、构建"6Σ"文化的重要意义

对于任何决定引入"6Σ"管理的企业来说，要想获得成功，都必须将其上升到企业战略高度，使之成为企业经营战略的一部分，甚至成为公司经营的突破性战略。如果仅仅将其作为解决问题的工具和削减成本的手段，其成效必定是有限而短暂的。

然而，战略的有效实施必须依靠企业组织及其企业文化做出及时响应，如果缺乏背后的文化支持，战略中的杰出智慧将一文不值。战略与企业文化是相互为用的东西，现实中人们发现即便是不尽完美的战略，如能获得积极的文化支持，其结果将比方案出色但没有受到文化支持的战略具有更大的成功机会。因为企业文化的"机器"引导并维持着一系列的员工行为，而这些行为对于企业战略目标的实现又是十分重要的。"6Σ"战略也概莫能外，没有与之相适应的文化配合，谈其成功就只能是一句空话。

《持久的六西格玛》一书的作者乔治·埃克斯认为，要实现"6Σ"管理目标，有3个成功的关键要素，即战略要素、战术要素和文化要素，而在这3个要素中，文化要素尤为重要。他将三者与"6Σ"绩效间的关系用一个简单的公式表达为：$Q \times A = E$。其中：Q代表"6Σ"管理中战略和战术因素的总和；A代表组织在文化方面对"6Σ"战略和战术因素的认同（也即"6Σ"文化）；E代表在开展"6Σ"方面所能达到的绩效水平。

埃克斯将Q和A的分值区间定为1~10，如此E的得分在1~100之间。这是一个乘法公式，现姑且不去探讨该公式的由来、合理性如何，但从该公式可以得到下列启示：①"6Σ"管理绩效和"6Σ"战略战术及文化的关系是非线性的；②"6Σ"绩效是"6Σ"战略战术和文化共同作用的结果；③"6Σ"文化与"6Σ"战略战术相互制衡、互为条件，两者只有协调发展，且达到一定的水平才能取得理想的绩效水平。

埃克斯的战略、战术、文化和绩效公式为企业实施"6Σ"战略指明了方向，即在强调战略、战术等技术硬件的同时，必须重视文化因素，两者不可偏废。没有"6Σ"文化就不可能有"6Σ"绩效，更不可能有"6Σ"组织。

一个组织如果想导入"6Σ"管理，就必须改变其决策方式，必须从"大概""或许"的模糊决策转向基于事实和数据的确定性决策。对于已经习惯于拍脑袋的组织来说，这无疑是个巨大的变革。现实表明，在任何组织中推行变革的任务都是艰巨的，对于推行"6Σ"管理来说更是如此。推行变革将面临很多阻力，这些阻力可能来自于三方面：一是技术方面的，如员工对"6Σ"中复杂的统计技术产生的恐惧和无能感；二是文化方面的，这主要是组织以前文化的惯性造成的；三是个人方面的，即因个体心理压力所导致的情绪及行为上的紊乱，进而引起对变革的抵制。在这三种阻力中，技术方面的阻力最为普遍，但文化方面的则最强、最具挑战性，对那些以前获得成功的组织更是如此。因此，企业要成功实施"6Σ"管理变革就必须从改变人们的思维和行为模式，即企业文化入手，通过有意识的事项灌输和塑造"6Σ"文化来缓冲组织以前文化的惯性，以最大限度地减少"6Σ"管理在组织中实施的阻力。

从上所述不难理解，"6Σ"文化对于"6Σ"管理的成功具有举足轻重的作用，可以说，没有"6Σ"文化的支持，就没有"6Σ"管理的成功。因此，对于实施"6Σ"管理的企业来说，考虑的不是要不要构建"6Σ"文化的问题，而是如何尽快实现文化转型、塑造强势"6Σ"文化的问题。

三、"6Σ"文化构建的思考

（一）企业文化的主要影响因素

一般认为，企业文化是指企业在长期的生产经营活动过程中，通过全体成员的共同努力而逐渐形成的一种为企业员工普遍接受和遵循的共同价值观念和行为准则。从企业文化的定义可以看出，企业文化是长期渐变的结果。影响企业文化的因素很多，涉及企业生产经营活动的各个方面。在探讨影响企业文化建设的因素中，普华永道变革小组（2002）认为领导者行为、绩效考核、人事惯例、愿景、目标和战略、组织结构和竞争环境是六个主要变量。埃克斯（2001）在探讨对"6Σ"文化进行评价时认为，对"6Σ"文化的评价应注重以下方面：激发"6Σ"文化需求；规划"6Σ"愿景；动员对"6Σ"的承诺；调整影响"6Σ"的系统和结构；领导支持等。埃克斯尽管没有明确指出影响"6Σ"文化的因素，但其评价指标隐含着影响因素，是影响因素的变相表达。从上述普华永道和埃克斯的观点来看，两者对影响企业文化因素的许多观点是一致的。本文不打算过多地探讨这些因素到底有多少，笔者在此之所以对这些因素略作探讨是希望通过对影响企业文化主要因素的分析，为"6Σ"文化的构建指明方向。

（二）"6Σ"文化的构建

要构建"6Σ"企业文化，应着重从以下几个方面入手：

1. 创建组织对"6Σ"文化的需求

创建组织对"6Σ"文化的需求可以从让员工意识到他们所面临的现实和潜在的威胁及机遇两方面入手。在明确威胁和机遇的基础上就此与各利益相关方进行充分沟通，激发他们对"6Σ"管理的需求，当"6Σ"管理被普遍认同和实施时，"6Σ"文化就可见雏形。实际上，明确机遇和威胁并与各方充分沟通，就是让组织各方充分了解组织所处的环境，明确组织在竞争中的位置。了解竞争环境对文化变革是必要的，因为在某种意义上，企业文化是组织竞争环境的函数。

2. 制定清晰的"6Σ"管理战略

向员工传达战略与企业文化可以相互为用，但并非所有的战略都推动企业的文化建设。事实上，只有当一项战略能引起连锁反应时，才具备传播改造文化的能力，才能导致组织整体文化的变革。因此，人们认为精心谋划的战略是塑造文化的强有力手段。此外，有学者认为，公司制定战略时所采用的方式将影响企业文化的塑造，如通过调动一线员工的积极性和智慧来制定战略被认为是改变文化的最好方式之一。如果公司的战略清晰、明确、协调一致，就能被员工广泛理解和接受并植根于他们的内心世界，引导他们的行动，进而促进新文化的形成和发展。在"6Σ"文化塑造过程中，如果能将"6Σ"愿景、目标作为重要内容向员工加以明确阐述和传达，就能使其成为引导员工实施"6Σ"管理的指路明灯。

3. 领导者的承诺、支持和行动

可以说，企业领导在重塑企业文化中的作用无人能及，因为几乎在所有的组织中，下属都有一种模仿领导行为、态度和习惯的倾向，这就是所谓文化的领导因素。正因为存在文化的领导因素，人们才理所当然地认为"整个企业的最高领导者造就了企业文化"。在"6Σ"文化创建中，更需要领导者的一贯承诺、支持和行动。国内外的经验表明，领导的承诺、支持和在日常工作中的表率作用，是企业取得"6Σ"成功的第一关键要素，在GE，没有杰克·韦尔奇对"6Σ"管理的不遗余力的支持，就不可能有通用电器"6Σ"管理的巨大成功。

4. 加强人力资源管理，以满足构建"6Σ"文化的需要

企业人力资源管理在企业的"6Σ"文化构建中具有举足轻重的作用，是"6Σ"文化构建的基础。在人力资源管理方面，以下几个方面必须加以关注。

一是慎重招聘和选择"6Σ"项目人员。在"6Σ"管理中，尽管全员参与很重要，但因"6Σ"管理是通过逐个项目来实施的，因此，招聘和选择"6Σ"项目人员就显得十分重要。一般来说，"6Σ"项目人员应乐观开朗、客户意识强、愿意学习新的知识和理念、有较强的团队协作精神、对持续改进持积极态度。对于黑带以上人员不仅要具备开展"6Σ"活动必要的技术，还要具有一定的组织、领导和协调能力。

二是搞好"6Σ"培训。要使组织中人人都能接受"6Σ"的理念、形成"6Σ"实施氛围，就必须进行培训。培训是使组织成员了解、参与"6Σ"活动必不可少的工作，培训的内容应包括一些基本的概念、知识和理念。

三是构建对"6Σ"文化具有驱动效应的绩效评价和认可体系。绩效评价和认可体系与企业文化模式有一定的相关性，但其相关程度要看绩效考评和认可对员工的行为产生的驱动效应，当绩效考评的指标和认可力度对员工有很强的驱动效应时，就能加速某种文化模式的形成或强化某种文化理念，因为考评指标体系反映了企业对构成企业文化的一些重要因素，如企业的价值观、规范甚至是基本信仰体系上的态度。在塑造"6Σ"文化时要注意设计好对"6Σ"文化具有驱动

效应的绩效评价和认可体系，以促进"6Σ"文化的形成。

四是在企业内部建立有效的沟通网络。"6Σ"管理倡导的是跨部门、无边界合作，因此，沟通就成为"6Σ"管理成功的重要因素。完善的内部沟通网络，一方面可以使员工及时了解管理层对"6Σ"的承诺、态度、决心以鼓舞士气；另一方面，也可以使员工随时了解企业实施"6Σ"管理的现状、成效和存在的问题，让员工有发表意见和建议的通道。充分的沟通可以消除员工对"6Σ"变革的恐惧心理，减少"6Σ"变革的阻力。

五是调整组织结构，使之与"6Σ"战略目标及绩效考核认可体系相匹配。组织结构不仅明确个人的分工、等级关系和政治权力，而且也影响着个体和群体朝向组织"6Σ"目标的行为，同时，也对员工个人的"6Σ"行为产生激励作用。如果组织的关键结构不能得到绩效考评认可体系的支持，组织结构的重要性就会削弱，企业促成"6Σ"文化变革的努力就会受到消极的影响。文化是时间的函数，没有时间的积累就不可能有文化的沉淀。"6Σ"文化的构建和重塑也要在时间的轨迹中完成，不可能采用运动战的方式一蹴而就。企业必须有耐性和恒心才能塑造出真正的"6Σ"文化。

（原载：《商业研究》，2006年第23期；合作者：陈永清，黄嘉涛）

文化资本在经济增长中的表现形式和影响研究

在经济学界,经济学家们传统地将资本分为物质资本、人力资本、知识资本和制度资本等。1990年,布迪厄提出文化资本的概念,从此文化资本开始进入人们的视野,并逐渐受到经济学家们的关注。本文将要研究的就是文化资本及其在经济增长中的表现形式和影响作用。每个人,即使他没有接受任何正规教育所代表的人力资本投资,但他一定习得了一系列的价值观、信念、看法和思维方式。从生产的角度来看,这一系列价值观、信念、看法和思维方式等,实质上是一种文化资本。在人类的实践活动中,进行文化资本投资与积累是普遍存在的,特定的文化资本不仅指导着人们对自己的生产和消费做出合理安排,而且最终决定着人们需求的变化和观念的创新。因此,文化资本对经济增长具有巨大的影响作用。

一、什么是文化资本

"文化资本"在进入经济学领域之前被广泛地应用在社会学和文化研究中。法国社会学大师皮埃尔布迪厄(1997)首次提出文化资本的概念,并将其应用到社会学和文化研究中。他指出那些能适应社会高层文化的个人就拥有文化资本。从布迪厄始创文化资本之后的理论文献来看,文化资本理论的发展主要是沿着三个方向。第一个方向是探讨文化资本与个人发展的关系,如教育背景、家庭背景、个人性情对个人事业的影响。第二个方向是研究文化产品和文化产业,试图在用来交换的文化类产品中发掘文化对产品价值的影响。第三个方向是以制度主义为基础,研究文化体制、文化制度对一个企业、区域、国家乃至全球经济的影响。

1998年6月15日澳大利亚经济学教授戴维·思罗斯比(David Throsby)在西班牙巴塞罗那举行的第十次文化经济会议上明确地将"文化资本"引入经济学范

畴。他指出,在经济学范畴中"文化资本"是以财富的形式具体表现出来的文化价值的积累,同时指出"推测'文化资本'在经济学中对经济产出和增长会起到什么作用是非常有用的"。

在对引入经济学范畴的文化资本的内涵进行深入探讨之前,首先需要明确"文化"和"资本"的含义。"文化"在不同的环境中有着许多不同的含义,从经济活动的角度来看,文化是指人们所遵从的一系列价值观、信念、看法和思维方式的总和。人们无论进行生产、交换,还是分配、消费活动,总是需要一系列价值观、信念、看法和思维方式等来帮助判断。获取特定的价值观、信念、看法、思维方式等为每个人将来的生活提供极大的便利,它减少了人们在每件事上都需要做出分析判断所消耗的精力和资源。

"资本"是经济理论的核心问题,也是经济增长的核心问题。最初经济学家们将资本仅仅看作是机器设备等物质要素,但随着经济理论的发展,这样的资本概念已无法解释许多经济现象。马克思(Karl Marx)将资本定义为带来剩余价值的价值,揭示了资本的本质在于价值增值。20世纪60年代,西奥多舒尔茨(T.W.Schultz)和加里·贝克尔(Gary S.Becker)提出的人力资本概念实现了"资本"向广义的扩展,使资本成了可以带来价值增值的所有资源的代名词,为文化资本、社会资本的提出奠定了词源上的基础。费歇尔(Fisher)(1999)也对资本的概念进行了拓展,他指出:"资本,就资本价值的意义讲,只不过是将来收入的折现,或者说是将来收入的资本化。任何财产的价值,或财富权利的价值,是它作为收入源泉的价值,是由这一预期收入的折现来求得的。如果我们高兴的话,为了逻辑上的方便起见,也可将对我们自身的所有权包括在财产之内,但也可依照习惯,把人类看作单独的范畴。"也就是说任何可以带来收入流的财产都是资本。人类所习得与遵从的特定文化实际上也是一种最普遍最一般意义上的资本形态,因为它是人们为了换取将来的利益而在早期进行的投资活动,可以产生巨大的价值增值。

正如科尔曼(J.Coleman)所言,文化因素对于如何有效地转化劳动、资本、自然这些物质资源以服务于人类的需求和欲望有重要的影响,我们称之为"文化资本"。文化作为一系列价值观、信念、看法和思维方式的总和,指导着人们的生产、分配、交换和消费活动,减少了人们在每件事上都需要做出分析判断所消耗的精力和资源,是未来收入的资本化,可以带来价值增值。因此将人们所习得的能够为未来带来价值增值的一系列价值观、信念、看法和思维方式等的总和称为文化资本。文化资本投资与积累的过程即是这一系列价值观、信念、看法和思维方式等不断扩展的过程。文化资本在我们的日常生活中是非常常见的,一个人从少儿时期开始就要从家庭中接受大量的关于伦理道德及观念信仰的说教,当他进入学校后,所学习的不仅是专业技能,而且包括大量的国家所强制灌输的价值观以及意识形态理论。即使在工作中,还必须被企业或其他组织的特定文化熏陶,而这些伦理道德、观念信仰、价值观、意识形态、文化习俗等都属于文化资本的范畴,这些过程也就是进行文化资本投资的过程。

二、文化资本在经济增长理论中的表现形式

对经济增长源泉和动力的探索,一直是经济学家们不懈的追求。经济增长理论的发展演变经历了以下几个阶段:古典经济增长理论—现代经济增长理论—新经济增长理论。而文化资本其实早已被纳入经济增长理论的研究范围,只是从未作为一个独立的研究对象进入人们的视野。下面将探讨在这些经济增长理论中文化资本的表现形式。

(一)文化资本在古典经济增长理论中的表现形式

亚当·斯密认为经济增长是人均产出的提高或是劳动产品的增加,并认为劳动是价值的唯一源泉。技术进步能提高生产率,社会经济制度影响经济增长。大卫·李嘉图认为"不增加任何劳动量而使等量劳动的生产效率增加"是国民财富增长的两种方式之一,托马斯孟提出对外贸易与经济增长,李斯特认为生产发展程度决定一国的发达程度,马歇尔提出决定经济增长的四要素等。概括起来,古典学派关于经济增长的因素涉及土地、资本、劳动、技术、组织、机器、消费需求、税赋、对外贸易、分配、教育、经营才能、劳动者素质、经济和社会制度、基础设施条件、司法、文化习俗等。

根据文化资本的定义,可以看到,在上述因素中消费需求、经济和社会制度中的非正式制度、文化习俗都属于"文化资本"的范畴。在古典经济增长理论中尽管十分强调劳动、资本(物质资本)、土地等要素在国民财富增长中的重要性,但也提出了文化资本要素对经济增长的重要作用,将文化资本与上述三个物质要素天然地联系在一起。

在此需要特别指出的是熊彼特的企业家创新理论。他在《经济发展的理论》

一书中提出，资本主义经济增长发展的主要动因是创新。创新的主体是有见识、有组织才能、敢于冒险的企业家。"典型的企业家，比起其他类型的人来，是更加以自我为中心的，因为他比起其他类型的人来，不那么依靠传统和社会关系，因为他的独特任务就是打破旧传统，创造新传统。虽然这一点主要是适用于他的经济行动上，但也可以推广应用于其经济行动的道德上的、文化上的和社会上的后果。在企业家类型的人物兴起的时期也产生了功利主义，这自然不只是一种耦合。"在这里，我们可以看到熊彼特提出的创新并不是指科学技术上的发现与发明，而是指价值观的创新，也就是说文化资本的积累与增长。无论是采用一种新产品，新生产方法，还是开辟一个新市场，利用一种新资源，实现一种新组织，这些创新都意味着企业家价值观的扩展，也就是文化资本的投资和积累过程。

（二）文化资本在现代经济增长理论中的表现形式

基于凯恩斯理论的经济增长理论中有三个重要的经济模型：哈罗德—多马模型、新古典经济增长模型和新剑桥经济增长模型。在这些模型中，除资本（物质资本）、劳动等要素外，"非物质"的要素在很大程度上被认为是不存在的，就是存在也被假定不变。这其中存在各种原因，有人认为是为了建立模型而进行的抽象化处理的结果，有人则批评其在方法论上脱离经济运行实际，把经济学抽象为演算和推理的学科。

但在这一时期，基于实证分析的经济学家们做了大量的研究，刚好弥补了上述模型分析的缺陷，将经济增长研究推向了一个新的高度。库滋涅茨在对7个发达国家19世纪下半期和20世纪上半期约100年的经济统计资料分析的基础上提出了现代经济增长的因素主要是：生产率的高增长率、结构方面的变化和科学知识化储存的高增长率。他的研究认为：劳动的投入和资本的投入不可能导致业已产生的高增长率，主要归功于生产效率的提高；人均产值提高，消费结构就会改变，进而生产结构、就业结构以及政治法律制度和社会意识形态结构也随之发生改变，这些改变是促进现代经济增长的根源。而政治法律制度中的非正式制度和社会意识形态结构是属于文化资本范畴的。

（三）文化资本在新经济增长理论中的表现形式

20世纪70年代以来，技术进步在经济增长中的作用日益明显。基于物质因素（资本和劳动）的经济增长理论遇到了知识资本、人力资本等新理论的挑战。对技术进步及知识积累的研究构成了经济增长理论自20世纪七八十年代以来演进的主线。

根据对知识内涵的不同理解，经济学家们在对技术和知识的处理方法上表现出较大的差异。一种方法是将技术进步因素转化为人力资本来研究，其代表是乌扎华-卢卡斯模型；第二种方法是直接把技术进步内生化，主要是阿罗-罗默模型；第三种方法是将制度知识考虑在内，发展出"内生劳动分工"理论即制度变迁理论。制度变迁理论强调影响经济增长的长期制度（包括文化）因素。其代表人物是道格拉斯·C.诺斯，他的观点是制度和意识形态共同决定经济绩效。其中制度中的非正式制度和意识形态是文化资本的表现形式。

三、文化资本在经济增长中的影响

随着对资本范畴的拓展，人们对文化资本在经济增长中的重要作用的认识也日益深化。文化资本一方面体现了人类行为的本质特征和决定人类选择的基本依据；另一方面，文化资本又潜在地制约和影响着制度安排、技术进步及物质利用。正如一个企业的企业文化对企业绩效有着重要的影响一样，文化资本对国家的经济增长也有着至关重要的影响。文化资本对经济增长既有直接的影响，也有间接的影响。

（一）间接影响

1. 文化资本制约着人们对资源、技术、制度等要素的选择与合理配置

文化资本制约着人们对各要素的选择与合理配置，改善要素的配置关系，提高要素的生产率以及改变要素的投入量，从而促进经济的增长。

（1）文化资本作为一系列价值观、信念、看法和思维方式的总和，指导着人们对自己的生产和消费活动做出合理的安排。文化资本引导着人们的消费需求，形成了社会需求结构和消费结构（消费能力、消费观念、消费方式），从而使物质资本在生产中的合理配置。

（2）技术资本只有同文化资本相融合，进入人们的价值观体系，才能真正地被人们所接受、所利用。

（3）文化资本影响着人力资本的发挥。就像好的企业文化能够激发出员工的工作热情和工作积极性，文化资本的拓展也会使人力资本得到更充分的发挥。

（4）文化资本制约着制度的变迁，当某种特定文化资本在经济增长中的表现形式和影响被国家力量尊为正宗而拒绝创新时，该文化就会不断地自我强化且制约着制度以及技术等变革的发生。

2. 文化资本决定着人们需求的变化和观念的创新

文化资本作为一系列价值观、信念、看法和思维方式的总和，指引着人们对自身生存发展的需求，当价值观、信念、看法和思维方式等发生变化时，人们的需求也会随之发生变化。同时，人们所固有的价值观、信念、看法和思维方式等制约着人们观念的创新。成功地实现了价值观、信念、看法和思维方式体系的扩展才能不断地推进观念的创新。对于"新观念"的生产主体与生产过程，汪丁丁做了前沿性的探索，他认为现实经济已经提出了"带有观念投入的生产函数问题"。为此，他分析了观念创新的"伴随条件"，并讨论了"观念生产函数"的特征，指出"正规教育、家庭熏陶、个人阅历这些体验与先天因素一起决定了创新者的个性"。

3. 文化资本具有规模报酬递增的特性

文化资本是能够实现边际报酬递增的稀缺要素。这是因为文化资本具有自组织能力，它一旦形成就会不断地自我强化，这也是一切文化所具有的特性。一种文化一旦在竞争中胜出而被人们接受时，它就会竭力形成垄断，排除其他文化的存在。在经济增长过程中，如果文化资本的偶尔积累带来了利润，利润会吸引更多的人来迅速地学习或复制特定的文化资本，要想阻拦这种观念的传播几乎是不可能的。当更多的人习得了特定的文化资本后，该国家或地区的文化资本似乎被"锁定"在一个独特的路径上并沿着这一方向持续发展下去。而导致经济增长的特定文化资本会进一步同各种相近的思想观念混合在一起，自我组合，互相传递。有利于经济增长的文化资本的自我强化行为，推动着那些有机会进入增长轨道的国家在相当长的一段历史时期内人均收入持续地增长。

4. 文化资本对企业家的创新和决策有重要的影响

根据熊彼特的企业家创新理论，有见识、有组织才能、敢于冒风险的企业家是"创新者"，是经济增长的动力，创新是企业家能力的标准。如前所述，这里的创新是指价值观的创新，也就是文化资本的积累与增长。企业家做出决策时，将复杂的消费者价值观纳入自身的价值观体系，使其不断扩展，从而发现消费者的新需求，以此来开发新产品和新市场，促进经济的增长。

（二）直接影响

1. 文化资本能够促使人们转变经济增长方式

经济增长方式是指推动经济增长的要素投入、结构、集中度、规模度等的组合方式。经济增长方式的转变就是从主要依靠增加要素投入实现经济增长向主要依靠提高要素的配置和使用效率实现经济增长的转变。而这种转变离不开人们的文化资本的积累和投资，离不开人们改变自己的价值观、信念、看法和思维方式等，将经济增长和可持续发展结合起来，实现经济的长期增长。

2. 文化资本能够为经济增长中的互利交易提供便利

文化资本具有多层次的内部结构，包括人们的价值观、信念、看法、思维方式、风俗习惯、生活态度等，能够为交易提供便利，包括形成相互信任的机制，增加可重复交易，减少交易成本和机会主义动机等。经济发展史表明，在陌生人之间建立相互的信任关系是扩大交易范围从而实现经济增长的关键。而作为博弈规则的人们的价值观体系、社会规范等，是建立和维持人们之间相互信任关系的关键。如果规则安排使当事人履行契约比不履行契约更有利可图，使得人们有积极性为了交易带来的长远利益而抵抗短期的机会主义行为的诱惑，人们之间的信任就可以建立起来，就可以减少交易成本促进合作。博弈论和信息经济学证明，共同的规范、准则和习俗（文化资本）是人们相互认可或在代际间流传的行为标准，是当事人从事经济活动的信心基础。相互认可的规范和习俗经过时间沉淀成为组织内在的道德体系，用于约束组织成员控制他们的行为，如果违规将受到惩罚。在现实中，组织内在的道德体系是通过相互的信任机制执行的，并在重复交易中转化为博弈规则，最终成为大量互利交易得以进行和经济增长得以实现的主要保证。

四、结论

福山（Francis Fu Kuyama）（2001）曾经说过，文化因素和经济生活是密不可分的，文化会直接影响甚至决定经济效益。因此在我国的经济发展的过程中，我们需要的是转变观念，而不仅仅是物质。作为一个文明古国，五千年的历史与文化，为我国的经济发展和社会发展奠定了厚实的文化资本基础。但是，要取得经济的持续增长，我们还要不断地进行文化资本积累和投资，向外部世界获取新观念，进行多种文化的交流，改变教育内容，开拓创新，从而推动我国的经济实现持续的高速增长。

（原载：《科学学研究》，2006年第1期；合作者：袁晓婷）

珠三角创新型企业的文化概念模型

一、理论回顾

自20世纪80年代以来，企业文化一直是管理理论研究的热点问题之一，其原因就是企业文化在企业的发展过程中发挥着重要的作用，尤其是伴随高科技企业的不断增多，知识工作者在企业中的比重越来越大，文化管理的作用日益显著。虽然已经历近30年的研究，对企业文化的定义仍是众说纷纭，理论界并未达成一个统一的看法，诸家各持己见，如"精神现象"说、"企业精神"说、"精神信息系统"说、"企业特色的共同价值"说等。陈春花（2003）在总结各家观点后认为，企业文化就是企业自己的产品或服务，以及员工的所为和管理规范反映出来的经长期形成的经营观念或价值观体系。它由企业环境、价值观、英雄人物、典礼仪式和文化网络五大要素组成。它是以企业哲学为主导，以企业价值观为核心，以企业精神为灵魂，以企业道德为准则，以企业环境为保证，以企业形象为重点，以企业创新为动力的系统理论。

在企业文化模型的研究方面，在理论界也有多种说法。国外具有代表性的企业文化模型有：沙因三层次文化模型，他将企业文化分为三个层次，其内核是基本假设，中间层是外显价值观，外层是行为和物质层。曼克斯以分配的特征为标准将企业文化分为经济导向型（按劳分配）、关系导向型（注重员工收益和福利）和发展导向型（按能力分配）。丹尼森提出了在企业文化诊断方面非常著名的丹尼森组织文化模型，它从适应性、使命、参与性以及一致性四个方面测量企业文化的现状，其中每个维度又包含三个子维度。科特则将企业文化分为两大部分，一部分为共同价值观，主要指组织成员所共享的价值观体系；另一部分是部门的行为规范，通常指员工的具体行为。同时，他通过实证研究认为，企业文化最重要的是内涵而不是强度。他强调企业应该同时关注顾客、股东、员工等企业要素。国内学者对企业文化模型的构建多借鉴了沙因的三层次文化模型,常见的有"三层次说"、"五层次说"等,其本质同沙因的三层次文化模型相类似。同时,也有一些学者提出了基于关键要素的企业文化模型,如樊耘等(2007)提出了"共同语言、流程、优先权、企业结构、授权、制度和会议"等七个企业文化的关键要素。

在创新型企业文化模型的构建方面,国外学者多是将创新作为企业文化的一个内涵去研究,鲜有学者专门研究创新型企业文化的模型。其中,KLR Consulting(2002)认为,创新型企业文化主要由创新氛围、创新激励制度、创新价值观三大要素构成。而国内学者的研究也多是基于国外的理论和国内的实践对创新型企业文化的特征进行总结或对其内涵进行研究。其中,杨依依(2004)通过对丰田创新型文化的案例研究总结了创新型企业文化的特征。曾伟等(2007)则基于KLR Consulting的理论提出了测量创新型企业文化的指标体系。杜蕾(2006)对中小企业创新型文化的特点进行了总结:推崇创新、宽容失败、注重实效;氛围宽松,有较高的自由度和开放度;鼓励良性竞争,但同时倡导团队精神和互助协作;企业具有高远的理想,员工对企业有较高的认同感等。叶锋华(2007)在研究企业文化对创新的作用机理时认为,创新型企业的创新性应该包括两方面的含义,一是创新文化内涵,二是文化创新机制。不难看出,关于创新型企业文化模型的构建研究方面许多学者多从创新型文化的特征和内涵方面进行总结,但这种总结一般流于表面化,并未结构化,这给企业在实际的企业文化管理中创新型文化的实施带来许多困惑。可见,结构化地去描述和总结创新型企业文化的特征和内涵,从而形成创新型企业文化模型给文化建设以有效指导显得尤为必要。

二、创新型企业文化概念模型的构建

本文在理论研究和珠三角创新型企业案例研究的基础上,按照企业文化的可觉察性和可改革性将企业文化分为三个层次:共享的价值观念,日常的行为规范,企业的产品、设施及活动。在文化内涵上注入了珠三角创新型企业文化的特征,同时借鉴了国内外其他优秀企业创新型文化的内容,建立了珠三角创新型企业文化的概念模型,如图1所示。

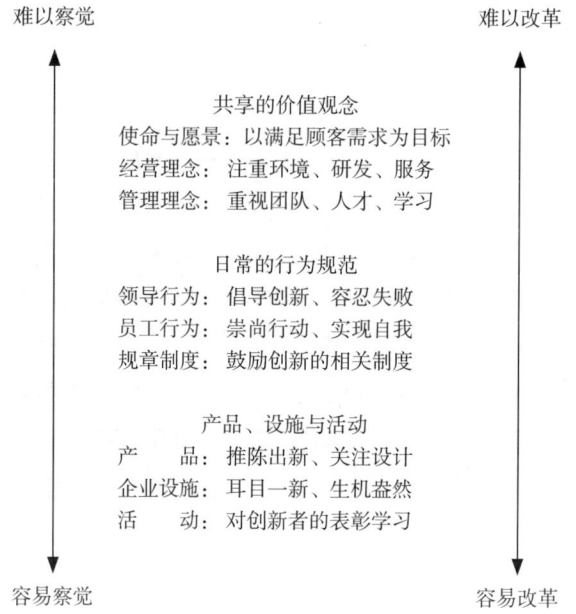

图1 珠三角创新型企业文化的概念模型

（一）共享的价值观念

共享的价值观念属于企业文化的隐性层面，最难察觉，也最难改革，是企业在长期经营过程中形成的价值取向和思维模式，主要包括企业的使命愿景、经营理念和管理理念。

1. 使命愿景以满足顾客需求为目标

企业使命是指企业对于自己存在意义的假设，而企业愿景则是对企业未来要达到的状态或景象的描述。使命和愿景是企业文化的核心内容，在员工中达成共识的使命愿景能够凝聚企业成员的努力，形成合力聚焦于企业未来的主要目标。创新型企业文化在使命愿景上通常表达出以顾客需求为导向的经营哲学。随着企业主导时代的结束，顾客主导时代的开始，顾客需求开始成为企业成长的主要驱动因素。创新型企业之所以能够紧跟市场的步伐，不断地在技术和经营上创新，正是因为它们能够以顾客为导向，不断根据顾客需求的变动调整自己。而如果一个企业没有明确的创新源泉，只是一味地求新求变，往往只能导致产生一系列索然无味并不创造价值的创新。彼得·德鲁克认为，创新与新奇最大的区别就是创新能够创造价值。而要保证企业的创新有源可寻，在文化中保持顾客需求导向显然是有益的做法。

2. 经营理念注重环境、研发、服务

企业的经营理念是指企业在经营过程中的重要价值偏好，反映了企业理想适应外部环境方式的假设。它由一系列的价值观组成，通常包括产品理念、市场理念、成本理念、竞争理念、研发理念和环保理念等。创新型企业在经营理念上通常关注外部环境的变动，这也是其顾客导向的结果。外部环境的变动是企业创新的源泉，顾客需求、法律法规、竞争格局等的变动通常隐藏着新的机会，及时识别这些机会是创新型企业能够抢占市场先机的重要原因。同时，创新型企业多是以技术为核心竞争力的企业，这些企业无不重视其研发功能的发挥，研发人员通常是企业的主体。对于研发人员的重视，有助于提高其归属感及工作的积极性，从而充分发挥自身的主观能动性。在美的集团，员工工资明显地倾向于销售和研发，以显示其对这两块工作的重视。最后，创新型企业往往重视对顾客的服务，因为通过服务一方面可以提高顾客满意度，另一方面可以保持跟顾客的紧密接触，及时了解顾客需求，从而提高其客户响应度。

3. 管理理念重视人本、团队、学习

企业的管理理念是指企业在内部管理中关于如何提高效率的看法，反映了企业管理行为中的重要价值导向。它通常包括企业的组织理念、团队理念、人才理念、绩效理念、沟通理念、学习理念等。我们发现，创新型企业在企业的内部管理中往往能够以人为本，重视团队建设和学习型组织建设。首先，以人为本的管理思想即是充分地尊重员工、信任员工、支持员工，在这种环境中员工才能够充分发挥自身能动性，主动挑战传统，在工作中尝试新的方式方法。同时，我们知道，工作团队是企业创新的重要阵地，源于不同背景和知识的思维碰撞，最有利于形成新的创意。通过团队的互补功能，一方面可以取得意想不到的新成果，另一方面也能够避免个人创新的风险。学习型组织是企业文化建设的一项重要内容，因为真正能够保持竞争优势的企业一定是能够持续学习、不断更新的企业，因此学习型组织的建设是文化进步和更新的保障。

（二）日常的行为规范

日常的行为规范是指企业在日常经营管理活动中所体现的行为习惯以及企业的规章制度，主要包括领导行为、员工行为和规章制度。这是企业文化的可见层面，是共享价值观念在员工行为中的具体体现。

1. 领导行为：倡导革新、容忍失败

领导行为即管理者日常的领导风格与风范，是企业管理者在平时表现出来的行为特征，它是企业文化的重要内容，也是企业文化向下传播的重要途径。优秀企业的管理者能够在自己的管理行为中体现企业的核心价值观，往往是企业文化方面的英雄人物。在《成功之路》中，彼得斯与沃特曼认为，"鼓励革新、容忍失败"是革新性文化的8种品质之一。我们知道，创新具有风险性，只有很小部分的创新活动能取得创造价值的成果。因此，创新型企业的管理者一方面需要鼓励员工进行新的尝试，要具有挑战传统的精神；另一方面，在员工因此而犯错误的时候要用宽容的态度去对待他们，而不是施以严厉的惩罚，从而解决创新者的后顾之忧。如此，方能在整个企业内真正建立起创新的氛围。

2. 员工行为：崇尚行动、实现自我

企业文化内化为员工行为是企业文化能够发挥作用的前提，如果文化不能对员工的行为习惯产生影响，企业文化价值导向的作用将难以实现。创新型企业的员工推崇行动，具有卓越的执行能力。他们并不停留在问题讨论阶段，而更多的是马上采取行动，找出解决方案。对于新的提议、新的方法，他们乐于推行。丰田就是个很好的例子。丰田生产方式已不仅仅是一种生产方式、改善方式，其本质是一种企业革新的方式。崇尚行动——"首先，干起来"是丰田智慧的源泉。丰田鼓励员工去干、去试、去体验，在尝试中学习。"不正常问题表面化"也是丰田企业文化的特色之一。另外，创新型企业的员工注重实现自我，这也是他们创新动力的源泉。他们在行动中找到快乐，为每一个新尝试获得成功而感动欣喜，因为每一个创新都是自身价值的体现。

3. 制度规范：鼓励创新的相关制度

制度规范是指企业各部门的各种规章制度，它彰显着企业精神和核心价值观念。鼓励创新的激励制度是创新型企业推动企业创新步伐的重要保证，尤其是人力资源的一系列相关制度。在奖励制度上，创新型企业往往为取得成果的创新者设置奖金或其他奖励，从而鼓励其创新行为；在培训制度上，创新型企业定期举行行业内最新的知识、技术和管理方式讲座，从而为员工提供创新的知识基础；在选拔和任用制度上，具备创新者品质的员工拥有更多晋升的机会，以培养创新型人才并形成浓郁的创新环境。

(三)企业产品、设施与活动

产品、设施与活动是指企业文化中的物化层面,也是企业文化最容易观察和变革的部分。珠三角创新型企业的企业文化在共享价值观、日常行为习惯和企业的产品、设施与活动三个层面分别体现着独有的特征和内涵,正是这些特有的文化内涵支持着创新型企业的经营与管理,成为这些企业核心竞争力的重要来源。

1. 企业产品:推陈出新、关注设计

企业创新文化最终传递给顾客是以产品或服务为中介的,让顾客获得有创新价值的产品或服务是企业创新的最终目的。工业时代的产品竞争具有这样的规律:当产品短缺时,以数量占领市场;当产品富余时,以质量占领市场;当产品数量、质量都不成问题时,就必须以创新的产品占领市场。电视机、手机以及服装、家具都是明显的例子,轿车等产品在激烈的市场竞争中,也表现出同样的规律。市场上新产品层出不穷,企业只有不断创新,推出为广大消费者欢迎的更加优秀的新产品,才能在竞争中立于不败之地。创新型企业所在行业普遍存在着技术更新速度快的现象,不断推陈出新从而满足顾客需求是创新型企业占得市场先机的重要法宝。同时,产品创新可以是技术的创新,也可以是工业设计的创新。产品的外观在当今社会显得日益重要,因为它能反映产品所代表的文化内涵和价值取向,从而能够取得顾客的价值认同,产生超出产品功能以外的价值。目前,文化结构设计(即在外观设计中考虑文化的因素)已经成为一条重要的产品创新思路。

2. 企业设施:耳目一新、生机盎然

企业设施是指企业的标识、厂房、雕塑、宣传栏等,是企业员工工作和生活的物质环境。企业设施是传播和彰显企业文化的重要途径,具有浓厚创新文化的企业通常也以此展现自身的文化氛围。创新型企业通过精心布置办公环境、厂房设施、宣传园地等,给人耳目一新、生机盎然的感觉,从而使在其中工作的员工精神振奋地投入每一天的工作。美的集团就是很好的例子,宽敞、明亮、时尚的办公环境给人一个舒服宽松的工作环境,现代化的设施让人感觉美的人永远走在时代的前沿,同时众多的小会议室为创新团队讨论工作提供了便利。创新型企业要形成创新型文化,就应该在员工工作与生活的点滴中注入文化,而企业设施就是这样一块重要的文化阵地。

3. 文化活动:对创新者的表彰学习活动

在对企业文化的解读中,文化活动被称为企业文化的"仪式",是指企业中传统的庆典、仪式及其活动，它是企业文化重要的组织部分。在文化活动中，通过对企业文化英雄的表彰学习，能够起到树立文化榜样的作用，能够有效地传播文化价值。创新型企业通过各种各样的庆典活动表彰创造价值的创新者，为员工塑造创新型文化英雄，树立文化学习的榜样。同时，对于先进的事迹，各部门组织形式多样的学习活动，如辩论赛、摄影比赛等，从而加大对创新精神的宣传力度。

三、结论与启示

创新型企业文化内涵有着十分突出的特色：在共享价值观念层面，企业的使命与愿景强调以满足顾客需求为目标，经营理念上注重环境、研发和服务，管理上则重视人本、团队和学习；在日常行为规范层面，领导行为表现出倡导创新、容忍失败的特点，员工行为则崇尚行动和实现自我，制度规范上建立了一系列鼓励创新的相关制度；在企业产品、设施和活动层面，创新型企业的产品能够不断推陈出新并关注设计，企业设施给人耳目一新、生机盎然的感觉，并通过丰富多样的文化活动对创新者进行表彰和学习。通过共享价值观念、日常行为规范、企业产品与设施三个层面去结构化地系统构建创新型企业文化，为广大企业进行文化建设提供了明确可行的思路，有着重要的现实意义。

（原载：《科学学与科学技术管理》，2008年第11期；合作者：马胜辉，刘晓英）

组织文化研究脉络梳理与未来展望

一、引言

20世纪70年代末至80年代初兴起的美日管理比较研究,使得组织文化成为备受国际学术界关注的一个重要课题。1990年的一项调查显示,以"组织文化"或"组织象征"为关键词的英文读物,当时就已经达到2550种之多。在此后的近20年里,该领域的研究热一直保持着较高的水平。我国学术界从20世纪80年代便开始关注组织文化问题。到了90年代,我国的组织文化研究在视角与深度方面都已基本奠定了发展基础。进入21世纪以来,我国的组织文化研究比较系统地消化和吸收了国外的研究成果,研究水平也得到了提升,现已与组织文化研究的国际发展进程基本接轨。

经过三四十年的发展,组织文化研究不仅研究视角和专题变得更为丰富,而且所采用的研究方法、核心概念以及语言体系也呈现多元化的特点。这种状况一方面可以反映组织文化研究的魅力所在——题材丰富和视角多样,另一方面也增加了组织文化理论体系构建和研究成果学习与借鉴方面的难度,并且还引发了不少问题。首先,复杂的"文化丛林"给组织文化学习造成了认知上的混沌。不同范式和视角的组织文化观结构体系迥异,甚至对同一概念的理解也带有明显的"文化差异"痕迹,因此容易给学习者尤其是初学者造成认知障碍,从而影响组织文化的传播。其次,组织文化的知识体系复杂、多元,容易造成理论使用者"张冠李戴",不准确地使用"文化假设"来提出命题或者验证自己的论点,有时甚至出现了研究者把两种相互矛盾的组织文化思想置于同一研究来支持自己观点的情况。再次,由于对不同范式的组织文化研究的语言缺乏充分的理解甚或认同,致使研究者间的相互交流、彼此吸纳并不顺畅。最后,在满足实践需要方面,单一的研究视角和成果常暴露自己的局限性,难以有效解决现实问题。鉴于此，本文从组织文化研究与几大学科的渊源入手，对组织文化的研究脉络或谱系进行梳理，并在此基础上提出我们对组织文化研究现状及发展的看法。

二、组织文化研究的文化人类学脉络

许多研究组织文化的学者都宣称，他们在知识上最初受惠于人类学。与人紧密相关的文化，是人类学的研究对象，而且是人类学研究的最重要方面。作为人类学分支学科的文化人类学，更是把文化和人性作为主要研究对象，并着重研究人类社会中的行为、信仰、习惯和组织等问题。文化人类学能探查到人类深层的信仰以及相应的行为和习惯，这些恰恰是组织文化有别于管理学其他领域的特殊研究对象。从这个意义上说，组织文化研究与文化人类学有着很深的渊源。

文化人类学家的主要研究旨趣在于理解文化，把文化作为一种人类生活的整体方式来解读。他们有着考察不同民族或地域文化的传统，认为不同社会（族群）的成员具有不同的行为模式，注重考察不同民族文化的共性与特性，并研究它们的形成过程。他们使用的典型研究方法包括田野调查法和跨文化比较法。田野调查法是人类学获取研究资料最基本的方法。最初的田野调查法强调研究者要长期与被观察者生活在一起，深入观察他们的生活，从而真正了解他们的文化。后来也有学者提出，真正重要的是，努力追踪当地人的行为，将其放在原来的"脉络"中解读，寻求象征行为的意义。沙因（Edgar H.Schein，1984）在组织文化研究中就非常重视通过实地观察和调查获得大量的原始资料，并且在组织中进行焦点讨论。他所倡导的这种方法，可以看作是对人类学田野调查法的一种传承。人类学的跨文化比较法是对两种或两种以上的社会或文化进行比较，或者运用人类关系区域档案和统计分析方法进行跨文化比较研究。催生组织文化研究的美日管理比较研究，在方法上就带有明显的文化人类学色彩。从霍夫斯泰德（G.Hofstede）的研究看，他所代表的跨文化管理研究传承了文化人类学中的典型研究范式，可以说是管理学中的文化人类学。

文化人类学对组织文化研究的影响不仅表现在研究对象、视角和方法方面，而且还拓展到了相关理论的准备方面。文化是人类学最基本的概念，在19世纪后期就成了人类学的重要术语和研究对象，后来包括马凌诺夫斯基（B.K.Malinowski）、克罗伯（A.L.Kroeber）和克拉克洪（C.Kluckholn）在内的一批著名文化人类学家，都对文化的定义进行过界定或者梳理，他们对文化的理解与界定就成了最初组织文化研究的出发点和理论背景。文化人类学者还对文化模式的价值取向进行了归纳,这为后来的组织文化研究所涉及的价值观研究奠定了基础。克拉克洪(1961)等提出了人性、自然、人际关系、结果和过程、时间、空间这六个理解文化差异的维度,在后来沙因所提出的文化维度中就可以找到受它们影响的痕迹。人类学对文化要素的解读是全面的,有时甚至是事无巨细的,从价值观、行为到人为饰物、亲属关系、活动仪式等,都在其考察范围之内。比如,道格拉斯(M.Douglas)、特纳(V.Turner)和格尔茨(C.Geertz)等人类学者,对仪式这一要素给予了充分的关注,通过寻求它所代表的象征意义来理解文化。后来的组织文化学者也正是从这些最基本的文化要素来研究组织文化的,而人类学者所做出的相关贡献对于组织文化研究无疑具有奠基性意义。

  文化人类学对组织文化研究的深远影响体现在方法论或研究范式方面。文化人类学在其发展过程中形成了诸多学派,如功能主义学派、文化与人格学派、结构主义学派、象征人类学学派、解释人类学学派等。这些学派在观点、假设和方法等方面的差异,在现今的组织文化研究中都有所反映。比如,以布朗(Radcliffe Brown)和马凌诺夫斯基为代表的功能主义学派,把文化作为功能上相互联系的系统,进而考察文化要素的功能是如何维持社会结构的,并力图把文化要素作为人类社会功能的一般法则。后人在描述和解析组织文化要素时大多沿袭这种结构功能研究范式。以格尔茨为代表的解释人类学学派采取诠释学的观点,认为人类文化的基本特点是符合解释性的。他们强调文化系统和社会系统是相互独立的,文化结构是按照行为者的意义来考虑社会行为的,社会结构是按照对社会系统的功能作用来考虑社会行为的,而传统的功能主义未能意识到它们是彼此独立又相互依存的系统。这两种学派的差异正与组织文化研究中两种基本假设相对应,即"组织拥有文化"和"组织就是文化"。而由本尼迪克特(R.F.Benedict)和米德(M.Mead)所代表的文化与人格学派更加关注因文化而变的个人,强调文化因素与个人因素或由个人产生的心理事件存在着密切的联系,甚至试图把某一社会描述成为一种大的、复杂的人格。这种研究传统至今仍影响着组织文化的描述方式,在组织文化类型研究中就可以发现该学派的影响痕迹。

三、组织文化研究的组织社会学图景

  社会学与人类学是姊妹学科,两者越来越呈现出相互借鉴、相互渗透、交错发展的态势。这种学科间的密切关系，使我们更加容易理解社会学对组织文化研究的天然影响。社会学最主要、直接的影响首先表现在对组织社会学的贡献方面，而组织社会学为组织文化研究提供了基本视角。

社会学关注人类社会和社会生活，从相对宏观的视角来探索社会规律，它是针对群体来研究社会现实及其成因。组织文化作为一种社会现象，属于社会学的考察范畴，而且在社会学的创建过程中还有其特殊的地位。作为社会学奠基人之一的涂尔干（E.Durkheim）率先提出并论述了"集体意识"，把它阐释为"一般社会成员共同的信仰和情感的总和"，并认为"集体意识是社会的精神象征，有它自己的特性、生存环境和发展方式"。涂尔干对集体意识的考察被后人评价为：把社会学带入了具体社会现象分析的时代，并且为我们找到了社会的、而非个体的东西——集体意识，在社会学发展史上具有里程碑的意义。从这个意义上说，社会学与组织文化研究颇有渊源，社会学发展的早期就开始关注组织文化现象。

从20世纪50年代起，组织日益成为社会科学的共同研究对象，组织社会学也因此而得以形成并得到了充分的发展，成为20世纪后半期最为活跃的学术领域之一。在组织研究所涉及的广泛学科中，组织社会学所做出的基础性贡献得到了学界的公认，成了开展组织研究的重要起点。

组织研究存在三种不同的视角。一是理性系统视角，它把组织看作为了实现既定目标而可以有意识地操控和塑造的手段；二是自然系统视角，它把组织视为一种寻求生存的有机系统，是一个持续演化的集体；三是开放系统视角，这种视角在组织所在的环境中审视组织，把组织视为与参与者之间相互联系和依赖的活动体系。这三种视角的差异与争论不仅在组织文化研究的基本假设方面有所反映，在组织文化研究的进程中也起到了特殊的作用。1979年，庞蒂（L.R.Pondy）与米特罗夫（Mitroff）在《超越组织开放系统模式》一文中指出，组织开放系统模式属于控制系统的思维，其核心在于追求单一同质的组织环境，无法对高度复杂与高度变异的环境做出反应，因而难以探索组织的动态内涵。为了跨越组织开放系统模式，进入组织动态研究领域，他们开创了崭新的文化模式研究语言，并把它作为组织研究的切入点。在他们及其后继者看来，"组织象征"是更替旧"组织结构"的新手段，而"文化"是代替基本概念"系统"并导出认识的新的基本概念。由此可见，组织文化研究从一开始就受到了组织社会学的直接影响，并且肩负着重新认识组织系统的使命。

除了研究视角的影响之外，组织社会学对组织生活中客体和主体特征的兴趣，也延伸到了组织文化的研究传统中。在涂尔干看来，一个复杂社会现实的简单象征性体现是集体生活的基础。他认为，象征性结构可以通过研究神话和礼仪来理解。虽然神话和礼仪展现在社会生活的表面，但能为揭示内部的矛盾和力量提供线索（Ouchi和Wilkins，1995）。今天，通过研究这些象征的结构来解读文化的深刻内涵，已经成为一批组织文化学者的基本研究方式。此外，不但组织研究在发展之初所关注的组织生活的主客体特征、组织结构、非正式组织等，而且组织研究领域后来出现的网络理论、组织生态学、制度理论等，都不断为组织文化研究拓展新的空间。组织文化被用来解释更多的社会现象，时至今日，组织已经成为社会学的一个重要研究主题，组织理论也得到了极大丰富和发展，这一领域汇集了大量的组织文化研究成果。

组织文化研究除了受研究视角和学术观点等方面的影响之外，在研究方法上也受到了组织社会学的深刻影响。组织社会学在其发展过程中逐渐形成了遵循实证主义、重视数理统计的研究传统。运用数理统计方法进行多变量分析的做法，在今天的组织文化研究中已经十分普遍。此外，访谈法、问卷法等一系列典型的社会学研究方法也被广泛地应用到组织文化研究当中。

四、组织文化研究的心理学关联

心理学作为研究心理现象和行为规律的科学，是研究人类个体的基础性学科，可以帮助我们研究相对抽象的心理现象（思想）及其与行为之间的运作机理等。组织文化研究需要借助心理学来认识个体的价值观、态度、人格特质、情绪等心理特征以及相关的心理过程。

心理学的相关研究成果在组织文化研究的发展进程中占据着重要的地位，对今天的组织文化研究仍产生着直接的影响。在某些学者看来，心理学家对组织气氛的研究就是组织文化研究的起源。社会心理学之父勒温（K.Lewin）在20世纪30年代就开始了有关团体气氛的实证研究，他提出了团体氛围（atmosphere）或气氛（climate）的概念，并把它们定义为组织成员共享的知觉或个体间认知图式的相似程度。此后，组织气氛（organizational climate）研究发展迅速，盛极一时，不少研究者采用多个气氛维度开展组织气氛研究，直到组织文化研究热潮的兴起，组织气氛研究才逐渐淡出历史舞台。比较而言，组织文化的范畴比较狭窄、具体，而组织气氛则比较宽泛；组织气氛研究所做的理论准备和奠定的方法基础，对于组织文化研究的发展产生了直接的影响。比如，组织文化研究的文化测量沿袭了组织气氛研究常用的研究范式，即从一定的理论视角出发构建组织气氛的理论框架，然后编制量表进行测试，再通过统计分析归纳气氛类型，并探讨组织气氛与组织绩效和个体行为之间的关系，而且这样的研究模式已经成为一种典型的组织文化研究范式。

心理学视角所关注的个体心理和心理过程，是组织文化研究的重要组成部分。心理学的这种影响更直接地通过组织行为学表现出来，组织行为学所关注的价值观、工作投入度、组织承诺、工作满意度、工作动机等要素，在组织文化研究中得到了广泛的讨论。其中，有些因素甚至成了解读文化的重要因素，有些成了探讨文化影响组织绩效的基本变量。比如，在丹尼森（D.R.Denison）所建构的有效组织的文化特质模型中，"工作投入度"就是四个基本变量之一。此外，社会心理学所研究的个体社会化历程，为分析组织文化影响成员个体的作用机理也提供了重要帮助。

心理学是兼有自然科学和社会科学两种属性的学科，研究方法多种多样。其中的心理测量方法也被引入到了组织文化研究中，并得到了广泛的应用。尽管学术界对于组织文化是否可以测量这个问题仍有争议，但是，组织文化测量是当下组织文化研究的一个热点，这已经是一个不争的事实。研究者们热衷于开发各种测量组织文化的量表，依据调查问卷所收集的数据进行量化分析，并对组织文化的相应特征进行分析判断。这种研究范式与心理学运用心理测量方法研究复杂的心理现象的做法，在本质上是一脉相承的。

五、组织文化研究的基本领域

时至今日，组织文化研究在得益于相关学科贡献的同时，自己也获得了丰硕的成果，而且俨然发展成为一个"大家族"。在这个"大家族"中，渗透着多种视角的影响，多个子领域呈现不同的观点和认识差异，并且大有发展成为不同流派的趋势。为了把握各研究方向及它们之间的关系，认识和理解不同的视角及其差异，有必要对组织文化研究脉络进行梳理，并从整体上把握组织文化研究的谱系。

分析和比较组织文化研究领域的不同方面，可以按照它们在理论体系中所占据的地位及其性质，把组织文化研究归纳为方法论研究、基础理论研究、应用与衍生研究三类。方法论研究主要讨论组织文化的研究范式，明确组织文化研究的前提假设，涉及研究视角、利益倾向和研究方法等专题；基础理论研究旨在创建组织文化理论，主要围绕组织文化的核心理论要素开展组织文化的概念、要素、结构、性质、功能、作用机理、系统和动态性等专题研究；而应用与衍生研究则运用组织文化理论来解决相关的管理实践问题，主要包括组织文化类型研究，与管理要素、过程和结果的关系研究，测评与诊断研究，文化解读研究，文化建设与管理研究以及其他相关专题的研究。

（一）方法论研究

如何看待文化，是组织文化研究的出发点，也是其方法论研究的核心内容。对于文化的理解，组织文化研究者持两种迥异的研究假设——作为变量的文化和作为象征的文化，这方面的分歧根源于文化人类学者对于文化与组织关系的不同理解。阿莱尔（Y.Allaire）和费西诺图（M.E.Firsirotu）通过考察文化人类学和社会学把文化这一概念区分为社会文化系统（social cultural system）与理念系统（ideational system），前者视文化为可操作的变量，而后者则把文化作为组织隐喻。斯默西奇（L.Smircich, 1983）对组织文化研究进行了区分，并认为功能主义通常把文化看作是一种变量，而象征主义则把文化看作是研究组织生活的透视镜。海能（E.Heinen）也区分了客观主义的组织文化研究（把文化作为变量）和个人主义的组织文化研究（把文化作为导出认识的基本概念）（Heinen, 1990）。简而言之，目前组织文化研究在关于如何看待文化的前提假设上，主要存在变量说（即组织拥有文化）和象征说（即组织就是文化）两种观点。对应于变量说和象征说，在研究目的方面也可以进行相应的区分。变量说这一派的研究目的主要在于对自然与社会环境的操控，特别是关注管理和控制组织的可能性；而象征说这一派的研究目的则主要在于了解特定情境的意义，特别是认识组织行为的存在背景，理解组织的日常习惯、例行事务、标准作业程序等（Smircich, 1983）。

在研究视角方面，组织文化研究存在宏观分析和微观分析两种不同的视角。宏观分析视角一般试图了解群体或亚群体的文化，了解文化在维持群体方面所起的作用；而微观分析视角则认为文化存在于每个个体身上，可以通过个体的感觉形成、学习和归因的认知过程或者潜意识来解析（Ouchi和Wilkins, 1995）。这种视角差异在一定程度上也反映了不同学科的影响：带有人类学或社会学背景的研究更倾向于宏观视角，而具有心理学色彩的研究则更关注微观视角，并且在研究方法上也有所体现。

在研究范式方面，具有社会学背景的学者给予了更多的关注。伯勒尔（Burrel）和摩根（Morgan）曾经开发过一个社会理论评判模型，它由有关"社会本质"（由"主观"和"客观"两种表述）和有关"科学理解"（可以概括为"规则"和"激变"）的两个基本维度构成。根据这些特征组合可得出四种社会学模式：功能主义、解释主义、激进人文主义和激进结构主义。后来的学者依据这个模型对组织文化的研究范式进行了评判，并且相应地把组织文化研究范式分为功能主义、解释主义、激进人文主义和激进结构主义四种。

现有的组织文化研究大多属于功能主义与解释主义范式，并且又以功能主义范式的研究居多（郑伯埙，2003），激进人文主义与激进结构主义范式的研究则较少（M.Alvesson和O.P.Berg，1992）。海能对这四种研究范式进行了详细的区分，他认为功能主义取向的组织文化研究的主要任务在于辨认象征类型并对它们进行分类，识别象征在组织中的作用，尤其是在提出行动建议方面的作用。尽管功能主义研究范式可以充实组织理论中传统的行为科学方法，但不能实现组织理论模型中"超越开放系统"的目的，这个任务只能由以象征为导向的解释主义范式来完成。无论是功能主义还是解释主义范式，它们都把文化看作客观维度，并把它理解为系统变量，而主观主义范式则把文化理解为思想体系，比喻成"根"。在海能看来，这些组织文化研究范式显然各有侧重和利弊，沙因找到了一条"中间道路"（Heinen，1990），在研究中既容纳了主观主义的思想，而又不偏废功能主义的因素，是一种折中的功能主义研究范式。此外，马丁（J.Martin）在研究范式方面另辟蹊径，认为与其关注文化理解方面的纷争，还不如研究文化的实际操作问题，并且把组织文化研究范式分为融合观、差异观和碎片观三种。持融合观的研究者认为，文化是一种明晰的东西，大多数人的看法是相同的。因而，他们都关注那些关于一种文化的阐释相互一致的现象，包括大内（Ouchi）、迪尔、肯尼迪和科特等在内的多数学者，都持这种融合观。持有差异观的研究者认为，各种亚文化可以独立和谐地存在，也可能发生冲突，因而更关注那些阐释不一致的文化现象。另有部分研究者认为，文化更多是模糊的，只存在对特定议题的共识，不能一概而论一致或者歧异。这就是所谓的碎片观。

在利益倾向方面，马丁指出组织文化研究大多偏向管理者利益，目的是为了帮助管理者提高组织的生产效率和绩效。此外，另有一些研究显示出批判管理层行为和特权的倾向，还有一些则表面看似价值取向中性（Martin，2005）。

在研究方法方面，人类学、社会学和心理学等相关学科的研究方法在组织文化研究领域得到了广泛的传承。由于研究视角和研究范式等方面存在差异，因此在研究方法使用方面也表现出派系差异。而且，关于方法的争论比较普遍和明显，并集中体现在定量方法和定性方法的争论上。在当今定量方法占据组织研究支配地位的形势下，组织文化研究成了定性方法有用武之地的为数不多的领域。20世纪80年代，组织文化研究大多采用定性研究方法，定量文化研究成了少数派。这种局面到了20世纪90年代得到了改观，定量研究的数量逐渐增多，但仍有学者认为，这破坏了文化领域的特殊性和创造性（Martin，2005）。除了定性与定量之争以外，有研究者还对局内人立场与局外人立场进行了区分。沙克曼（S.A.Sackman，1991）认为，站在局外人立场上开展调查主要是通过收集数据来进行实证，目的是要总结普遍适用的规律；而站在局内人的立场上进行的研究大多采用人类学研究方法，强调知识的情境特殊性，旨在全面、完整地认识文化。

（二）基础理论研究

20世纪80年代，随着企业文化研究热的兴起，组织文化逐渐得到重视，成为关注的焦点。由于研究者的学科视角和关注点不同，组织文化定义起初呈现多元化的局面，甚至出现了"组织文化混沌"的现象（郑伯埙，2003）。此后，在就组织文化定义所涉及的基本要素达成一定共识的基础上，研究者们把争论的焦点转向了其他方面。这个过程还伴随着相关概念的辨析研究，如有关组织文化与组织气氛的讨论。接着，组织/企业文化成了管理理论体系中的重要概念，学者们便就开展更加广泛的概念比较及相关性研究，如组织文化与组织承诺、组织文化与心理契约、组织文化与组织认同、组织文化与组织学习、组织文化与组织形象等。这种比较可以看作是研究者在相关学科体系中为组织文化进行定位和关系梳理，也为相关研究视角提供了反思的机会和空间。

除了概念定义和概念间关系的研究之外，组织文化的构成要素和层次结构也引起了研究者们的兴趣。尽管他们在某些方面仍存在观点分歧，但是已经就价值观在组织文化中的核心地位和组织文化的层次性问题达成了共识。此外，研究者们还对仪式、故事、英雄人物、传播网络等文化要素进行了研究。文化人类学的相关成果对于这方面的组织文化研究做出了重要的贡献。然而，组织文化的作用机理研究却仍难以达成广泛的共识，这与研究范式和假设认知差异不无关系。由于变量说和象征说的前提假设不同，在组织文化属性研究方面也存在一定的分歧。此外，在功能认知方面，组织文化的原始功能和衍生功能得到了确认，正向功能和负向功能也得到了区分。这些都为后续研究向纵深发展奠定了基础。比如，沙因（1984）提出的组织文化具有外在适应与内部整合功能的观点，就在组织文化测量模型中得到了应用。

上述各方面研究成果的取得，为系统研究组织文化夯实了基础。有研究者率先在组织文化层次结构研究方面另辟蹊径，构建了基于现象结构的组织文化系统。在我国，这派观点的影响较为广泛。然而，这种现象层次论虽然有助于相关研究的开展，但也限制了组织文化系统研究的深入。事实上，国外在这方面的研究主要是围绕企业或组织文化的核心——价值观来进行系统建构。比如，沙因的三层次模型和霍夫斯泰德的两层次模型，它们虽然都具有一定的社会心理学和文化人类学色彩，但都是紧紧围绕核心价值观审慎地建构文化系统的内在逻辑。沙因还曾特别指出，思想简单化是人们理解文化的最大危险，如把文化说成"我们这儿做事的方式""我们公司的仪式和礼节""公司的气氛""薪酬体系""基本价值观"等，确实十分诱人，它们虽然也都是文化的表现方式，但在文化起作用的层次上却没有一个是真正的文化。此外，还有部分研究者试图从不同的角度来丰富对组织文化系统要素的认识，并且认识到组织文化内在结构的动态性。

（三）应用及衍生研究

今天的组织文化已经被作为管理理论体系中的一个重要变量来研究。因此，越来越多的组织文化研究者致力于探讨组织文化与其他管理要素、管理过程和管理结果的关系。其中，组织目标、组织环境、组织制度等方面的研究可以归属为管理要素研究。而有关管理过程关系的研究，可以分为职能管理和管理事件两个方面，前者可能涉及人力资源管理、战略管理、市场营销、职业生涯规划等，后者则可能涉及企业并购、输出管理、劳资冲突、突发事件等。组织文化与管理结果关系的研究可以分为组织层面和个体层面，前者涉及组织效能、组织绩效、竞争力等，而后者则如员工满意度、认同度、忠诚度、凝聚力和效率等。这方面的研究默认变量说、定量方法占据主导地位，数理统计得到了广泛的应用。

在企业文化研究热兴起之初，研究者们就试图对企业文化进行分类，如迪尔和肯尼迪就曾把企业文化分为四种类型。有些研究者从类型学的视角开展组织文化研究，并且他们愿意做出这样的判断：具有某些典型特征的组织文化更适合在特定环境条件下生存和发展，组织应该向理想型文化转变。从象征意义的角度看，文化对于组织更像是人格特征对于个人，我们可以通过文化分类来描述组织的特征，甚或进行组织变革预期。研究者们在进行组织文化类型研究时，大多采用不同的文化特征组合来区分不同的类型，如科特（J.P.Kotter）和赫斯科特（J.L.Heskett）的强力型、策略合理型和灵活适应型；也有部分学者根据文化内在标准组合来进行分类，如海能根据组织成员有关组织的价值理念与行为准则的稳定性、一致性及系统和谐性进行分类（Heinen，1990）。

组织文化测评是当今组织文化研究的热点，也是最能体现组织文化研究视角多元化、流派汇集的代表性领域。尽管在组织文化是否可测这个问题上仍然存在争议，但是，组织文化测量研究一直占据着优势地位。组织文化测量最初的发展得益于组织气氛测量研究，带有心理学研究的痕迹，而今显现出明显的功能主义色彩，并且都是定量研究。组织文化测量按照目的可以分为类型测量和特征测量。类型测量与前面谈到的类型研究相匹配，研究者运用标准化工具来判断组织文化的系列类型，通过这类测量（如借助量表OCS）可以判断特定组织文化的所属类型；而特征测量则是通过测评组织成员信念和价值观的优劣势来描述组织的文化特征。这类测量通常要凭借不同维度的得分来勾勒组织的文化特征，组织效能研究是这类测量的重要组成部分。特征测量又可以进一步细分为效能测量（评价能提高组织绩效的文化价值观）、描述性测量（测量价值观，但是不评价组织效能）、契合性测量（测量个人与组织在价值观上的一致性，如借助量表OCP进行的测量）。评价研究在很大程度上是作为测量研究的对立面而存在的，其代表人物沙因对测量研究持批判态度。他认为仅凭标准化的问卷无法确定测量结果的效度，因为这种问卷常常忽略了文化的深层本质。而且，被调查者在面对问卷调查时，很难说出深层的价值观和基本假设。沙因强调文化不能通过问卷调查来测量，而是主张通过个人和小组访谈来定性地评价文化，特别是那些围绕组织具体问题而进行的小组访谈，这样才能深刻地把握导致特定组织文化发生作用的要素（Schein，1999）。

文化解读研究源于象征说的文化假设。研究者通常借助文化人类学或社会学的概念和方法来构建文化分析维度或者分析框架，然后根据文化分析维度或分析框架来诠释组织文化，以加深或丰富对组织特定文化现象的理解。例如，波蒂（H. Botti）对一家意大利日资企业进行的文化研究，以及刘兆明等对我国大型民营企业进行的文化解读研究。

文化建设与管理研究可以追溯到早期的文化要素案例研究。随着组织文动态性研究的不断深入，研究者们认识到内外部环境变化对组织造成的压力和张力，以及迫使组织进行学习和适应的重要性。他们研究发现组织文化会经历生成、传承与变革三个阶段的自然演化过程，并且深入探讨了领导者在这个过程中扮演的角色与所起的作用、文化生成机制、文化变革途径等问题。

从研究类型看，组织文化研究还有特定行业或组织的专题研究，以及特定研究视角的专题研究。对教育机构、医疗机构、政府机关等组织，服务业、高科技产业、建筑业等行业，以及中小企业、集团公司、家族企业、国有企业等开展的组织文化研究属于前者；而后者常常涉及时代背景（如知识经济、服务经济等）和文化思想或思潮（如传统思想、后现代主义、人本主义等）。

最后有必要提一下跨文化管理研究。从文化人类学的影响来看，跨文化管理研究与组织文化研究有较深的渊源。一些跨文化管理研究成果在组织文化研究领域也得到了广泛的应用，而且两者的交叉又产生一些新的研究专题，可以说两者的关系较为密切。但严格地讲，跨文化管理研究不属于组织文化研究的范畴。跨文化管理研究的前提假设是把文化作为组织的外部变量（背景变量），常与国家概念同义。也就是说，跨文化管理研究考察的是宏观的如国家（地区）文化对组织管理的影响，而组织文化研究则把文化视为组织内部变量，重点考察组织文化对组织管理的作用。

六、我国的组织文化研究现状与展望

我国学术界对组织文化的关注始于第一次企业文化热潮，虽然通过前期的努力奠定了一定的组织文化研究基础，但受制于社会科学整体发展水平以及与国外学术界交流不足等因素，未能充分融入国际学术界的研究主流。直到20世纪90年代末，伴随着学术交流的增多，相关的成果才丰富起来。1998年，王重鸣等引进了台湾学者在组织文化方面的研究成果，不但引进了我国港台学者与国际学者一脉相承的定量研究范式，而且也丰富了中国大陆组织文化研究的相关视角。1999年，陈春花采用沙因的"整体阐释性"研究方法和分析框架来解释组织文化，并于2001年公开发表了对两家公司的研究成果。2001年前后，赵琼对比国际企业文化理论的发展，对中国企业文化理论与实践的发展进行了总结和反思。进入21世纪，尤其是在2003年以后，我国的组织文化研究呈现出加速发展的态势。国际上主要流派的代表性研究著作被引入国内，组织文化理论研究在视角选择的多样化、涉猎主题的丰富性和研究方法的规范程度等方面都有了质的飞跃。国际上组织文化研究主要流派，无论是早先引入我国的代表人物霍夫斯泰德和沙因，还是后来的查特曼（J.Chatman）、奎恩（R.E.Quinn）、卡梅隆（K.S.Cameron）和丹尼森等，在国内都能找到一脉相承的研究成果。可以说，国内的组织文化研究与国际发展已基本接轨。

对于这一阶段的研究态势，从与"企业、组织文化"主题相关的国家级研究项目的立项情况可见一斑。首先，我们的研究能够紧扣时代热点，夯实理论基础。从立项情况可以发现：研究选题具有时代性，很多研究围绕跨文化、创新文化、民营（家族）企业、企业竞争力等理论和实践热点展开，直接服务于提升我国企业管理水平和竞争力的实践需要。还有部分项目能够借鉴国际已有的研究范式和成果，展开基础理论研究，夯实我国组织文化研究的理论基础。其次，我们的研究能从多角度切入，研究方式多样，如从管理学、经济学、心理学、社会学、人类学、伦理学等学科的视角开展研究，从而使得我国的组织文化研究初步呈现视角丰富、范式多元的发展格局。

在综观国内外组织文化研究基本态势的基础上，展望我国组织文化研究的未来发展，我们有以下几点期待。

首先，组织文化的本体性认知和理论创新应当得到重点关注与鼓励。组织文化是作为认识和解析组织世界的重要手段而发展起来的，这也是组织文化研究的价值和意义所在，研究者应该把这作为组织文化研究的起点。国际学术界曾对此进行过大量而又深入的基础理论研究，研究的视角和理论观点涉及人类学、社会学和心理学等在内的多个学科领域，并取得了丰硕的成果。然而，国内在这方面的基础研究还相对比较薄弱，这不但可能会影响我们对组织文化本质的理解，而且还可能因为简单化地理解组织文化而给应用研究造成消极影响。因此，我们还应该深入开展涉及组织文化本质的基础研究。

其次，应该积极提倡组织文化的多范式研究，这样才能呈现学术争鸣的格局。虽然我国的组织文化研究已经初步形成了多元化发展的格局，但是，一些研究范式还比较落后。从国内组织文化研究的现有文献看，绝大部分组织文化及其应用研究是由管理学界完成的，且遵循的是现有的管理学的学科范式，而从社会学、人类学、心理学、伦理学等学科视角开展的组织文化研究为数甚少，高质量的研究成果更是鲜见。此外，在今天的社会科学研究中，以多变量的数理统计分析为特征的定量研究占据着学术主流地位，但应该看到，组织文化研究的学术包容性正是其富有生命力的一个根本原因。一些高水平的定性研究在组织文化研究领域仍占据着重要的学术地位。希望我国的组织文化研究，也能在多种研究范式相互补充和支持的条件下变得更有生命力。

最后，中国的本土化组织文化理论和原创性研究还有很大的上升空间。企业文化热本来就是依靠迫切的现实需要而兴起的。今天，我国的企业文化建设实践力度空前，令其他国家和地区难以企及。这种管理实践所提供的研究机会，为理论创新提供了肥沃的土壤。此外，我国的民族文化源远流长，并形成了特定的"国民性"社会心理结构或文化特征，如果在组织文化理论研究和应用中凝聚本土性组织文化的共识，提出"中国组织文化"的若干理论假设和命题，那么，这不仅是对中国社会和企业发展的贡献，也必将是对世界管理发展的贡献。

（原载：《外国经济与管理》，2009年第7期；合作者：曾昊，乐国林）

横向并购背景下的
文化整合模式研究

企业并购是现代企业通过运用资本市场寻求企业重组和扩张以实现成长的主要形式。通过并购，企业能在较短时间内从企业外部获取资源，迅速适应市场的需要并实现经营规模的扩张，由此，企业并购成为了现在企业实现成长的主要方式。但是，据相关统计，在过去20年里，国际上大的企业并购案，65%无法获得协同效应和财务预期；美国著名的麦肯锡咨询公司的进一步研究发现，在失败的并购案中，80%以上直接或间接起因于文化整合的失败；陶斯·佩林咨询公司（Towers Perrin）则专门研究了过去10年间180多个成功的企业并购案例，发现成功的文化整合是并购得以成功的一大重要因素。管理大师德鲁克（Drucker,1981）早就指出：与所有成功的多元化经营一样，要想通过并购来成功地开展多元化经营，需要一个共同的团结核心，必须有"共同的文化"或至少要有"文化上的姻缘"。由此可见，文化整合成了企业并购中的难点，其整合的好坏是并购成功与否的关键因素。

一、文化整合的相关文献述评

文化整合对企业并购影响之大，引起了人们重视，如何有效地进行文化整合以使并购战略成功实施，成为国内外企业界和学术界共同关注的问题。例如，Berry（1983）认为文化整合有三个特点：一是要求有两个独立文化群体的接触，二是应包括接触、冲突和适应三个典型的阶段，三是应发生在个体和集体两个层面；Malekzadeh和Nahavandi（1990）认为，两个具有文化差异的企业并购后不可避免地产生文化冲突，为此并购双方都需在一定程度上做出调整和改变；潘爱玲

（2004）通过对文化整合与跨国并购的关系、文化整合的流程设计、模式选择等问题进行探讨，指出我国企业在海外并购的过程中，必须大力培养跨文化管理人才，加强文化敏感性训练，认真分析和评估中外文化的异同，选择合适的整合模式，实现与东道国文化和目标企业文化的有机融合；赵曙明、张捷（2005）则通过分析中国企业跨国并购的现状与特点和中国企业跨国并购中面临的文化差异挑战，指出我国企业在跨国并购中的文化差异整合策略有：文化审慎调查、成立文化整合团队、选择合适的文化整合模式、跨文化培训、构建共同的组织远景；唐炎钊、王子哲、王校培（2008）构建了一个以信任为平台，以行为模式整合和价值观整合的互动为着力点，以制度约束、愿景引领、利益激励和培训教育等激励和协调措施为动力的"陀螺"式动态旋转模型，为我国企业进行跨国并购文化整合提供了一个系统的分析框架。

纵观学者们对并购的文化整合问题的研究，可以发现学者们的研究都是侧重于与文化整合相关的方面，如文化差异的影响、整合模式的类型、影响整合模式选择的因素、整合的阶段划分、文化整合的策略或建议等中某两个或三个方面进行研究，却很少有对在具体的并购战略——横向并购战略、纵向并购战略、混合并购战略的指导下对并购中的文化整合模式是如何选择的进行研究。赫塞尔宾与戈德斯密斯（2000）指出："一个战略可以与文化一致，也可以不一致。当它们一致的时候，文化成为战略实施中的一条有价值的途径；当它们不一致的时候，实施战略通常要困难得多。"而对并购的文化整合的目的，是找出能使并购双方都能接受的有益于企业在并购战略实施后继续发展壮大的企业文化。因此，在具体的并购战略指导下研究该如何选择文化整合模式以顺利地进行文化整合将具有重要的意义。而且，据统计发现，世界各国公司的并购中近2/3是横向并购。横向并购与纵向并购、混合并购在概念、目的、并购所产生的正效应和负效应上具有较大的差异，因此，选择对横向并购背景下的文化整合模式进行研究具有重要的意义。

二、横向并购中的文化整合

横向并购是一种竞争对手间的合并，指竞争对手之间为了提高规模效益和市场占有率而在同一类产品的产销部门之间发生的并购行为。这种并购一般发生在生产技术、生产工艺、产品及销售渠道相同或相似的行业，其目的一般是消除竞争、扩大市场份额或增加并购企业的垄断实力。

结合横向并购本身的特点，对文化整合进行研究，可以发现在横向并购中进行文化整合有着另外两种并购方式——纵向并购和混合并购所没有的意义。

行业文化是一个企业生存发展所必须面对的外部文化环境中的一种，宋莉、张德（2005）认为，行业文化影响着企业文化的形成，企业会积极吸收行业文化，在特定行业的独特文化基础上形成具有本企业特色的企业文化。如能源行业由于工作的性质和作业条件的艰苦形成了注重安全、不怕艰苦、不怕困难、团队作战的行业文化，而软件行业则具有注重创新、速度、灵活等的行业文化，这两种行业中的企业在如此的行业文化基础上形成各自的企业文化。根据沙因文化三层次理论的研究，可以发现，行业文化属于沙因文化三层次理论中的基本假设这一最深层的文化层次的内容。横向并购是发生在生产或销售相同或相似产品的企业之间的并购，而这些生产或销售相同或相似产品的企业可能在经营的侧重点上有所不同，但它们都是处于同一行业之中，它们各自的企业文化的形成都受到该行业文化的影响，也即横向并购的双方企业在基本假设这一文化的最深层次上具有共通之处，这使得横向并购企业具有使文化整合得以成功实现的支撑点。

横向并购是发生在生产或销售相同或相似产品的企业之间，因此并购双方企业在生产技术、生产工艺、产品或销售渠道等方面具有很多相同或相似的之处，其中生产技术、生产工艺、产品和销售渠道属于企业文化四层次结构理论中的最外层——物质层。由于并购企业间的文化整合包括物质层的文化整合、行为层的文化整合、制度层的文化整合和精神层的文化整合四个方面，从处于最外层的物质层文化整合到最内层的精神层文化整合，其整合难度是由浅入深、越来越难的。精神层的文化整合是并购企业文化整合的根本所在，物质层、行为层和制度层的文化整合则为精神层的文化整合做铺垫，同时也是精神层的文化整合逐步深入的外在表现。与发生纵向并购或混合并购的企业（这些企业由于产品、技术等方面的不同而在物质文化层上存在非常大的差异）相对比，发生横向并购的企业在物质层这一文化层次上存在着较多的共同之处，这些共同之处为企业在并购后进行文化整合提供了更多的成功保障。

在横向并购中，由于并购双方的产品相同或相似，企业间有着很高的关联度，双方企业能够共享的资源和部门比较多，因此企业在并购后常常会有部门合并、职能合一或者某些机构取消。一方面，这会带来大量人员冗余，容易使员工产生抵触情绪，使得并购发生后企业的整体氛围出现人心不稳的现象；另一方面，这还会使得来自不同企业文化背景、具有不同经营理念、对事物有着不同看法的双方企业员工有更多进行直接沟通和合作的机会，因此，发生横向并购的双方企业在并购发生后由于文化差异所带来的冲突问题显得更为明显和激烈。因此，通过文化整合稳定人心、减少冲突，对于企业成功实现横向并购具有重要的意义。

三、横向并购背景下的文化整合模式选择

（一）文化整合模式的类型

根据并购双方企业文化的变化程度及并购方获得的企业控制权的深度，西方学者提出了四种文化整合模式：吸纳式、渗透式、分离式和消亡式。国内学者通过研究也提出了一些文化整合模式，如邱明（2002）认为文化整合模式根据双方企业文化态势强弱不同，有四种基本形式：输出式、互补式、吸收式和共存式；孟晓华（2007）则认为根据并购双方企业文化的融合方式和程度可以把文化整合模式划分为四种：独立式、注入式、融合式和反向同化式。但这些整合模式都是在西方学者提出的上述四种整合模式的基础上变形而来的，基本的原理与西方学者提出的整合模式是一样的。因此，本文采用西方学者提出的四种文化整合模式——吸纳式文化整合模式、渗透式文化整合模式、分离式文化整合模式、消亡式文化整合模式进行分析。

吸纳式文化整合模式是指被并购方完全放弃原有的价值理念和行为假设，全盘接受并购方的企业文化，使并购方获得完全的控制权。这种方式适用于并购方的文化非常强大且极其优秀，能赢得被并购方企业员工的一致认同，同时被并购企业原有文化又很弱的情况。渗透式文化整合模式是指并购双方在文化上进行平等的沟通，双方都进行不同程度的调整，取长补短，互相渗透和有机融合，形成包容双方优良文化特质的一种混合的、超越个别组织的新文化模式。当并购双方的企业文化强度相似，且彼此都欣赏对方的企业文化，愿意调整原有文化中的一些弊端时，适用这种文化整合模式。分离式文化整合模式是指并购企业和被并购企业在文化上依然保持相对独立性，双方的文化变动都较小。运用这种模式的前提是并购双方均具有较强的优质企业文化，企业员工不愿文化有所改变，同时并购后双方接触的机会不多，不会因文化不一致而产生大的矛盾冲突。消亡式文化整合模式指被并购方不接纳并购企业的文化，又未能坚持自己的文化，在一段时

期内处于文化迷茫的整合状态。这种模式运用的前提是被并购企业或者并购双方企业拥有劣质的文化。

（二）影响文化整合模式选择的因素

彼克、瓦特和梅丽认为，影响并购企业选择文化整合模式的因素主要有企业并购战略和企业原有文化两方面。Malekzadeh和Nahavandi（1990）认为，除了战略相关性，并购企业采用何种文化整合模式还取决于文化宽容度，即鼓励还是反对组织内员工持有不同价值观。对被并购企业员工来说，他们欢迎哪一种整合模式取决于对自己文化的态度，即非常认同并愿意保持它还是觉得不好并希望抛弃它，以及对并购企业文化的态度，不同组合决定了他们的不同偏好。因此，本文认为，在横向并购战略的背景下，影响并购的文化整合模式选择的因素有文化宽容度和文化认同感两方面。

文化宽容度是指并购方鼓励还是反对组织内员工持有的不同价值观，表现为并购方对多元文化的容忍度。奈哈迈德根据企业对于文化差异的包容性提出了单一文化组织、二元文化组织和多文化组织的概念，并认为企业对文化差异的包容性会对文化整合模式的选择产生影响。奈哈迈德还指出，单一文化组织力求文化的统一性，在二元文化组织中多种文化只是简单地在不同部门并存，而多文化组织中企业不但容许多元文化存在，还对多元文化的存在十分赞同，甚至加以鼓励与培养。据此，根据并购方对文化差异的包容性也即并购方对多元文化的容忍度，可以把并购方划分为三种类型：单一文化的并购企业、二元文化的并购企业、多文化的并购企业。

文化认同感是指企业对本企业的原有文化和对方企业文化的认同度。由于在并购过程中，并购方处于主导地位，其对自身的原有文化有着很强的认同感，而被并购方则因为处于劣势，其员工对本企业的原有文化和并购方的企业文化有着不同程度的认同，因此此处研究的文化认同感主要是指研究被并购方对本企业原有文化和对并购方企业文化的认同程度，表现为员工更愿意保留还是抛弃本企业的原有文化和对并购方企业文化是否认可。揣笛斯、福尔斯特等人（2001）指出，在文化整合过程中，对被并购企业产生影响的因素主要是企业原有文化的强度和对并购方企业文化的认识。被并购企业员工对本企业原有文化的认同感越强，他们就越不愿意本企业的文化有所改变；如果被并购企业员工认为并购方企业的价值观和基本假设适合本企业内外环境，能够促进企业发展，那么他们会愿意接受并购方的企业文化,也即被并购方对并购方的企业文化有强的认同感。

(三)横向并购背景下的文化整合模式选择

瓦特认为,企业在进行横向并购时,由于并购方往往会将自己部分或全部文化注入目标企业以寻求经营协同效应,因此并购方常常会选择吸纳式文化整合模式或渗透式文化整合模式。当同时综合考虑并购战略之横向并购、文化宽容度和文化认同感,企业进行并购时对文化整合模式的选择会有所调整,见表1。

表1 横向并购背景下的文化整合模式选择

战略的选择	并购方文化宽容度	被并购方文化认同感		文化整合模式
		本企业	并购方	
横向并购	单一文化	强	强	渗透式→吸纳式
		强	弱	分离式
		弱	强	吸纳式
		弱	弱	消亡式
	二元/多元文化	强	强	渗透式
		强	弱	分离式→渗透式
		弱	强	吸纳式
		弱	弱	消亡式→渗透式

1. 在横向并购中,当并购方在文化容忍度上表现为单一文化,文化整合模式的选择

(1)被并购方对本企业和并购方的企业文化均有强的认同感,在文化整合的前期可以选择渗透式文化整合模式,双方在文化上进行平等的沟通,双方都进行不同程度的调整,取长补短、互相渗透和有机融合,进一步加强被并购方对并购方企业文化的认同感。但由于横向并购战略下并购方倾向于把自己的部分或全部文化注入目标企业,而且被并购方对并购方的企业文化具有强的认同感,这会使得并购方在文化整合的后期逐步选择吸纳式文化整合模式,使并购方的企业文化在整合后在并购双方企业中占主导。

(2)被并购方对本企业文化有强的认同感,对并购方企业文化有弱的认同感,并购双方在对文化的认同上没有取得一致,而且这种不一致很明显,为了减少由此带来的在双方间的摩擦,进行文化整合时应选择分离式文化整合模式,使

并购双方企业在文化上保持独立。

（3）被并购方对本企业的企业文化有弱的认同感，对并购方企业文化有强的认同感，则可以选择吸纳式文化整合模式，使被并购方完全放弃原有的价值理念和行为假设，全盘接受并购方的企业文化。

（4）被并购方对本企业的企业文化和对并购方的企业文化都有弱的认同感，也即被并购方既不愿接纳并购方企业的文化，又有放弃自己原有文化的倾向，处于文化迷茫状态的整合情况，这时可以选择消亡式文化整合模式。在这一模式下，并购双方需要通盘考虑并购后企业的发展目标，基于这一目标，充分考虑并购双方原有企业文化的优势及劣势，选择性地放弃其劣势，充分发挥其优势，并以此为基础，积极吸纳现代优秀企业文化因素，经过糅合与创新形成新的适应并购企业发展的优质企业文化。

2. 在横向并购战略下，当并购方是二元文化或多元文化时，文化整合模式的选择

（1）被并购方对本企业和并购方的企业文化均有强的认同感，而且由于并购方对多种不同文化的包容，进行文化整合时往往会选择渗透式文化整合模式。并购双方在文化上进行平等的沟通，双方都进行不同程度的调整，取长补短，互相渗透和有机融合，形成包容双方优良文化特质的一种混合的、超越个别组织的新文化模式。

（2）被并购方对本企业文化有强的认同感，对并购方企业文化有弱的认同感，并购双方在对文化的认同上没有取得一致，但由于并购方能包容多种不同文化的存在，因此可以在并购前期选择分离式文化整合模式，并购双方企业在文化上保持独立。由于并购方对多种不同文化有着较强的包容性，并购方会采取由相互独立慢慢过渡到相互融合的措施，也即逐步采取渗透式文化整合模式，取长补短、互相渗透和有机融合，最后形成包容双方优良文化特质的一种混合的、超越个别组织的新文化。

（3）被并购方对本企业的企业文化有弱的认同感，对并购方企业文化有强的认同感，则可以选择吸纳式文化整合模式，使被并购方完全放弃原有的价值理念和行为假设，全盘接受并购方的企业文化，同时还保留被并购方原有文化中优秀的符合并购方价值要求的能为并购方接受的文化，使并购方的企业文化得以优化。

（4）被并购方对本企业的企业文化和对并购方的企业文化都有弱的认同感，在并购前期并购方可以有意选择消亡式文化整合模式，将处于文化迷茫状态

的被并购企业揉成一盘散沙以便于控制，同时有意识地发现并利用被并购企业的企业文化的可取之处。在成功对被并购企业控制后选择渗透式文化整合模式，把并购方的企业文化逐步渗入被并购企业，最后形成并购双方都认可的有利于并购后企业继续不断发展的企业文化。

四、结论

本文通过对文化整合的相关文献进行述评，发现学者们对在具体的并购战略指导下对文化整合模式的选择的研究较少，因此本文对在横向并购背景下企业如何选择文化整合模式进行了研究。通过分析发现文化整合对横向并购的顺利开展具有重要意义，而横向并购本身所具有的特点——在生产或销售相同或相似的企业之间的并购则对并购过程中的文化整合的成功实施具有支持和保证作用。而在横向并购背景下，考虑影响文化整合模式选择的因素——文化宽容度和文化认同感，发现企业在横向并购背景下、在不同的文化宽容度和不同的文化认同感的影响下，企业选择的文化整合模式是不同的，进行并购的企业需要根据企业的实际情况进行选择，并且在并购和文化整合的不断推进中需要对文化整合模式的选择进行调整。

（原载：《科技管理研究》，2010年第3期；合作者：郭燕贞）

如何有效地进行企业文化内部传播

一、问题的提出

企业文化传播（the communication of corporate culture）是指企业或个人通过各种媒介将有关本组织的文化信息有计划、有目的地向内或向外传递的一种活动。在实践中，按照传播范围的不同，企业文化的传播可分为企业文化内部传播和企业文化外部传播。其中，企业文化内部传播指的是通过各种手段和方式，在企业全体员工中加强、深化交流和沟通，形成对企业物质文化、制度及行为方式、企业精神和价值观的共识，以减少甚至消除企业内部冲突和分歧，从而便于以整合和一体化的风貌对外展示企业形象。国外学者对企业文化传播的研究于十年前开始被引入中国，多见于企业管理沟通类的书籍中。比较具代表性的有1998年玛莉·蒙特的《管理沟通指南：有效商务写作与交谈》和2000年迈克尔E.哈特斯利的《管理沟通，原理与实践》。以这两本书为代表的管理沟通类书籍，涉及有关企业文化的沟通传播内容。然而，国外管理学研究者更注重企业管理的实际操作方法，这一类书籍中涉及企业文化传播的内容几乎都是从现实应用方面阐述管理方式。

国内有关企业文化传播的理论也已有十年的研究历史，但对企业文化传播的关注度较低，相关的学术论著也很少见。最早的应该是1998年吕舟雷的《企业文化传播当论》一文，该文正式将"企业文化传播"作为整体概念提出，并阐释了企业文化传播概念的内涵；对传统企业文化的关系进行了探讨；用传播学的理论对企业文化传播五大要素进行了简单分析，并且提出了以传播的角度研究企业文化的意义。2006年韩煜东提出用内部营销理论对企业文化的内部传播进行解释，他将企业员工当作内部顾客，认为营销人员即企业核心价值观的原始创造者和推动者，将他们所塑造的产品也就是企业文化，通过营销渠道即企业文化网络，向顾客范围更为宽广的员工进行营销的过程，直到这些内部顾客将这些产品接受，并主动地在经营中应用企业文化，再对产品提出自己的意见，营销人员不断对产品进行改进，从而更好地满足顾客。在内部传播渠道方面，曲庆（2007）构建了企业文化内部传播渠道个人感知量表，然后运用此量表进行了基于个人感知的企业文化内部传播渠道有效性的实证研究，验证企业文化常见的内部传播渠道与传播效果的关系。刘娟、徐婷（2009）通过研究发现在企业文化内部传播主体、传播受体、传播对象、传播渠道四类因素的相互作用中，有5种机制在发挥着作用，即激励诱导机制、群体压力机制、环境暗示机制、个体学习机制和人员流动机制。这5种机制覆盖了企业文化内部传播的所有渠道，从不同角度解释了企业价值观、传播渠道和作为传播受体的企业成员间的作用关系。不同机制侧重于不同的传播渠道，对传播受体的作用原理有差异，传播受体的反应也不完全相同。

不难看出，国内对于企业文化内部传播的研究很分散，没有形成完整的体系，对于企业在实际的企业文化传播的过程中也并没有实操性的指导。可见，研究不同类型的企业如何实施有效的企业文化传播策略是十分必要的。因此，本文以大型国有企业Z集团为例，运用单案例研究法分析如何在企业内部进行有效的企业文化传播。

二、案例

（一）Z集团简介

Z集团于1985年建成投产，是一家以啤酒业为主体，以啤酒配套和相关产业为辅助的大型现代化国有啤酒企业，是全国企业500强之一，是广州市国有资产授权经营企业集团。Z集团拥有国家级企业技术中心和博士后科研工作站，首家采用低温膜过滤技术和无菌包装技术生产瓶装纯生啤酒，20项技术填补了国内空白。Z集团的年生产规模达180万吨，其中广州总部以150万吨的年生产能力成为全球单厂最大的啤酒酿造中心之一。在未来的发展中，Z集团将继续采用国际先进的啤酒生产工艺和技术，研发和生产高品质的啤酒产品，与时俱进，锐意改革，不断创新，满足广大消费者的需求，创造良好的社会效益和经济效益，打造清纯啤酒、环保啤酒和效益啤酒，努力实现Z品牌的啤酒在国内同行的"技术领先、质量领先、管理领先、规模领先、效益领先"。面对国际国内啤酒业的激烈竞争，为进一步明确自身的行业定位，凸显自身特色，实现企业健康、快速、可持续发展，Z集团于2006年底在全公司上下启动了企业文化建设工程，对内梳理、提炼优秀的文化积淀，对外塑造、提升企业形象。

（二）Z集团企业文化内部传播方案

在开展企业文化传播之初，Z集团为了给整个企业文化传播工作提供一个牢固的组织机构的支撑基础，打造了一个专业的企业文化传播队伍。如图1所示，集团公司董事长以及党委书记亲任企业文化战略委员会主任，公司领导、高管及各部门、各单位党政领导为企业文化战略委员会成员。在企业文化战略委员会的领导下，企业文化建设工作组积极开展企业文化建设工作，并成立企业文化传播工作小组，工作小组组员包括集团公司各职能部门领导，各党组织作为企业文化传播工作分小组，以党组织负责人为组长，抓好企业文化传播工作，为企业文化传播工作提供组织保障。由各党组织选拔人员报企业文化传播工作小组，成立了企业文化传播种子队，包括公司层面传播种子队成员、基层层面传播种子队成员共98名，分布在各部门、各单位，传播企业文化。

在成立了企业文化传播队伍后，Z集团紧接着制定了详细的企业文化传播方案，并结合自身的实际情况把整个企业文化传播活动划分为播种、全面铺开、检查评估三个阶段逐步推进。在集团总体计划的指导下，集团各分公司也结合各自的实际情况，制定了适合本部门的企业文化传播方案，并对整个企业文化宣传贯彻的工作做出详细的阶段性安排。

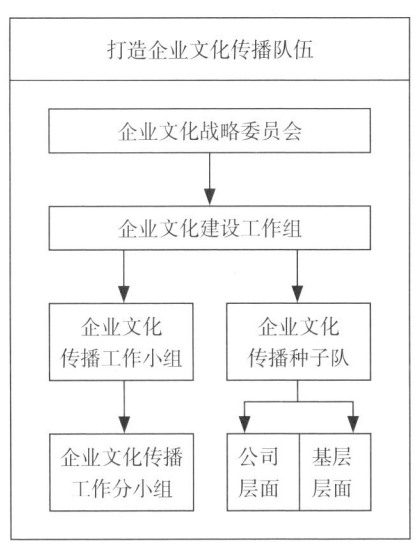

图1　Z集团企业文化传播团队构成

三、案例分析

（一）Z集团企业文化传播主体行为分析

企业文化的传播是一个自上而下的过程，处于上位的企业领导者和管理者作为企业文化传播的主体，他们对企业文化传播工作的重视程度会对整个企业文化传播工作的效果产生决定性的影响。

自2007年初Z集团开展企业文化建设以来，Z集团的领导、高管都十分支持并重视此项工作。集团的最高领导者亲任企业文化战略委员会主任，而且对于企业文化建设方面的文件，均以党委红头文件的形式印发，以强调企业文化建设对于企业发展的重要意义。同时，集团领导、高管均参加到公司层面的企业文化传播种子队伍中，并在各类会议上根据自身对公司文化的理解和经验体会，亲自做企业文化的宣讲和传播。

相比之下，Z集团的中层管理者在执行方面更为细致。他们认真学习企业文化和接受培训，并积极主动参与到企业文化建设与传播中。首先根据所在部门的实际情况，在集团总体计划的指导下，迅速制定出本部门的企业文化传播方案，确定本部门负责推进企业文化传播的工作人员，并对所在部门的企业文化宣传贯彻工作做出详细的阶段性安排。另外，这些中层管理者还执行了各种利于企业文化传播的措施。他们在所在部门的各类会议上宣讲和传播企业文化；通过组织部门全员的企业文化考试，以定期抽查方式督促职工掌握企业文化理念；在要求员工的同时也要求自己认真结合本职工作积极撰写关于企业文化理念的学习心得，从而加深对企业文化的理解；严格落实考核标准，奖优罚劣，规范员工行为，教育员工严格遵守各项规章制度。

从调查的结果来看，Z集团的中层管理者在企业文化传播过程中所发挥的作用是显而易见的。首先，他们自身的文化素养与综合素质高，理解能力和接受能力明显优于普通员工，所以企业文化在这个群体里得到了全面深入的传播。当这些中层管理者首先吸收消化了企业文化的真正内涵，再以一线员工容易体会和理解的方式传播下去，一线员工本身就很信服这样的领导，加上管理者们所采取的传播方式易于接受，使得员工们对整体企业文化的内涵有很好的理解，有效地发挥了带头、示范、诱导与规范等作用。

（二）Z集团企业文化传播受体效果分析

在整个企业文化的内部传播中，传播的受体主要是指企业的员工。员工是否认同企业文化的作用，能否正确理解和全面深刻认识本企业文化的实质性内容，并在自己日常的生产或工作实践中不断地强化传播，直接关系到企业文化的传播是否有效。

从图2可以看出，绝大多数员工赞同开展企业文化建设，并且认为它对推动企业发展具有重要作用。因此，员工们积极参与到企业文化传播工作中来。通过对访谈和问卷结果的研究，可以发现员工们在得到Z集团企业文化传播工作小组组织编写的企业文化"应知应会"后，便积极主动进行自主学习，有些部门的员工甚至在午休时相互出题考查各自对企业文化的熟悉程度；而在部门的内部会议中，员工们则结合自己的经验体会积极讨论各自对企业文化的理解。同时，员工积极响应集团组织的企业文化宣讲团在集团各单位进行巡回宣讲，前后总计近5000名员工听取了宣讲团的宣讲报告，超过了集团员工总数的80%。

企业文化要想真正成为企业"软实力"从而提升企业核心竞争力，就必须结合各自的生产经营工作实际，促使企业文化"落地"生根。在集团领导"新、快、纯、真"的思维方式指导下，Z集团的员工在实际的工作中注意使生产经营与企业文化传播相结合。一方面，集团上下的员工主动配合集团所推行的5S管理，以核心价值观为指导，营造整齐清洁的工作环境、整洁高效的设备状况、安全守序的生产现场、高昂向上的员工士气，达到提高个人素养、提升企业形象的效果；另一方面积极参与集团组织的"立足本岗、献计献策、提升绩效"活动中，发挥个人的积极性和创造性，在生产现场和工作岗位开展查找资源不合理使用的现象，针对存在的问题提出建议对策；最后还学会从全局和战略的高度，进一步认清形势，提高认识，增强主人翁意识，营造"发扬纯生精神，将自己的事业融入啤酒事业"的良好企业文化氛围。

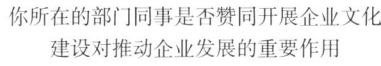

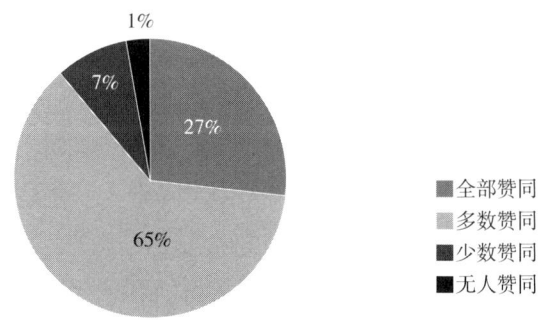

图2　员工对企业文化建设促进企业发展的认同程度

（三）Z集团企业文化内部传播渠道效果分析

企业文化的内部传播，需要通过一定的传播渠道和方式才能把企业通过企业文化建设项目所提炼出来的企业文化的内涵从传播的主体传递到传播的受体。由此，在开展企业文化内部传播工作时，首先需要对传播的渠道和方式做出选择，而这些传播渠道是否畅通无阻、传播的方式是否合理有效，则决定着这一传播过程的效率高低和质量优劣，从而影响着企业文化内部传播的整体效果。因此，企业文化内部传播渠道与方式的评估是企业文化内部传播效果评估的重要组成部分。

现有的关于企业文化内部传播的定性研究成果之一是提出了企业文化内部传播的渠道。综合已有的研究，可以归纳为11个方面：领导者、制度、沟通、故事、典礼和仪式、英雄模范人物、符号和象征、同事、组织结构、宣传媒体、公司语言和代码。曲庆（2008）用定量统计分析的方法得出结论，认为沟通、CEO、直接上级、英雄人物与故事、同事对员工的企业文化接受度有非常显著的正面影响，奖惩制度有弱度的正面影响，活动的作用不显著。

由图3可以发现，在本案例中企业文化手册、宣传栏、内部报刊，在实际的文化传播工作中是最为员工接受也是最为有效的三种传播渠道，但同时有些渠道传播的内容员工很难在短时间内理解，所以造成员工对具体某一渠道的了解比例与认为该渠道的有效的比例相差比较大。其中，领导讲话、标语和内部培训这三种渠道比例相差最大。

A1. 你所了解的Z集团企业文化的传播渠道有哪些？
A2. 你认为最有效的企业文化传播渠道有哪些？

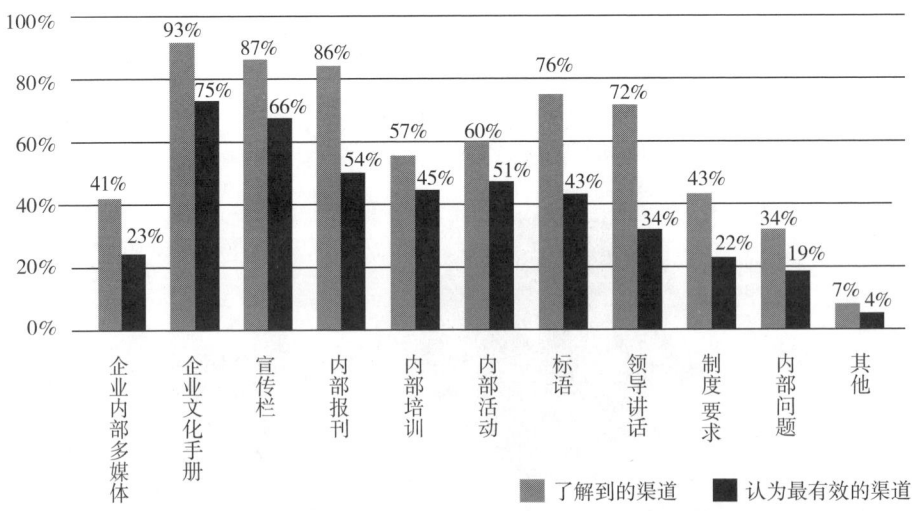

图3　员工了解到和认为最有效的企业文化传播渠道统计

四、结论和建议

我国有一些企业传统的思想政治工作模式已经不能适应激烈竞争的需要。必须把企业思想政治工作与企业文化建设有机地结合起来,从而提升企业竞争力,推动企业走上健康发展之路。在企业文化体系形成的过程中,需要不断传播企业文化,让文化深入到企业的点点滴滴之中,围绕企业的战略目标发展。为了更好地在内部传播企业文化,为了更有效地实现文化的"落地",为了让我国企业文化更切实地提高企业的竞争力,可从以下几方面来努力。

首先,设立专门的企业文化传播小组,营造浓厚文化学习氛围。企业上下所有员工的参与积极性如何、企业内的文化学习氛围如何,决定着企业文化在企业内部的有效程度。我国企业的管理者在工作中常常存在懈怠的情况,个别部门的管理者对文化传播工作的重视程度和执行力度不够,部门集体学习企业文化的氛围不够浓厚。因此,企业非常有必要设立专门的文化传播小组,由该小组推动各个部门传播企业文化,采取合理有效的措施以使员工和部门管理者传播企业文化的积极性提高。具体操作时可以加强对员工和管理者的培训,配以生动活泼的形式来展示企业文化内涵以激起员工的兴趣,对于在文化传播中表现优秀的员工和部门给予相应的奖励等,营造一个浓厚的文化学习氛围。

其次,侧重文字宣传的传播渠道,注重提高各种渠道的有效性。通过对本文案例的分析发现,在企业所运用的众多传播渠道和传播方式中,企业文化手册、宣传栏和内部报刊是最为有效的三种传播渠道。因此,企业在进行企业文化内部传播的时候,应该确立以书面材料或者宣传栏为主传播渠道进行文化传播,同时配以其他各种辅助渠道,以使企业文化传播到企业的各个部门单位。另外,在内部传播的过程中,还应当注意各个传播渠道的有效性和员工对这些渠道的接受程度是否匹配,如果出现偏差就要采取有效的措施普遍提高这些内部传播渠道的有效性,努力使这些渠道的被了解程度以及员工的接受程度和有效性相匹配,这样才能充分发挥各种传播渠道的作用。

再次,重视员工的反馈,创造员工评论的平台。反馈是一种上行传播,它给员工提供了一个参与组织管理的机会,是管理者决策的重要基础,是培养员工组织忠诚度的重要手段。但是在我国很多企业,长期以来形成一种不敢说真话的氛围,员工对于企业的不满都放在心里,这样其实非常不利于企业的发展。尤其在企业文化传播过程中,企业文化是需要内化到员工的心里、体现在员工行为上的，因此必须高度重视员工的反馈。一方面能及时了解员工的想法，提高员工的积极性，体现以人为本；另一方面能根据员工的反映改进文化传播的方式，提高文化传播的效果。企业可以在内部刊物、公司网站、广播站等都专门开辟员工评论、谏言专栏，作为企业内部沟通评论的平台。例如，在公司网站上开设论坛，让员工可以将自己的意见和建议表达出来，弥补文章的局限性。论坛操作的简便性和社区化的氛围有利于提高员工发表意见和建议的积极性，也便于公司及时了解员工的心声，了解员工在特定时段内关注的焦点。

最后，企业文化要分阶段传播，长期贯彻。管理者要认清企业文化内部传播的阶段性与长期性。在实际中，员工对企业文化的内容从逐步深入理解到转变为实际行动并形成习惯是需要时间的，可能某些部门为了表现自己，在文化传播的推进过程中有操之过急的现象。如在短时间内通过接连不断的竞赛、测试调查等各类考核方式考察员工对企业文化内容的记忆和理解情况，给日常生产任务本来就比较重的员工造成压力，这样很容易出现部分员工因疲于应付而产生抵触情绪。对此，企业的管理者们需要认识到企业文化传播的关键在于让文化经历从理念到行动、从抽象到具体、从口头到书面的过程，要得到员工的理解和认同，转化为员工的日常工作行为，再从制度上转变成为员工的习惯。这是一个循序渐进、需要持续强化的长期过程，因此在进行文化的内部传播时要分阶段进行。同时要注意保持文化传播的持续性，避免"一阵风"的现象，并以战略的眼光看待文化建设和传播的工作，从长计议，防止出现急功近利、一蹴而就的倾向。

（原载：《科技管理研究》，2011年第24期；合作者：丁雯）

第二部分

组织行为

组织与文化管理

生态竞争战略
——企业与行业的共同发展

一、生态竞争理论概述

人类学家乔治·贝特森认为，一个企业是与其他企业共同发展的结果，企业A的选择决定了企业B的变化。据此，哈佛商学院的Stephen Jay Gould教授提出了竞争生态理论，他认为成功的企业是那些能够在行业生态系统中迅速发展而又保持稳定的企业。行业中的企业可以围绕创新，既竞争又合作地支持新的产品，满足顾客需求，最终共同导致新一轮创新。也就是说，创新企业不可能在真空中发展，他们必须吸引各种资源、资本、合作者、供应商、顾客共同去创造性地构建合作性的网络。仅靠战略联盟、虚拟企业之类的结构并不能为管理者理解变化的战略逻辑提供任何系统支持。这些理论也无法使高级管理人员预计到企业将创新带给市场后自身所面临的管理挑战。从系统的角度来讲，公司是整个行业生态系统的一部分。在系统中，企业围绕创新共同发展。同一个行业中的企业之间合作与竞争的共同发展，满足顾客的需求最终导致新一轮创新。不仅仅是企业与企业间的竞争，更重要的是行业生态系统间的竞争推动了行业的变化与发展，因而管理者必须懂得行业生态系统的发展规律，懂得如何指导这些变化。如同自然系统一样，每个行业生态系统有出世、发展、领导、自我革新或死亡四个发展阶段。如表1所示。

目前我国许多行业都陷于价格战的恶性竞争中，主要是没有意识到行业生态系统平衡发展的重要性，缺少明智的行业领导。行业生态发展理论认为，除了资本、技术、产品等表征实力的因素外，领导企业至少要具备三个条件：能为整个行业撑起价格空间，以超常的技术品质为整个行业撑起价格空间，以超常的技术品质为整个行业确定价格分布；拥有左右产业全局的核心技术或核心能力；有强大的创新实力，具有自我更新能力。PC行业的蓬勃发展，IBM、Intel、Microsoft公司功不可没。IBM时代，IBM以其强大的技术实力，为其他厂商的生存提供生存环境。Intel时代，英特尔芯片和微软操作系统的升级换代为软硬件业提供充分的发展空间，使得领导者能获取高额利润，其他厂商也能分取相应的利润。而国内先是VCD行业的自相残杀，紧接着是彩电业的一次又一次的价格大战。结果是并未出现几家垄断企业，反而是劣质产品充斥市场。这一理论对于我国企业尤其是家电行业的企业今后的走向具有指导价值。

表1 行业生态系统的进化阶段

阶段	合作性战略	竞争性战略
出世	与顾客、供应商共同商议，确定新的价值计划	保护你的创意避免被竞争者了解
发展	与供应商、合作者共同将新的产品（服务）提供给市场，扩大并取得最大的市场覆盖面	击败有类似创意的替代方案，确保自己的方案是市场标准
领导	描绘出让人非相信不可的蓝图，鼓励与供应商、顾客协作，以不断改善创新活动	对生态系统中的其他子系统（关键顾客和有价值的供应商）有很强的讨价还价能力
自我更新	与新的创新者共同为现存生态系统带来新思想	维持高障碍，防止创新者建立有吸引力的新的生态系统，同时加大顾客转移成本以争取时间创新自己的产品与服务

二、行业生态系统发展的四个阶段

（一）出世阶段

企业家主要明确顾客想要什么，也就是说顾客想要的新产品或服务的价值及最好的销售形式。从领导者的立场来看，合作者特别有助于找出顾客想要的一系列价值。而且通过吸引"跟随者"公司，领导公司有可能阻止其他生态系统的出现。不仅仅是满足顾客需求，领导者必须鼓励迅速的持续改善过程，吸引整个行业向更美妙的未来前进。

（二）发展阶段

这个阶段使行业生态系统发展、拓宽到更广泛的新领域。这个阶段的发展满

足两个条件：一是大多数顾客认同的行业理念；二是将这一理念推广到更广泛的市场的能力。在成长期，成熟的公司在营销及大规模生产上要有足够的实力。

例如，长虹前身是一家地处偏远地区的军工厂，于1988年进入彩电行业。之所以能在市场强度最大的彩电市场成为国产彩电的第一块牌子，在于长虹首先明确了顾客想要什么，确定了自身生态系统的基本结构：长虹以产业报国，为国人提供优质产品。当长虹在顾客心目中的形象逐渐树立起来时，长虹开始集中发展能促进企业成功扩张的组织能力。在1996年以前，国外品牌机占据了近一半的国内市场，其先进程度、功能都优于国产彩电，价格则逐步逼近国产彩电，整个国内彩电业受规模所限，面临巨大的价格压力。因而，扩张期不仅仅是要求顾客支持民族工业，更重要的是鼓励迅速的、持续的改善过程以推动整个行业向更广阔前景发展。在此阶段，长虹采取了如下措施：

（1）领先调整价格，利用降价形成广告效应，促进销售，稳步扩大自己的市场占有率，以适应生产上的规模经济要求。

（2）扩大行销网，打通所有可能的行销通路，形成有效的分销网络。

（3）确保及时交货能力，把产品准时送交经销商。

以上这些措施使长虹的市场份额猛增12~14个百分点。

（三）领导调控阶段

为控制整个行业生态系统，至少要做出以下三方面的努力。

（1）力求引导行业生态系统的投资方向及确定技术标准。

（2）确保行业生态系统有稳定的供应商队伍。

（3）通过控制价值链的关键环节维持自身的讨价还价能力。这种能力取决于企业拥有的核心资源，但是最根本的还是企业的创新能力。

（四）自我更新阶段

进行不断的主动创新或将他人创新放入自己的系统，是保证企业长期成功的关键因素。显然，持续的创新要求企业在进行战略决策时，必须从行业生态角度分析企业目前的状况。比如，公司是否与最好的供应商很好地合作，公司是否将未来的发展放在最有前景的创新上，目前的供应商能否为企业的创新提供帮助，公司如何才能在行业中有足够的讨价还价能力及自主权，以保证高利润回报等。同时公司对自己的关键竞争者未来可能进行的创新及竞争者未来竞争优劣势的变化也要进行分析。只有在此基础上,企业才可能在激烈的竞争中战略取胜。可以预见,随着企业自身步伐的加快,生态竞争的分析方法也会越来越普遍,但有一条原则必须把握:从生态角度来看,重要的不是哪一个生态系统的生存,而是在激烈而又公平的竞争中只有强者才能生存。

(原载:《科技管理研究》,2000年第3期;合作者:欧亚菲)

成为全球性世界主义者
——Gillette公司全球化经营的启示

一、Gillette公司的全球化经营

Gillette公司是著名的国际性消费品公司之一,其产品遍及全球200多个国家和地区。在当今的60亿销售额中,超过70%来源于美国之外,31000名员工中75%也来自于美国之外。在近10年中,每年的利润增长率为13%,均来自于全球增长战略。Gillette公司无愧为一个优秀的世界主义者。

(一)Gillette公司世界主义思想形成

Gillette公司世界主义思想形成,大致经历以下阶段:

(1)从"炻器时代"到世界级水平。在1987年以前,该公司的营销运作仍处于"炻器时代理论"时期,他们认为产品从当地市场传播到其他边远之处需要漫长的时间。这一理论在20世纪80年代中期随着市场实践被淘汰,新的消费者不但知道世界最新和最好的产品,而且他们马上就要。

(2)世界通信的发展从根本上改变"旧炻器理论"。各种科技、产品的信息通过日益发达的通信设施在全球快速传递,世界正在变得越来越小,从世界各地同时传来对同一产品的需求。

(3)新的零售贸易行为是推动产品全球化和使产品同时上市的另一力量。活跃在全球的强大零售连锁集团,要求必须在大客户的市场上同时推出新产品,以保证其规模优势。

(二)创新与全球化

(1)在与全球大的商业客户的交往中,为了保持Gillette公司产品的领先位置,并且避免其产品被掌握在商业客户手中,公司要有不断的产品创新。因为商业客户可以通过榨取生产商的边际利润以控制制造或中断制造此类产品。

(2)当今,任何一个单独市场都无法承担更新产品和工艺流程所需的巨大投资。必须开发和拥有一个尽可能大的全球市场来担负这些巨额投资。大约3%的销售收入被投入到Gillette公司的产品研究中。在同行业中,这一比例出奇的高,单是技术资源和设备,Gillette公司这个项目大概就需要25,000,000美元的投资。而这一投资远不是美国本地市场能够承担的。

(三)为全球化而重组

Gillette公司将大多数发达国家集中在一个组织下管理,改组原先的架构以适应全球化要求、加强其全球的核心地位。其国际化组织主要面对发展中国家,因为在这些地区的市场有着更多、更复杂的情形出现。

二、世界性的含义

在Gillette公司的全球化运作过程中,无处不体现着世界性的思路。

(1)世界性的标准:Gillette公司在人事、财务等方面采用全球统一的标准和运作程序。为了方便人员的调动,人力资源政策也是全球性标准化。为寻求其专业的管理人员,Gillette公司放眼世界劳力市场,在世界范围内与其他公司展开人才的竞争。

(2)世界性的榜样:Gillette公司将世界最好的公司作为自己的榜样,把自己培养成具有学习能力的公司。Gillette与Johnson & Johnson等比较管理方式;Gillette与Coco-Cola、Rubbermaid、Oreal和Sony在新产品、高效率方面比较;Gillette与3M和Hewlett-Paekard在创新上比较。正如其生产和技术部门的首席长官Edward De Graans所说:"Gillette必须在世界的舞台上竞争。"

(3)世界性的取材:为了保持Gillette公司产品在全球领先,公司向全球的供应商订购最优的仪器、模具和基础材料。

(4)世界性的生产:Gillette公司的生产运作在全球范围内标准化,生产线能迅速地从一地移往另一地。而计算机和传真机的应用,大大提高了全球决策的可能性和高效性。Gillette公司还认为总的生产效率比工资更重要,因而将一些最重要的工厂放在一些世界上运作成本最高的地方。

（5）世界各地的领导：随着Gillette公司日益变得全球一体化，远离总部的地点逐渐担负起项目与计划领导者的功能。并且逐渐地，以总裁到各地视察代替了员工到总部汇报。

（6）定下基调：Gillette公司的总裁们把他们的全球系统比作"跨500个州"运作，就像公司在美国跨50个州运作一样。通过传播最新概念到全球各地，Gillette公司和其他国际公司正加强世界各地消费者要求世界最好产品和服务的力量。

（7）跨国合作：世界商业越来越需要跨国合作，而不是越来越集中。

三、中国公司的全球化

2000年，在瑞士达沃斯举行的世界经济论坛上提出21世纪的企业要具备三个条件：一是有世界级的品牌；二是有能适应外部市场变化的内部组织结构；三是有网上销售的能力。为使中国的企业能够全面与国际接轨，实现全球化，企业必须不断进行内部改革。

首要的是正确理解"全球化"的含义。全球化不是简单地把产品卖到世界各地，或在世界各地设立分公司。它要求公司有整体的全球战略。在生产方面要做到原材料、设备的全球采购，执行全球统一的技术标准；在产品开发方面要着眼于世界各地不同地区市场的需求差异性；在人事、财务等管理制度方面要实现全球标准化。只有真正理解了全球化的概念，中国的企业、公司才能真正走出国门。

GE前CEO韦尔奇的过人之处在于他比别人更早意识到全球化。他从接手GE开始，就意识到竞争对手日益非美国化，要想在瞬息万变的竞争环境中生存下来，必须用全新的观念和全新的策略来引导公司。他相信，企业在本国市场上的领导地位，不再是成功的保证。他指出："全球化是理所当然的事，企业成功的规则只有一个：国际市场的占有率。获胜的公司属于那些能够掌握命运的公司——全靠开发全球市场获胜。"韦尔奇将全球化视作GE面临的巨大机遇，并毫不迟疑地行动，以适应日益明朗的全球化经济。

"全球化"同样应该是一个资源概念。一家公司要真正实现全球化，必须使其每一项活动，包括原材料的采购、产品的生产、销售、人力资源的配置，等等，都必须实现全球化。具体的表现可以是多方面的，比如雇佣全球优秀的人才，设立全球性的技术中心，引进全球的先进设备，全球性采购等等，正如Gillette公司在20世纪90年代的目标一样：下个世纪的Gillette公司必须能够提供高价值的全球性产品和服务。这些产品和服务将由全球的人才为全球市场设计。事实上，智力资源，生产资源在全球范围内自由流动以及共享，已经是不可阻挡的趋势，中国企业必须清楚这个事实。

"全球化"还是一个文化的概念。全球化这种战略的制定似乎并不困难，但是其战略的实施以及跟随这种战略坚定不移地走下去的企业并不多见。因此全球化要求企业从根本上改变文化和思维方式。在企业全球化的进程中，本土文化与全球文化的冲突是不可避免的问题。问题的关键不在于冲突本身，而在于是否可以让企业的理念融入全球化的胸怀，否则，就不可能把企业的价值观很好地同各国的文化观念结合起来。当今世界，通信科技飞速发展，无以数计的信息通过广播、电视、互联网在世界范围内迅速传播，世界各地的文化在以前所未有的速度发生交融。企业必须考虑在不同的文化背景下运作，并将自己的企业文化融入世界各地的地方文化中。

中国的企业、公司在实现全球化的过程中，旧有经济、管理体制所带来的一系列问题要求我们要积极地向全球优秀的榜样学习，并且把我们的企业、公司逐渐培养成具有学习能力，能够不断地完善和发展自己，进一步去影响和带领世界经济的发展。正如所有的成功企业家所言：不断地分享全世界的经营经验和文化精髓，将促使全球的企业无论从经营上还是思维上都真正实现全球化。

中国企业无论是从思考的层面上还是实践的层面上，都必须把全球化作为根本，让自己成为一个世界主义者。

（原载：《改革与战略》，2003年第2期）

SARS带来的组织柔性化能力的考验

SARS的出现使我们遇到了前所未有的挑战和考验,面临这样复杂、动态的环境,如何适应、如何调整、如何主动把握变化,规避风险,迅速形成解决方案和竞争优势是整个经济健康成长的根本。因此,既要正视与不断变化的环境相适应的现实性和可实施性,又要能够超越现实符合未来的发展和要求。这样以实现组织目标而与内、外环境互动,并能动地适应环境,进而持续地塑造环境或者进行调整,增强组织快速反应能力为特点的组织柔性化能力就成为人们关注的焦点,可以说组织柔性化能力是SARS环境下经济成长的关键要素。

一、组织柔性及问题的提出

(一)组织柔性本质

柔性研究最早起源于20世纪30年代,当时哈特(Hart,1937)关注经济周期的震荡对企业的影响,梅森(Mason,1938)、贝克曼(Backman,1940)关注农民对农业价格波动的一种潜在反应。继其之后则发展到汤普森(Thompson,1967)和艾科夫(Ackoff,1977)等人对于快速变化和不确定的环境中组织柔性的重要性问题研究。到了20世纪70年代中期,安索夫等学者开始研究增强企业柔性的方法(Ansoff,1975)。在早期的研究中主要关注企业的柔性,特别是企业组织的柔性、企业过程的柔性、企业柔性的价值、功能和成本等的研究,进行了大量的定量分析,同时对柔性管理的形成和发展及其思想文化渊源等做了研究。我们借助于这些研究的成果和结论,认为组织柔性本质上是指组织决策反应能力、实现反应能力、协调程度三者所表现出来的综合能力。

（二）组织柔性问题的提出

SARS的出现带来的不确定性。SARS以难以想象的速度席卷了公众意识，2003年2月开始人们一下子陷入生存的危机中。危机对策研究的先驱C.F.赫尔曼曾对危机下过一个经典的定义："危机是威胁到决策集团优先目标的一种形势，在这种形势中，决策集团作出反应的时间非常有限，且形势常常向令决策集团惊奇的方向发展。"美国前总统肯尼迪对危机的解释颇能代表人们理解"危机"这个词的性质，他认为"危"意味着"危险"，"机"意味着"机遇"，两者处于最严重的对立之中，因此危机的变化常常极富戏剧性。SARS带来的这场危机，虽然可以在技术上不断寻求解决之道，但是它带来的不确定性却是没有人可以预测。我们不能简单认为这是一个生理或地理的扩散，因为它已经从社会层面扩散到经济层面、文化层面、政治层面。因为SARS，英特尔的高层管理人员对中国的访问被推迟；因为SARS，许多在中国的国际体育比赛被取消；因为SARS，内地有些地方的交通和物流处于停顿状态；因为SARS，人和人之间开始了不信任，甚至包括亲人和朋友。这一切成为SARS带给我们必须面对的环境，在这个以不确定性为特征的环境中，对危机变化的响应速度成为组织取胜的关键。事实上，看一看美国在处理"9.11"事件的时候所采取的策略，我们可以清楚地知道：组织要适应环境，一个很重要的方面就是要能够对自身所处的环境以及未来的变化趋势有所认识，特别是对环境中不确定事件的分析和应付能力尤为重要。由此可见，一个成功的组织必须具有柔性，能够有效地处理不可预见事件的发生。

传统的组织管理比较重视信息控制、垂直管理、技术等"刚性"手段，而对环境变化的研究显得不够。可是在实际的管理过程中，"刚性"的组织管理往往不能够适应环境快速变化的需要。缺乏柔性的组织无法克服来自环境的惯性力，往往对不可预见的事件的出现不知所措，从而在实践中缺乏应有的灵活性，不能获得好的管理效果。

组织对SARS的过度适应。当SARS来临的时候，我们还可以看到另外一种现象：不是不能够认识或者预见到SARS带来的变化，而是能够认识到问题的存在；不是没有采取行动，而是没有采取有效的行动。产生这种现象的一个最重要的原因，就是组织原有的管理习惯对SARS的过度适应，而当SARS带来变化时，组织处于一种被动状态，组织不能够采取有效的行动，缺乏必要的反应能力，从而阻碍组织的持续健康成长，有的组织因此陷入困境，走向衰落。从管理的角度来看，这时组织的管理是刚性的、缺乏柔性。

我们可以从SARS早期的影响带来的恐慌看看这个问题。长期以来，我们对待危机的传统思维方式是，一个负责任的政府在没有把事情的来龙去脉了解清楚之前，不能随便向社会发布不负责任的信息，以防引起社会的恐慌和混乱。然而在弄清事件的因缘与危机发生之间有个时间差，危机在这一时间段内会危害公众，如果这一时间段权威信息缺位，信息空间很快会被流言占领。在流言的传播下，很快就会造成社会混乱，进一步扩大危机的灾难。

因为组织原有的惯性，曾带来社区的稳定，经济不断发展，表明组织惯性对其外部环境是适应的，组织能够稳定成长，所以我们也把这一切归功于组织的这些惯性。但是人们忘记了，这种惯性的成功只能依赖于外部环境的稳定性，倘若外部环境发生变化，尤其是不可预见事件的发生，保持惯性的组织却常常犯错误，缺乏柔性的组织就成为成长的障碍。此时，组织会出现以下几个方面的特征：战略观成为决策者认识问题、采取正确行动的障碍；组织的管理过程成为金科玉律，组织只能按照惯例行事；组织与内部成员、社区公众等利益相关者的密切关系成为束缚；组织的价值观念成为教条。

二、组织柔性与环境不确定性的四种组合

我们可以参考王迎军（2000）的结论（如图1所示），得出组织柔性相对水平与环境不确定性程度使组织处于四种不同的状态：脆弱、自由行动、迷失、准备就绪。

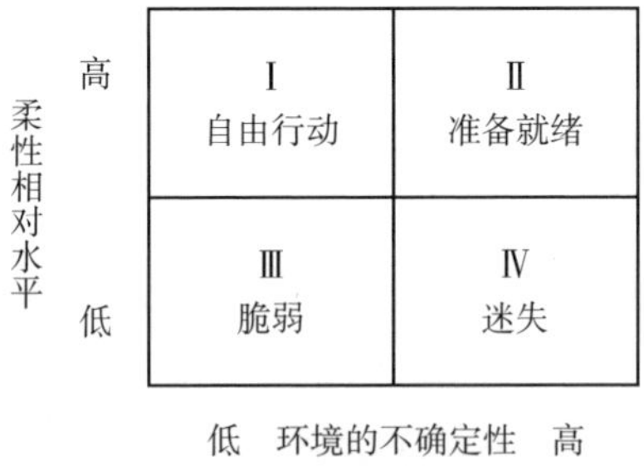

高	Ⅰ 自由行动	Ⅱ 准备就绪
低	Ⅲ 脆弱	Ⅳ 迷失

柔性相对水平　　　　低　环境的不确定性　高

图1　柔性与环境的组合矩阵图

图1描述了组织柔性与环境不确定性之间的对应关系。方格Ⅰ表示柔性较高，环境的不确定性较低的情况。此时，环境中重要的趋势具有可预测性，彼此

之间的关系比较容易理解，组织存在着影响社会的潜力，并能够在社会事务中享有一定的主导权。同时，较低的不确定性意味着无论采取的行动是有意的还是无意的，都不容易因遇到突然冲击而不当。因此，此时组织的行动是自由的，但是，当组织过度依赖以往的成功模式时，组织柔性开始逐渐降低。

方格Ⅱ表示随着环境的不确定性的增加，组织柔性也不断提高的情形。这种准备就绪的状态有利于采取一系列必要的变革措施，其中，可能与日益增强的感知外部变化的能力有关，或与避免包含未来资源配置在内的投入有关。较高的组织柔性使得组织有能力应付日益增大的不确定性，但这并非意味着组织一定能够成功，它所表明只是，通过主动行动或者被动地对难预测或分析的外部变化作出反应，组织能够应对环境的变化，可以在一定程度上控制自己的命运。

方格Ⅲ表示这样的一种情形：组织柔性、环境的不确定性都较低。这时，组织可能会发现自己面对变化显得十分脆弱。

方格Ⅳ表示最不受欢迎的情形：组织柔性较低、环境的不确定性较高。这个时候，过去的决策束缚了组织的行动，任何成功只能依靠运气，组织只能任由外部环境而束手无策。

SARS带来的外部环境的变化，使得环境的不确定性的程度较高，因此，在这种环境下，我们只有两种选择，要么走向迷失，要么准备就绪。如果我们的组织还停留在原有的管理惯性和原有的惯性思维中，恐怕陷入迷失的境地便不可避免。而避免迷失的唯一途径就是增加组织的柔性。

三、组织柔性能力的获得

组织柔性是一种能力，它是组织为了达到控制自己命运的目标而与内部和外部环境互动，能动地适应环境，进而持续地塑造环境或进行调整并作出快速反应的能力。组织柔性能力的获取来源于以下几个方面问题的解决：

（1）组织柔性依赖于组织的柔性系统，因此它是一个分层次的目标体系。首先，组织要有一个柔性的管理思想；其次，组织要有合理的目标系统；再次，组织需要有柔性的组织及柔性的管理控制与之配合，以使按各种博弈规则制定的行动方案能迅速付诸实施。

（2）组织柔性强调通过设计获取更多的行动机会。由于组织柔性强调组织的探索性和博弈性，因此，我们必须保证组织有足够的选择来应付各种局面，而创造机会就成为柔性战略的核心内容。显然，这种选择不同于其他，它强调机会导向，而不是目标导向；它不只关心具体的实施程序，更关心如何设计有力的博弈格局。

（3）必须同时关注组织战略的转换效率和转换成本。当组织全力抗击SARS的时候，我们选择的所有战略不仅能够使组织快速处理SARS带来的困境，还必须能够使组织保持较低的转换成本，更高的转换效率，处理社会危机带来的各种经济问题。

（4）采用保护与矫正策略。保护策略能够抵御损失、设置缓冲器、遏制超越。而矫正策略是提供让组织从遭受创伤中恢复过来所需要的再生能力，矫正策略包括止住衰落、修复损坏和从错误中学习。

（5）创新与承担的能力。环境不确定性可能会带来机会，危机本身就是危险与机会并存的。而对于机会的把握和利用则需要创新能力和承担能力，这需要决策者具有发现机会的战略眼光和利用危机的勇气和承受力。

美国的"9·11"事件，英国的"疯牛病"事件等等，人们不得不痛苦地承认，人的生命的脆弱，危机随时都可能发生，突发事件可能会迅速成为灾难。因此提升组织的柔性化能力在今天显得尤为重要。我们担心在抗击SARS的时候，因为组织柔性化能力不够，会让SARS成为阻碍社会发展、经济发展的一个借口，但中央提出"两手抓"（一手抓抗击SARS，一手抓经济建设）的时候，我们相信透过SARS，能够看到整个政府柔性化能力的提升。

（原载：《经济科学》，2004年第3期）

心理契约补救

关于心理契约,大量文献研究的焦点是:心理契约的动态性和员工忠诚度的下滑,心理契约违背对员工工作态度、工作行为和生产效率的负面影响。而对心理契约违背后的组织补救,无论是理论研究还是实证支持都极少关注。

研究表明,心理契约违背是正常的,尤其是在那些正经历变革的组织中,但这并不昭示着组织就可以对其无动于衷。如何对违背现象进行归因,如何安抚员工的焦虑情绪,如何引导双方关系向良性方向发展,是心理契约补救的主要内容,也是组织降低由于违背而带来的负面影响的关键。

一、员工心理契约违背及其反应

竞争环境的日益恶化以及全球经济一体化进程的推进,给组织的发展带来巨大的压力。为了保持竞争优势,许多组织不得不在经营战略和运作模式上进行重大调整。内外部环境的不确定性,让组织难以履行所有对员工的承诺,从而导致心理契约违背。

心理契约遭到违背后,员工可能产生四种行为(图1)。

	主动的	消极性的
建设性的	忠诚	异议
破坏性的	离职	玩忽职守

图1 心理契约违背后的员工行为

(1)忠诚。员工在失望之余,并没有采取负面于组织的行动,而是依然保持对组织的忠诚。这里隐含的是一种悲观消极的情绪。

（2）异议。员工主动采取行动，表达自己的不满，通过正规的反馈，修补与组织的关系。

（3）离职。这是员工对违背发生后产生的最为激烈的反应。

（4）玩忽职守。虽然仍待在组织中，员工却开始减少自己对组织的投入，如上班时间做工作之外的事，甚至故意破坏组织的设备等。

研究表明，心理契约的违背不仅对员工造成情感上的伤害，对企业来讲也是非常有害的。当组织正需要员工更灵活、更努力地工作时，许多员工却从双方良性互动的关系中撤退，对心理契约的违背做出消极的反应，如重新评价契约，减少对组织的信任，降低个人绩效，从而直接损害组织的绩效。

二、心理契约补救的意义

对组织来说，完全实现员工的心理契约是一种最理想的状态，但这一点是无法做到的。双方对责任和义务的理解可能存在差异，员工心理预期可能过高，内外部环境可能存在不可控因素，诸多因素让组织无法按设想的方向前进，员工的心理契约难以完美实现。

心理契约补救为组织创造了又一个提高双方良性互动的机会。心理契约补救是一种管理过程，它首先要发现心理契约违背，分析违背的原因，然后对心理契约违背进行评估并采取恰当的管理措施予以解决。心理契约补救关注的是内部效率，着眼于与员工建立长久的关系，而不是短期的交换关系。

由于心理契约违背会降低员工的工作满意度，增加员工的离职倾向，因此不管导致心理契约违背的原因是什么，组织要做的都是勇敢地承担责任，并采取措施尽量让员工满意。组织处理心理契约违背的方式成为弱化或强化员工关系的基础，补救得当，有助于员工与组织良好信任关系的建立，也会提高员工对组织的忠诚度。

三、心理契约补救的时机

心理契约补救按照补救时机不同可以分为三类：①被动的心理契约补救方式；②主动的心理契约补救方式；③超前的心理契约补救方式。（见图2）

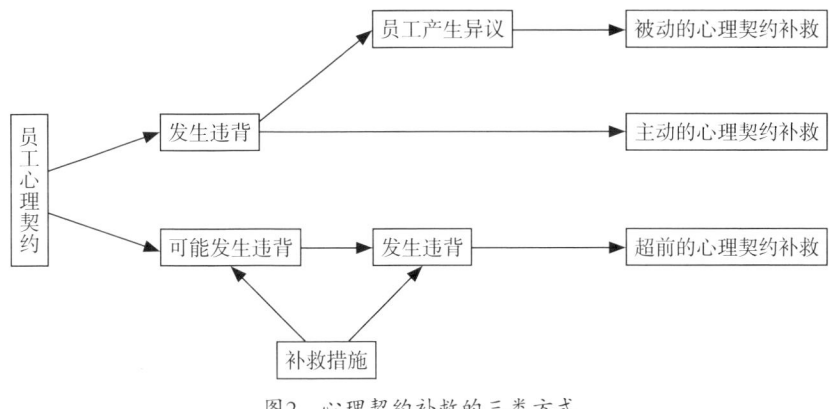

图2 心理契约补救的三类方式

心理契约补救时机选择不当会产生哪些不良后果？及时的心理契约补救会给组织带来多少利益？这些问题，笔者尚没有发现实证性的研究结果。为了说明问题，本文通过一个小案例来探讨不同的心理契约补救方式及其意义。

A是一家被并购企业内的部门副经理，由于其业绩表现突出，企业在被并购前打算将其提升为部门经理。提升计划并没有明确宣布，但A通过企业的手册了解到业绩表现达到一定程度且在规定的时间内能连续保持，个人的职业生涯就可以上升一个台阶。但几乎一夜之间企业被并购了！由于该部门对并购企业非常重要，并购方派出自己的干将替代了现有的部门经理。A关于提升为部门经理的心理契约遭到违背。

被动的心理契约补救方式可能让A愤而离职，从而脱离组织，进而对组织的声誉造成一定的负面影响。如果A愿意待在组织里，且保持忠诚，组织可能无动于衷；若A采取异议或玩忽职守的方式，组织就会被迫采取补救措施。但这种补救方式，即使员工后来得到完全和合理的补偿，员工情感上受到的伤害也是难以消除的。这会严重影响到员工以后的行为表现。

采取主动的心理契约补救的组织一旦发现员工的心理契约遭到违背，就会积极地采取补救措施。组织会主动找A解释原因所在，然后调任其到其他部门相同等级的岗位，甚至为其专设一个职位。这种补救方式可以很好地缓解员工的焦虑情绪，弱化其情感中的负面反应。

而超前的心理契约补救则在公司晋升制度里就预见了组织在发生不可控力量时的解决方案。通过组织内部建设，积极引导员工向良性方面思考与组织之间的关系，并在违背发生后，积极采取有效的补救措施。这样，A在变故发生后不仅会主动调整自己的心理预期，而且可能会站在组织的角度思考面临的问题，从而出现互谅互让的局面。

被动和主动的心理契约补救方式所关注的是违背发生后，组织如何行动；而超前的心理契约补救方式则在违背发生前就进行未雨绸缪的建设，违背后则积极采取补救措施，从而将契约违背带给员工的负面情绪和行为降至最低。

四、心理契约补救的程序

（一）员工期望的心理契约补救

员工心理契约遭到违背后会对组织有一个理想的预期（见表1）。组织需要明了员工现阶段的期望，采取相应措施，才能安抚员工的情绪，引导双方的关系向良性互动发展。

表1　心理契约违背后的员工期望

员工期望	组织的补救方式
明白原因	组织应该与员工做充分的沟通，告诉员工违背的原因
合理补偿	对员工立即进行合理补偿
善待员工	真诚对待心理契约遭到违背的员工，安抚员工的情绪
超值补偿	采取其他途径，在员工认为价值较高的方面进行补偿，有时合理的补偿也可以达到这个目标
恪守补救中做出的承诺	为了补救而做出的一切承诺都要兑现，防止进一步激化矛盾

（二）组织进行心理契约补救的一般程序

心理契约补救是一项全面而系统的工作，仅仅实施零星的努力，并不足以构建一个充满吸引力的组织。组织应该有意识地发展一套心理契约补救系统，从而使整个补救工作快速而有效。（见图3）

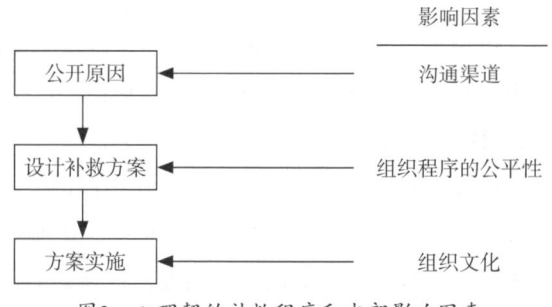

图3　心理契约补救程序和内部影响因素

（1）公开违背的原因。如果员工认为组织不能信守承诺是因为不可控力，他们可能会失望，但不会将其理解为心理契约违背；反之，如果员工认为组织是在蓄意违背诺言，则易于认为心理契约已经遭到违背。因此，如果是组织难以实践而非不愿实践对员工的承诺，组织就应该大胆向员工说出原因所在。

（2）设计补救方案。随后，组织需要设计补救方案。这个过程不仅仅是组织方的事情，心理契约遭到违背的员工同时也是参与方。心理学的相关研究发现，决策的控制人要比外控者（即决策的被动接受人）更满意。由此在心理契约补救的过程中，授权员工参与补救方案的部分抉择，是一种既能保证补救工作有序进行，又能给员工以驾驭或影响决策结果感觉的有效策略。

（3）方案实施。在实施补救方案的过程中，组织需要确保与员工充分沟通，始终让员工处于知情状态。

（三）心理契约补救中的内部影响因素

并不是所有未实现的承诺都被理解为心理契约违背，也并不是所有的员工在感知到心理契约遭到违背后都产生敌意的行为。这是因为一些调节因素会影响员工的行为。在整个心理契约补救的过程中，顺畅的沟通渠道、公平的组织程序和良好的企业文化可以弱化员工的负面感受，从而不仅简洁了整个补救过程而且提高了员工的违背阈值。

（1）沟通渠道。顺畅的沟通渠道可以让员工一旦感知到心理契约遭到违背，就能通过正规渠道快速把自己的情感反馈给组织。通过采取有效措施，组织就可能将员工的负面行为和情感反应降至最低。而一个沟通状况不佳的组织不仅会让员工形成不合理的心理预期，而且在契约违背发生后，信息的严重失真或谣言都会激化员工的负面反应。

（2）组织程序的公平性。组织程序的公平性会降低契约违背时员工的负面反应。即使发生心理契约违背，只要组织在程序上是公平的，员工也会认为自己仍然是组织里具有价值的重要成员之一。由于公平感可以调节心理契约违背发生后的员工反应，因此公平的组织程序，无论是在员工对违背的理解并采取进一步的行为中，还是在后来的组织补救过程中都是非常重要的一个调节因素。

（3）组织文化。在不确定性和模糊性的条件下，价值观影响人们的感知。从价值观中发展而来的感知框架提供了人们解释信息的途径，用来处理在不同情景下人们与组织之间的关系。心理契约违背发生后，如何让员工积极地而不是消极地重新评估与组织间的关系，与组织倡导的组织文化有很大的关系。组织文化的软性约束可以规范人们的行为，界定员工的思维模式和行为习惯。不同文化氛围的员工会形成不同的社会认知，而认知的偏见直接关系到员工承受心理契约违背的限度。因此组织一定要有意识地培育良好的组织文化体系，一旦心理契约违背发生，组织文化可以很好地规范员工行为，从而让员工做出符合企业利益的行为。

五、心理契约补救的原则

在心理契约补救的过程中，有几个原则是应该遵循的：

（1）不管造成心理契约违背的原因在于谁，组织都应该勇敢承担起责任，帮助员工克服心理上的困难。

（2）在进行心理契约补救的过程中，应该让员工参与整个方案的设计，时刻让员工了解进展状况。

（3）组织应关心心理契约违背给员工带来的心理上的伤害。

（4）只对违背的原因进行解释是不够的，还应建立有效的补救系统，从而增强员工对组织的信任度和忠诚度。

（5）应理性判断补偿方式及力度。对不同类型的心理契约违背，组织应采取不同的补偿方式与合理的补偿力度。

（6）组织应以预防为主，补救为辅。

六、小结

心理契约是动态的，是不断破坏再形成的。在不断的变更与修改中，员工的心理契约日益复杂起来。轻微的环境动荡就可能导致员工心理契约违背甚至破坏，这是难以避免的，组织不必为此而苦恼。问题的关键在于组织如何解释违背的发生、怎样对其进行补救。组织需要认真关注员工的心理波动，尽力实践对员工的承诺，从而实现两者之间的良性互动，共同为组织绩效的提高做出贡献。

（原载：《科技管理研究》，2004年第6期；合作者：刘晓英）

反生产力工作行为研究述评

一、反生产力工作行为在组织行为学中所属的构念体系

组织之所以能够存在,是因为有对组织目标有所贡献的行为,因此,组织行为学研究的一个重要问题便是个体行为与组织目标的匹配问题。沿着这一问题,组织行为学的构念体系可以分解为两类不同方向的子系统:与组织目标匹配的行为(驶向组织目标的行为)以及与组织目标不匹配的行为(背离组织目标的行为)。对两类行为研究的最终目的都是要使个体行为与组织目标相匹配以提高组织绩效。组织公民行为(organizational citizenship behavior,OCB)、组织奉献(organizational spontaneity)、亲社会行为(pro-social organizational behavior)等构念属于前者,而反生产力工作行为(counterproductive work behavior,CWB)、越轨行为(deviant behavior)、反社会行为(anti-social behavior)等构念属于后者。

社会系统理论的奠基人Barnard(1938)提出的"合作意愿"被视为组织公民行为构念的萌芽。Organ(1988)将组织公民行为定义为"一种个体行为,这种行为并没有在组织的正式报酬体系中确定,但这种无条件的行为能从总体上促进组织的有效运作",组织奉献和亲社会行为分别由George(1992)和Brief等(1986)提出,这两个构念都表达了与组织公民行为同样的意思。

科学管理理论的创始人Taylor(1911)研究了如何提高工厂生产力的问题,其所描述的钢铁厂工人蓄意的怠工行为以及胁迫同事一同怠工的行为就属于典型的反生产力工作行为。越轨行为和反社会行为被视为与反生产力工作行为等同的概念,Robinson等(1955)将其定义为"违反组织的主要规则以至于威胁到组织和成员利益的蓄意行为",Sackett等(2001)对定义做了发展,认为反生产力工作行为是指"从组织角度来看,员工有意做出的违背组织目标的行为",这一定义提供了认识反生产力工作行为的一个关键视角——组织。

美国心理学家Argyris（1957）曾经指出，组织中存在这样一种现象，一个人可能在上班时表现得疲惫不堪，但下班后在球场上或歌厅里却表现出精力十足。这种现象揭示出组织行为学中一个容易被忽略的关键问题，站在个体的角度，一个人在工作外可能表现出异常的活力，能够积极主动地为自己去创造生产力；但是对于同一个个体，站在组织的角度，这个人在工作中未必能有如此表现，甚至他的行为是有意与组织规则和组织目标对抗的，会破坏组织的生产力。而组织在评价个体时要关注的应该是个体在工作中的行为能否为组织带来生产力，而不是工作外的行为，也不是以个体利益为导向。因此，反生产力工作行为表面看是一种个体行为，但是从本质上而言，对这一构念的理解和认识需要从组织的角度出发，如果不能以组织目标作为衡量标准便失去了概念存在的意义，各种各样的反生产力工作行为最终的结果都是影响了组织目标的实现。因此，反生产力工作行为既是一种个体行为，同时也是一种组织评价，其根本属性是个体背离组织目标的行为。

二、反生产力工作行为的维度和种类研究

对行为的维度和种类的研究有三类基本方法。一是从根源出发，根据维度组合逐层分解细类，属于演绎的方法。这种方法的优点是效率高，缺点是主观性会较强。二是从众多的行为现象入手，将其进行逐层归类，概括性逐级增强，直到能形成基本的大类或者维度组合，属于归纳的方法。这种方法提高了研究成果的客观性，但同时会增加较大的工作量。三是采取演绎与归纳相结合的方法。随着研究技巧的提升和研究成果的积累，这种方法得到了更多研究者的应用。Robinson等（1995）的研究是先在定义的大的维度范围内布置众多散点行为，然后再对这些散点行为归类，最后将所归类别放入对应的位置形成其研究的成果。Gruys等（2003）的研究借鉴并创新了Robinson等的总体框架，将其归纳所得的类别放入这一框架，并且通过多维排列（multi-dimensional scaling，MDS）分析进行了比Robinson等更为精准的测量定位。研究中国本土反生产力工作行为的学者Xie等（2008）借鉴了Gruys等的研究框架，将归纳出的类型布置其中形成了中国本土的研究成果。

Robinson等（1995）构建了反生产力工作行为的两个维度，一是基于行为朝向对象的"组织—人际"维度，包括朝向组织的反生产力工作行为（CWB—O）

和朝向个体的反生产力工作行为（CWB—I）；二是反映行为严重性的维度，基于两个维度的组合将反生产力工作行为分为4大类20小类，分别置于图1所示的四个象限中。

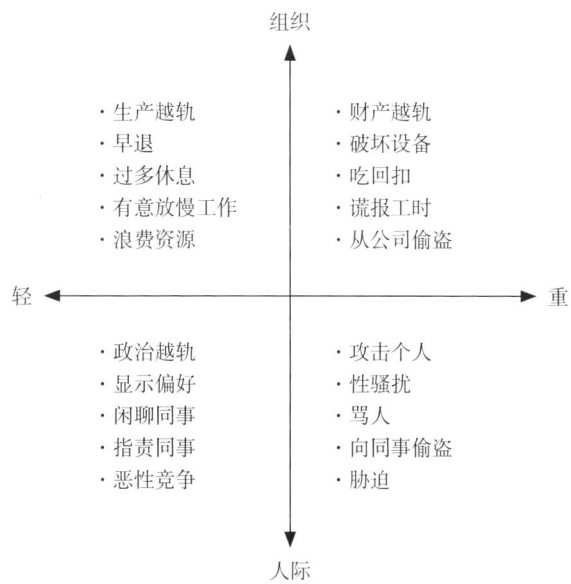

图1　Robinson等构建的CWB维度模型

Gruys（1999）将87类反生产力工作行为归纳为11类：偷盗和相关的行为，包括偷窃现金和财产，带走产品，滥用雇员折扣；破坏财产；信息滥用，包括泄露机密信息，捏造记录；滥用时间和资源，包括浪费时间，修改时间卡，在工作时间处理个人事务；不安全行为，包括不能学习和遵守安全程序；缺勤，包括无故缺席或迟到，滥用病假；工作质量低下，包括故意放慢工作以及草率应对工作；酗酒，包括在工作中酗酒，醉酒后去工作；吸毒，包括在工作中持有、使用以及销售毒品；言语不当，包括与顾客争吵，辱骂同事；行为不当，包括攻击、骚扰同事。

将反生产力工作行为划分为11类之后，Gruys等（2003）又借鉴了Robinson等人的"组织—人际"维度，与之不同的是，他们没有沿用行为严重性的维度，而是构建了任务相关性的维度，如图2所示。落入任务相关性正向部分的行为被认为是在工作情景中和任务相关的，通常，员工应当按时工作，合理运用时间和资源，产出高品质的工作，并且不进行一些将自己和他人置于危险当中的活动，包括酗酒和吸毒；负向部分的行为被认为是在工作情景中和任务不相关的，与他人发生口角和斗殴、偷盗、破坏财产以及滥用信息都被认为是独立于工作本身任务要求的行为。Bowling等（2010）认为基于任务相关性的反生产力工作行为将是未来研究的重点。

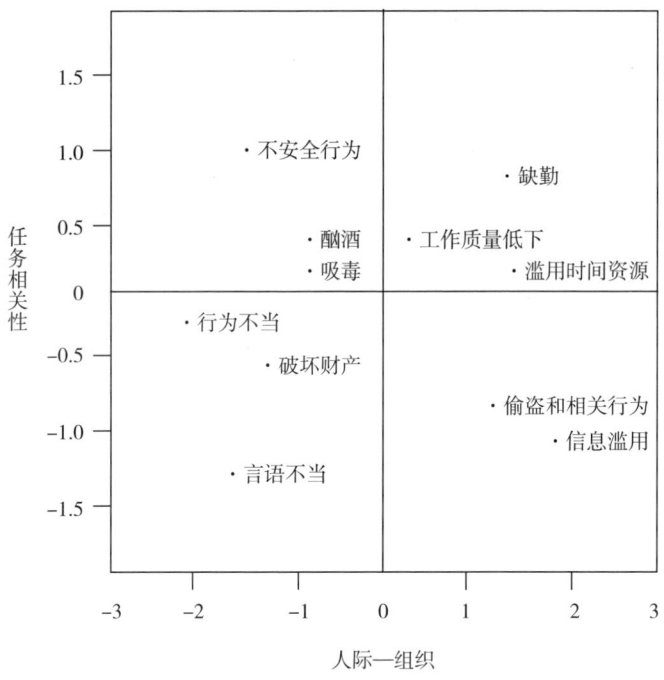

图2　Gruys等构建的CWB维度模型

需要说明的是，反生产力工作行为的外延是不断发展的，从最初的攻击行为开始，经过Chan等（1992）的总结成为攻击、敌对、偷盗、破坏、缺勤等行为，进而不断发展到上面两个模型中所列的更加系统的内容。因此，上述维度和种类在未来的研究中也会随着环境的变化而不断发展，以适应经营环境对组织生存的要求，正如我们在文章结尾展望中所提出的，在顾客时代的背景下，未来需要对朝向顾客的反生产力工作行为（CWB—C）予以更多重视。

三、反生产力工作行为的研究范式

（一）反生产力工作行为的研究范式概述

管理的主要任务是组织人力来实现组织目标，而成功的管理关键在于对人类行为的预测和控制。这就表明了反生产力工作行为的基本研究逻辑，要实现组织目标就需要抵制反生产力工作行为，而要抵制反生产力工作行为则需要阐明反生产力工作行为的产生机理。

总体而言，有两类基本的研究范式：

第一类研究范式是"行为=F（心境）"，即行为是心境的结果，这类研究从Dollard等的"挫折—攻击"理论开始不断发展，从挫折事件的本身逐渐深入到挫折带来的情感，也就是真正意义的心境，同样是表明心境的"压力"也被用来研究与反生产力工作行为的相关性。

第二类研究范式是"行为=F（环境）"，即行为是环境的结果，情景本身就是包含多个变量的复杂系统，Anderson等的研究展现了一系列变量对于攻击行为的影响，Martinko等通过对诸多已经发展的理论的研究整合出一套系统的研究范式，范式中环境包括情景变量和个体变量两个部分。

两类研究范式并不存在根本的冲突，也不存在绝对的区分界限，如图3所示Martinko等提供的基本研究范式，第一类范式中的心境变量实际是在第二类研究范式中充当了中介变量的角色，前一类研究为后一类的研究奠定了基础。因此反生产力工作行为的研究范式实质上是从"挫折—攻击"理论不断完善向更加系统的研究范式发展的动态过程。

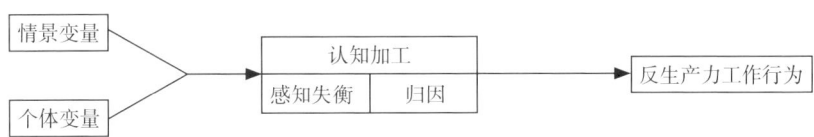

图3　Martinko等提供的基本研究范式

（二）"挫折—攻击"理论的不断发展

美国心理学家Dollard等（1939）的"挫折—攻击"理论的基本观点为，攻击通常是挫折的结果，攻击行为的产生通常以挫折的存在为前提，挫折的存在也通常会导致某种形式的攻击。因此，当一个人在朝向某一目标的系列行为遭受挫折时，就可能反映出攻击行为。

Berkowitz（1989）对此做了进一步的补充，认为挫折要导致攻击行为，必须到达能够产生消极情感的程度，Berkowitz揭示出了"挫折—攻击"模型中隐含的情感中介变量，得出了"挫折事件—消极情感—攻击行为"的"认知新联结模式"（cognitive-neoassociationist aggression model，CNA），也就是说真正发挥作用的并非挫折的事件本身，而是对待挫折的心境。

Miles等（2002）认为反生产力工作行为和组织公民行为的差别就在于个体是以消极的情感还是积极的情感来面对组织提供的条件，积极情感会产生组织公民行为，而消极情感则产生反生产力工作行为。Bolin等（2001）则具体研究了各种消极情感与各种反生产力工作行为的对应关系。

CNA的重要启示在于，并非所有面对挫折的人都会表现出攻击行为，只有以消极情感面对挫折的人才可能表现出攻击行为。具体而言，对于同一件事情，一个具有积极情感倾向特征的人可能会积极地面对挫折，或者产生的消极情感程度较低，而具有消极情感倾向特征的人则会消极面对挫折，或者产生低度的积极情感，这就表明除了挫折事件以外，个体差异对反生产力工作行为也起到影响作用。因此Fox等（1999）在他们再次修订的"挫折—攻击"模型中指出，个性差异（如控制点差异）会引起不同的情感和行为反应，除此之外，他们还指出惩罚的可能性也会影响到攻击行为的产生，新的"挫折—攻击"模型如图4所示。

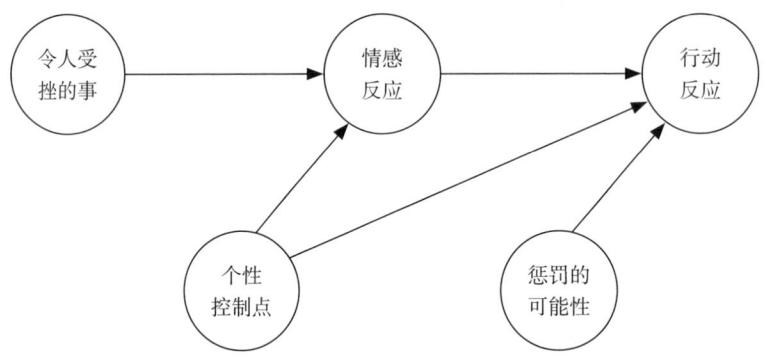

图4　Fox等修正的"挫折—攻击"模型

由此可见，"挫折—攻击"理论实质上是将攻击行为视为人们内心情感发泄的一种途径，而是否选择这一途径可能会受到外界条件的制约，并且要因人而异。

(三)"个体差异—CWB"的研究

反生产力工作行为因人而异,因此使得"个体差异—CWB"的关系成为反生产力工作行为研究中的重要问题。

控制点是一种具有代表性的个性特征,其概念本身暗含着外部和内部两种归因风格,同时,控制点和自尊、自我效能等人格特质息息相关,高自尊和自我效能高的人倾向于内部归因,例如将事情的成功归为自己的能力,是一种积极归因。而低自尊和自我效能低的人倾向于外部归因,例如将事情的失败归因于外部环境和运气不佳,是一种消极归因。根据控制点的概念,前者属于内控型的人,而后者则属于外控型的人。Storm等(1987)发现外控型的个体比内控型的个体更容易表现出反生产力工作行为。Petlow等(1993)也发现外控性高的人比其他人更可能做出不善待顾客的行为。Mehta的研究表明,个体的自我成就倾向与反生产力工作行为呈负相关,而个体的规避动机倾向与反生产力工作行为呈正相关。Spector等(2010)的最新研究还表明,个体如果能对自己的反生产力工作行为进行内部归因,还可以使其转化成为组织公民行为。

除了"控制点—CWB"以外,诸多学者对"FFM—CWB"的关系进行了研究。Goldberg(1992)提出的五大个性模型(five factor model,FFM)包括5项人格特性:尽责性、随和性、外倾性、开放性和情感稳定性。

Salgdo(2002)的研究表明,在五种个性中,尽责性对于工作绩效以及反生产力工作行为的影响最强。Mount(2006)等以工作满意度为中介变量研究了随和性、情感稳定性、尽责性三种个性与朝向个人和组织的两类反生产力工作行为的关系。该研究表明,有关个性同反生产力工作行为之间既存在直接关系,也存在以工作满意度为中介变量的间接关系。其中,随和性和朝向个人的反生产力工作行为直接相关,尽责性和朝向组织的反生产力工作行为直接相关,工作满意度和两类反生产力工作行为都直接相关,并且在一定程度上能够对随和性和两类反生产力工作行为起到中介作用,而对其他两种个性和两类反生产力工作行为的中介作用则较弱。

Smithikrai(2008)将情景优势作为调节变量研究了个性与反生产力工作行为的关系。他们假设这种关系会随着情景的优势和劣势而不同,情景强弱区分的标准在于情景能否提供清晰的动力、支持或者规范的期望行为,研究结果表明个性对于反生产力工作行为的影响依赖于优势情景,只有在弱势情景中,尽责性才和反生产力工作行为有更强的负相关关系。

Yang等（2009）的最新研究表明，尽责性和随和性可以对消极情感和反生产力工作行为起到调节作用，当个体表现出高度的尽责性和随和性时，消极情感导致反生产力工作行为的关系会减弱。

由此可见，反生产力工作行为会受到个体差异的严重影响。因此，反生产力工作行为的防控工作要考虑到个体差异问题。Maclane等（2010）就指出，要通过对人员的严格甄选来降低反生产力工作行为。Oppler等（2008）进一步指出，为了减少反生产力工作行为，组织在人员甄选过程中应当注意人员的财务历史问题，因为具有这类问题的人更可能做出反生产力工作行为。这也再次证明了要以组织的视角来评价个体的反生产力工作行为，在财务方面有历史问题的人具有强烈的个人利益导向倾向，很可能做出背离组织利益的行为。

（四）"消极情感源—CWB"的研究

Berkowitz（1989）不仅洞察出对行为发挥作用的不是挫折本身而是挫折带来的情感，而且还指出消极情感的来源并非只有挫折，这一观点大大开阔了反生产力工作行为研究的视野。因此，除了早期的"挫折—攻击"以外，越来越多的学者开始关注"压力—CWB"的相关性研究，随着思路的扩展，有学者还研究了"温度—攻击"的相关关系。

Specter（2002）提出了"压力—情感—CWB"的模型，认为职业压力会产生消极情感，而职业压力又是由工作环境产生的。Fox等（2001）的研究表明，组织约束、人际冲突和感知的不公平是工作压力的主要来源，由此形成"工作压力源—工作压力—消极情感—CWB"的完整的连锁反应。由三种工作压力源带来的工作压力即为消极情感源，其中，组织约束是指在组织中阻止员工将自己的能力和努力转化成高水平的情况或事情。Baytam等的研究表明，如果能够消除已经存在的组织约束，反生产力工作行为将会减少。

需要说明的是，公平除了作为压力的一种来源与反生产力工作行为发生关系（即"公平—压力—CWB"的模式）以外，对于"公平—CWB"的关系，也有学者通过调节变量或者以其他中介变量对其进行研究。

Flaherty等（2007）选择个性和团队环境作为调节变量，指出尽管程序不公、分配不公以及互动不公都会产生反生产力工作行为，但当团队承诺提升，个体变得更加情绪稳定和随时，这种效力就会下降。

Jones（2009）选择报复作为中介变量，认为当个体受到上级或组织给予的不公平对待时，会产生一定程度的报复感，从而表现出反生产力工作行为，即"公平—报复—CWB"。同时也需要说明，报复作为中介变量的使用不局限于"公平—CWB"的关系研究。Hung 等（2009）以报复作为中介变量研究了社会惰化（social loafing）和反生产力工作行为的关系。当个体感知到同事在偷懒时，个体会基于对同事和组织的报复动机向同事和组织做出反生产力工作行为。社会惰化在组织行为学中指群体在一起完成一件工作时，每个成员对于要达到的目标所付出的努力会少于单独完成工作时的现象，这种现象致使群体的生产力大幅降低，其实质是一种群体绩效低于个体努力总和的负向协同效应。

Penney 等（2005）的研究也证明了工作压力源和反生产力工作行为存在以消极情感作为中介作用的相关关系，并且证明了无礼、组织约束和人际冲突与工作满意度呈负相关，与反生产力工作行为呈正相关。

除了组织不公、组织约束、人际冲突以外，领导风格也被作为一种工作压力源进行研究。Bruurema（2004）以消极情感和程序公平分别作为中介变量和调节变量研究了领导风格和反生产力工作行为的关系。证实了交易型领导风格和消极情感以及反生产力工作行为之间的正相关性，即高度交易型的领导风格和低度变革型的领导风格在程序不公的情况下会引发消极情感和反生产力工作行为的产生，并且证明了领导风格对于朝向组织的反生产力工作行为的影响比朝向个人的反生产力工作行为要大。

Goh（2006）以敌意归因风格作为调节变量研究了敌意归因风格对工作压力源和反生产力工作行为之间关系的影响。敌意归因风格（hostile attribution style，HAS）是指一个人倾向于将一种中性或者存有歧义的动机归为威胁的或敌意的，而事实却未必如此。研究结果表明，面对高度的压力源，高度敌意归因的人要比低度敌意归因的人表现出更多反生产力工作行为，这也再次表明了个体差异对反生产力工作行为的影响。

对于"温度—攻击"的相关性，Anderson（1989）的研究表明一年四季中夏天产生攻击行为的概率最高。Reifman（1991）的研究表明温度的升高和攻击行为也呈现出正相关关系，其原因就是夏天和高温度会给人带来热、浮躁和不舒服的感觉，这种消极情感致使产生攻击行为的概率提高。"温度—攻击"相关性研究的意义并不局限于所研究出的单个结果本身，而是为未来反生产力工作行为的研究提供更为广泛的思路，即消极情感的来源非常多，部分变量在接下来的图示中也能有所体现，而消极情感源内容的变化和发展也在启示消极情感源在不同的时空背景下可能也会有所不同。

（五）两个典型的系统研究范式

Anderson等（1996）整合了若干研究成果，将最初的"挫折—攻击"模式发展为"输入变量—行为选择"的较为系统的模型，如图5所示。Martinko等（2002）继续对各种输入变量进行了归类，划分为情景变量和个体变量，并且综合前人的研究成果引入了更多新的变量。他们先提出了基本的研究范式（如第143页图3所示），然后将反生产力工作行为的各种研究变量和行为的种类充实其中，最后整合出系统的反生产力工作行为研究范式，如图6所示。

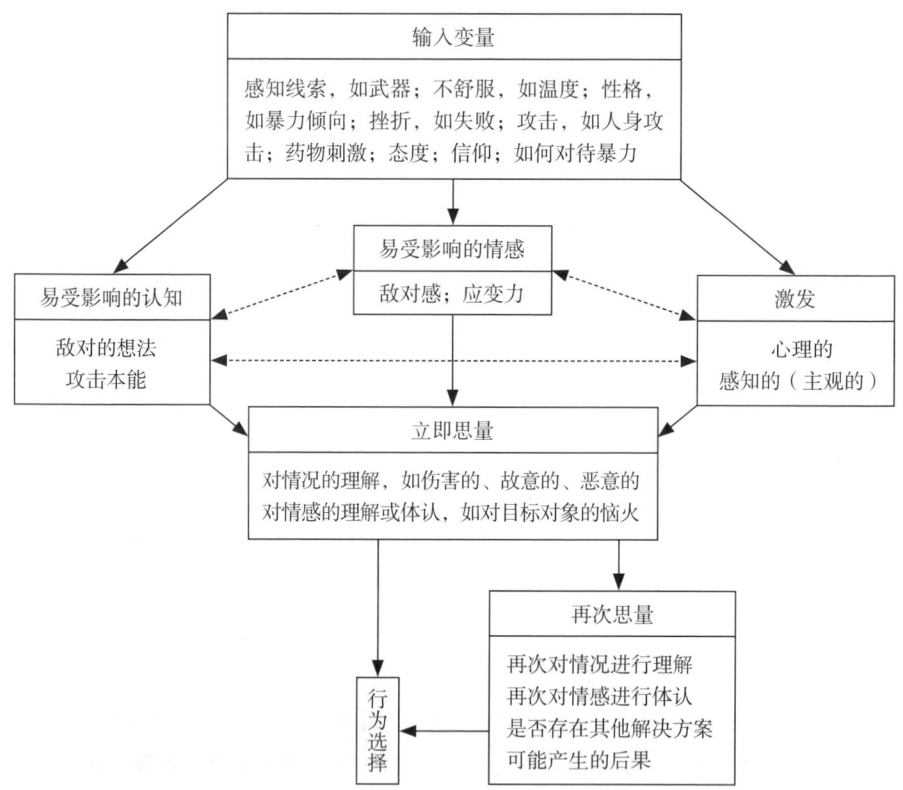

图5　Anderson等"输入变量—行为选择"模型

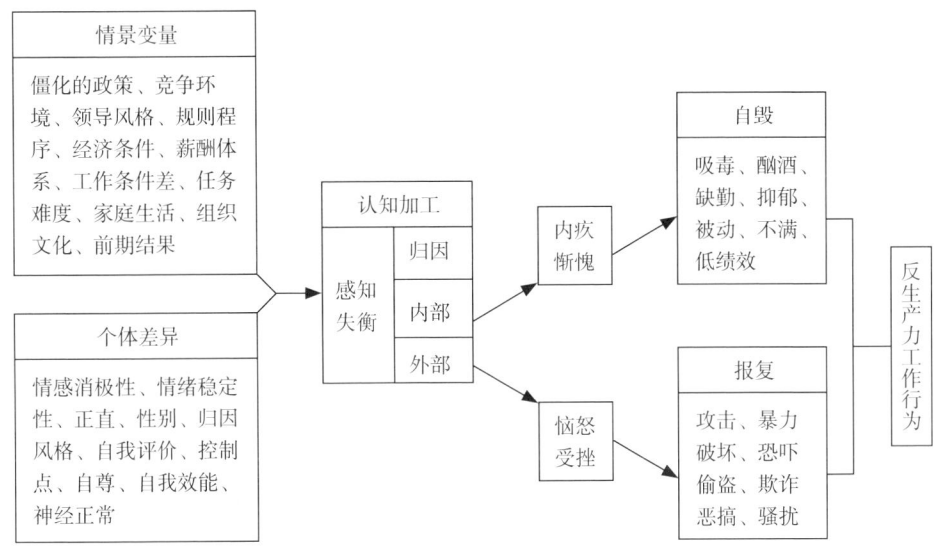

图6　Martinko等反生产力工作行为的研究范式

两个模型都是到目前为止较为系统的整合模型，他们的主要区别在于模型凸显的侧重点不同，前者的侧重点更多在显示中介变量部分，包括"激发—情感—认知"三角和二次思量构成的连锁心境，而后者则将这部分概括为认知加工，更多地凸显了模型的两端部分，即自变量部分以及产生的反生产力工作行为的内容。因此，将这两个模型联立起来观察，就能更加系统地注意到反生产力工作行为从"环境"到"心境"再到"行为"的研究体系。

四、总结与展望

如表1所示，反生产力工作行为的发展的过程可以分为以下三个主要阶段：①萌芽阶段，该阶段以攻击作为反生产力工作行为构念的内涵和范式研究的因变量；②一般理论的初步形成阶段，包括构念外延的发展、范式本身的发展以及反生产力工作行为研究范式的系统整合；③跨文化研究阶段，即不存在完全普适化的一般理论，不同文化背景下的反生产力工作行为会存在差异，因此需要对不同国别文化背景下的行为进行具体研究。

表1 反生产力工作行为研究的发展阶段

发展阶段	时间跨度	代表人物	主要观点或贡献
萌芽阶段	20世纪30年代—80年代末	Dollard（1939）	员工受到挫折时会表现出攻击行为，即"挫折—攻击"模型
		Berkowitz（1989）	在Dollard的理论基础上提出了"挫折事件—消极情感—攻击行为"的"认知新联结模式"（CNA）
一般理论的初步形成阶段	20世纪90年代初—21世纪初	Chan（1992），Robinson（1995），Gruys（1999，2003）	对反生产力工作行为构念的外延进行扩展，从最初的攻击行为扩展到基于不同维度的明细类别
		Fox（1999，2001），Spector（1998，2002）	对"挫折—攻击"模型进行了系统的修正，引入了个性、压力两个新的研究变量
		Anderson（1996），Martinko（2002）	将构念的发展与研究范式的发展相结合，得出系统的反生产力工作行为的研究范式
跨文化研究阶段	20世纪90年代末开始	Xie（1998，2008）	研究了中国人在旷工行为原因方面区别于加拿大人的特征；总结了中国本土的反生产力工作行为量表
		Seijts（2002）	细微的国别文化特征差异会产生反生产力工作行为管理上的差异

综上所述，经过学者们的不断贡献，反生产力工作行为在构念、维度和范式研究方面已经取得了一定的进展，但相对于其他组织行为的研究领域（如OCB）而言还不够成熟，特别是在我国尚处于研究的萌芽阶段，而反生产力工作行为又是每一个组织成长所必须面临和要解决的问题。因此，未来如果要使研究变得更加有意义，还需要回归到反生产力工作行为本身上来，这种行为是否真正存在于我们的组织当中、对组织而言是否真正重要、有没有其他关键的反生产力工作行为值得进行重点研究，这些都是在研究中需要注意的问题。展望未来，以下三个方向（也可以是对不同方向的交叉研究）可能会是未来反生产力工作行为研究领域中的重点。

（一）反生产力工作行为的本土研究

如研究范式中所示，中国企业和西方企业面临的环境是有差异的，中国的个体员工和西方的也存在一定的个体差异，这就可能导致中国的反生产力工作行为会和西方背景下研究出的反生产力工作行为有所不同，而这其中也必定存在一定的共性。西方先进的管理理论放在我们的组织中未必能奏效，甚至适得其反，究其原因,更多是因为这些一般理论是出于"西方的本土研究",而我们的企业组织则需要适合我国自身特征的理论。正如Xie(2008)等的观点,中国在世界经济体系中地位的不断提升更加要求将文化差异作为一种重要因素来考虑。事实上,当前中国本土企业高速的成长实践迫切需要大量适合自身的理论指导,这与目前有限的中国企业本土理论研究成果构成了一对矛盾,因此,未来的研究需要在借鉴和学习西方先进理论的基础之上进行我国反生产力工作行为的本土研究。

如前文所示,目前已经有学者开始关注这一问题。Xie等(1998)通过加拿大人和中国人的对比研究发现,虽然加拿大人和中国人都会努力为旷工行为找出一个合理理由,但是加拿大人更倾向于归因于压力,这与前文所述的基于西方国家的研究成果一致,而中国人则更多的可能是出于家庭原因(加拿大人则很少是因为这个原因)。区别于西方的一般理论,这个结论恰恰吻合中国"家文化"的整体背景,沿着这一正确的原因下去才可能找到解决员工的这种行为的有效方法;相反,当在没有这种本土研究而盲目照搬西方理论时就无法找到问题的真正解决方案。Xie等总结了中国管理者所述的66种反生产力工作行为,并借鉴了Gruys等(2003)的"人际—组织"维度和"任务相关性"维度归纳出21类中国的反生产力工作行为。最后,中国本土研究的必要性还在于,不同的文化背景也要求有不同的行为管理方式。Seijts等(2002)的研究表明,即便是同处于北美地区的美国和加拿大,在反生产力工作行为的管理上也存在显著的差异。

(二)朝向顾客的反生产力工作行为(CWB—C)

创造顾客是企业组织的唯一目的,任何组织失去顾客都将无法生存,随着组织面临竞争的加剧这一点将更加明显。当员工的反生产力工作行为表现在顾客身上时,会使顾客产生不满,从而使顾客产生对组织的报复行为,进而破坏组织绩效。而利于组织绩效的顾客公民行为(customer citizenship behavior)是建立在顾客满意的基础之上,这就需要避免朝向顾客的反生产力工作行为。因此,除了对CWB—O和CWP—I进行研究以外,还需要对CWB—C进行重点研究,而这三种行为本身也存在基本的逻辑关系,朝向顾客及个体的反生产力工作行为最终将影响整个组织的生产力。

(三)群体反生产力工作行为(G—CWB)

群体(croup)会通过影响员工个体的行为判断来影响组织绩效。正如泰勒揭示出在工厂中的现象,如果群体的"游戏规则"本身就是反生产力的,或者群体一直在挑战组织的正式规则，那么更多的个体将在群体压力之下表现出反生产力工作行为，而群体本身施加压力的行为以及通过施加压力产生的更多个体反生产力工作行为就都属于群体的反生产力工作行为。除此之外，由社会惰化带来的反生产力工作行为实际也是一种群体的反生产力工作行为。群体反生产力工作行为对组织绩效的影响甚至比群体组织公民行为对组织绩效的影响更加显著，因此，如同对于组织公民行为的研究逐渐向群体组织中的公民行为（G—OCB）发展一样，反生产力工作行为的研究也可能会向群体反生产力工作行为（G—CWB）的研究方向发展。

（原载：《管理学报》，2010年第6期；合作者：刘祯）

个人与组织契合的内涵及研究展望

在第2届"管理学在中国"学术研讨会中，陈春花（2010）指出，个人与组织的契合是管理研究需要认识的重大问题之一。管理需要不断地面对各种问题：科学管理阶段，管理主要面对的是生产问题；行政组织管理阶段，管理主要面对的是组织问题；进入组织行为管理阶段以后，管理开始面对个人问题。个人与组织契合的思想最早来源于巴纳德，在《组织与管理》一书中，面对个人与组织的问题，巴纳德告诉我们组织管理的目标是实现个人与组织目标的一致，这种思想逐渐发展成为"个人与组织契合"的概念。本文主要论述对这一概念的认识和这一概念在中国的研究展望。

一、个人与组织契合的概念

（一）对"个人与组织契合"作为一个概念的认识

Chatman（1989）最早提出了个人与组织契合的概念：个人和组织可以相互影响彼此的行为，尽管有许多因素可以影响组织和个人的行为，如能力、工作要求、个性、职业，但最基础和具有持续性的影响因素是价值观。因此，个人与组织契合被定义为个人与组织在价值观上的一致性。站在个人的角度，个人价值观是指能够指导人们行为模式（做什么和不去做什么）的持续的信仰，是人们调整自我适应环境的一种认知；站在组织的角度，组织价值观是指组织应当做什么以及组织中的员工应当如何做的价值判断。除此之外，规范和价值观很接近，因为其规定了组织中的员工应该如何去做，组织的价值观和规范属于组织同一系列的产品。

价值契合是定义个人与组织契合的最常用的方式。此外，个性和目标也是经常包括在一致性内容中的标准；个性的契合是指员工的个性与组织文化之间的一致性，如Charles等（1991）对个人与组织契合的研究就是以此为基础的，Meyer等（2010）研究了个人的个性与组织文化的契合对员工的组织承诺和留职意向的影响。目标的契合是指个人目标与组织目标的一致性，反映了组织成员对组织目标的认同。朱青松等（2005）提出的组织导向型的个人与组织契合就是以目标为内容。在一致性的契合当中，除了价值观、个性、目标3种最常见的内容外，还有其他内容。在Kristof（1996）对这些基本特征进行总结之后，Chan（1996）随即对其进行了补充，提出个人与组织在解决问题的方式上是否具有一致性也是一种契合。根据Schein（1984）的观点，个体解决问题的方式由个体的价值观决定，因此，这种契合的实质仍然是个人与组织基于价值观的一致性。

Piasentin等（2006）和Clercq等（2008）将个人与组织基本特征的一致性称为客观的个人与组织契合；主观的个人与组织契合是指受试者关于他们与组织契合程度的感知。后者比前者的概念更加宽泛，而实证研究表明前者对契合效果的影响更加显著。许多研究并没有明确对主客观加以区分，在Kristof（1996）的总结中，个人与组织契合指个人与组织的相容性，但是存在分歧的是对相容性的看法。除了从一致性的角度来看待契合，Kristof还总结了另外一种互补性契合。一致性契合得到了研究者的一致认识；互补性契合的争议在于：对这一契合本身学者之间存在不同的认识，如Kristof和Piasentin等的不同认识。此外，也有学者并不把其纳入个人与组织契合的范畴当中，如Chatman（1989）就指出，知识和技能的互补契合属于个人与工作岗位契合的范畴。

（二）对概念中"个人""组织""契合"的认识

对于"契合"的认识，一致性契合已经得到了研究者的共识，除此之外，还存在其他认识契合的角度。Kristof（1996）认为，在互补性契合中，员工与组织的契合发生在当组织能够满足员工的需要、欲望与偏好时，但是，与此同时，个人也要具备满足组织需要所要求具备的能力。拥有精力和能力的员工需要物质以及发展的机会，拥有资源的组织需要完成自身的任务，员工所需要的物质与发展的机会恰恰可以由拥有资源的组织来供给，而组织完成任务的需要也自然交给了拥有精力和能力的员工，这就产生了契合。因此，Kristof将个人与组织的互补性契合定义为两者的相互满足，契合程度就取决于两者相互满足的程度。相比Kristof，Piasentin等（2006）对契合的认识更加细致，除了一致性契合，还包括需要供给契合、需求能力契合、互补性契合以及一般性契合。其中，需要供给契合指个人的需要被组织满足,如组织可提供给个人所期望从组织中获得的东西,组织具备个人所期望的一个组织应当具备的特质;需求能力契合指个人的能力满足了组织的需求,如个人拥有组织所期望的品质,个人所拥有的技术和能力能够达到组织通常的要求;互补性契合不再被视为Kristof给出的宽泛定义,而是仅指当个人填补了组织的某种空白或者添加了组织所没有的东西,更多的是强调稀缺的个人,如个人的知识、技术和能力是其提供给组织的,而其他员工没有或者无法拥有这些,个人是促使组织运作的独一无二的重要因素;一般性契合是研究主观的个人与组织契合时所涉及的一种契合,这种契合并不要求受试者以上面4种契合中的某一种来评判其与组织的契合,而是由受试者个人自由选择他认为契合的方式,从而得出对契合的感知。

认识个人与组织契合中的"组织",也就是要清楚"组织"所指的是什么。一是组织本身,用来表达组织作为一个整体的基本特征,如明确制定的组织价值观和组织目标。二是组织中的多数员工,通过组织成员的普遍状态来反映组织的特征。如Charles等在研究个人与组织文化的一致性时就用组织中的多数老员工对OCP中54个项目的评价来反映组织文化。需要注意的是,应用组织多数成员来代替组织,必须要在这些成员切实能够反映组织所期望的价值观或文化的前提下才可进行。否则就会给契合的效果带来风险,此时应当采取第一种认识。三是前面两者都予以考虑。这样认识组织的意义在于,"契合"会受到"组织"是如何界定的影响。当界定组织作为一个整体的特征时,所指的契合通常是个人与组织目标或者组织价值观的一致性契合;当界定组织为组织的成员时,契合会变得宽泛,除了个人与组织在个性或者文化上的一致性,也可以指个人与组织在知识技能方面的互补性契合。

要认识个人与组织契合中的"个人",可以通过以下3个方面来认识:①不同角色的个人,这个个人可以是组织的老员工、新员工,也可以是组织的求职者;可以是组织的一般员工,也可以是组织的管理者。②不同数量的个人,可以指部分的个人,也可以指组织的全体成员。③个人特征的差异,Piasentin等(2006)指出这种差异会引起个人不同的感知契合。如就自我建构而言,高度自立的个人倾向于与组织的互补性契合;就需要动机而言,高成就需要的个人倾向于与组织的需求能力契合,高开放性的个人倾向于与组织的互补性契合,高自尊的个人倾向于与组织的需要供给契合。

二、个人与组织契合的基本原理：前因后果的角度

（一）招聘和社会化对个人与组织契合的影响

沙因（2009）指出，任何组织中与人有关的、第一位的，也是最重要的就是怎样招聘员工，并对其进行选拔、培训，并将其社会化，以及对其进行岗位安置以追求最有效的工作绩效。其中，培训是指教会新成员完成工作所需的技术性技能；社会化是指教会新成员如何适应组织，应遵守的行为方面的关键性规范及规则是什么，以及如何表现出对组织中他人的尊重，就是通常所谓的"懂规则"。换言之，培训侧重于工作职位所需的知识和技能，社会化侧重于实现个人在价值观和行动上与组织的一致，招聘则是两者都有涉及。Chatman（1991）的实证研究表明，招聘和社会化对个人与组织契合会产生重要的影响，并将社会化总结为让个人理解他们作为组织成员所必备的价值观、能力、期望行为和社交知识的过程。

对于招聘和社会化对个人与组织契合的影响，需要重点把握两点：①招聘和社会化是形成个人与组织契合的两个互补的策略，在员工进入组织的早期，是招聘策略在对契合发挥作用，员工进入组织较长时间之后，社会化策略对个人与组织契合的影响会更大；②要用互动的观点来看待这两种策略，即招聘和社会化都不仅仅是组织的事情，或者说不仅仅是组织在发生作用，员工也发挥了重要的作用。

就招聘而言，Chatman（1989）指出，招聘者在进入组织之前（主动或被动）花在组织上的时间越长，或者能够提前融入到组织的各种活动，那么其在进入组织之后就与组织越契合。个人在进入组织时就与组织高度契合意味着个人将会遵守组织的关键规范，即个人在价值观上的波动与进入组织时和组织的契合程度成反比，契合程度越高，价值观越不易变。就社会化而言，Chatman（1989）指出组织文化的强势和主动的社会化策略会影响个人与组织契合。Cable等（2001）、Kim等（2005）、陈卫旗（2009）的研究证明了员工的积极性对社会化策略与个人与组织契合起到调节作用。Cable等（2001）和陈卫旗（2009）还将组织的社会化策略做了细分，认为有效的组织社会化策略是"序列、固定"策略，而不是"随机、变化"的策略。"序列的社会化策略"指清楚地向员工指出他们将要在新环境中经历的序列活动的信息；"固定的社会化策略"指向员工清楚地说明他们要经历的社会化的每个阶段的详细时间表信息；"变化的社会化策略"指不向员工说明学习过程何时达到某一个阶段；"随机的社会化策略"指员工不知道各阶段的时间序列。一个组织的社会化策略在内容上具有"序列、固

定"的特征时，典型的表现是有具体的培训计划，员工清楚地知道培训过程、职业阶梯或轮岗计划以及组织的培训计划要求达到的目标。除此之外，有效的组织社会化策略还包括组织的社会支持行为，如资深员工或直接上级充当新员工的指导人的"指导人计划"，这些特定的组织社会化策略和个体积极行动策略可以显著提高员工与组织的契合程度。

（二）个人与组织契合对态度、行为和绩效的影响

Utton等（1994）的研究表明，员工与组织的高度契合会导致员工从态度和行为上对组织的认同。Chatman（1989）指出，个人与组织契合的作用在于它能提高我们预测个人被组织改变以及个人服从组织的程度。个人与组织的契合可以对员工的态度、行为以及组织绩效产生影响，见表1。个人与组织契合对员工的工作态度和行为有着显著的影响，但是对于组织绩效影响的实证并不充分。Kristof（1996）在汇总前人的成果时指出，个人与组织契合对员工态度、离职和组织公民行为有显著的积极影响，但对组织绩效的影响还需要进一步实证；Lauver等（2001）指出，个人与组织契合和员工的情景绩效（如角色外行为）显著相关，但是和员工的任务绩效的关系还没得到实证；Jr等（2006）的进一步研究发现，个人与组织契合可以通过工作态度这一中介变量来与工作绩效产生关系，只是个

表1 个人与组织契合对员工的态度、行为和组织绩效的影响

	结果	作者	内容
态度	工作态度 组织承诺	Kristof（1996） Verquer等（2003）	个人与组织契合对员工的工作态度、组织承诺、组织公民行为有积极影响：契合的提升可以改善员工的工作态度，提升员工对组织的情感承诺
	公民行为	Meyer等（2010） 赵红梅（2009）	个人与组织契合对员工的组织公民行为有积极影响
行为	离职	Vandenberche（1999） 张一驰等（2005） Chatman（1989）	个人与组织的契合可以减少员工的离职行为 当个人与组织不相契合时，对于强势的组织，如果个人很开放，就会顺从于组织；如果个人很固执，就将离开组织
	求职	Cable等（1994）	个人与组织契合可以影响员工求职，尽管组织对个人待遇的安排会影响他们的求职决策，但是，如果组织和个人在个性上更加契合，那么组织将会更好地影响他们的求职选择
组织绩效		朱青松等（2009）	以组织目标为导向的个人与组织契合与组织绩效是正相关的，员工与组织目标的高度契合会导致组织的高绩效

人与组织契合与工作态度有着强关系，与工作绩效的关系相对较弱。近年来，我国学者开始关注个人与组织契合与绩效关系的实证：赵红梅（2009）通过实证研究证明了组织公民行为在个人与组织契合与组织绩效关系中起到中介作用；朱青松等（2009）也进一步验证了其所提出的个人与组织契合与组织绩效的关系，但是这种实证尚未达到与组织公民行为关系一样的成熟阶段，同时也并没有运用企业的实践加以佐证。除此之外，从实践成效的角度，个人与组织契合与组织绩效并非单纯的存在二者关系，并且未必是单调的相关关系，如果忽视这些，就无法从实践中真正获得个人与组织契合带来的成效。

三、个人与组织契合在中国的研究展望

（一）界定中国企业的"个人""组织""契合"

西方学者就"个人"、"组织"和"契合"做出了细致的解释，在学习这些西方理论的同时，需要观察中国企业的实际状况，并做出具体的判断，界定中国企业中"个人""组织"与"契合"分别是指什么。当我们观察美的集团时，从20世纪90年代初期的1亿元到今天1000亿元的销售规模，美的集团持续高增长的重要原因在于，美的的职业经理人团队对组织目标做出了贡献，各个事业部经理的目标与美的集团的目标一致。因此，这里的"个人"指的并不是某种特征的个人，而是代表了组织中某一层级的人，即组织的高层管理团队；这里的"组织"指的是作为一个整体的组织；"契合"则是指目标的一致性。当我们观察阿里巴巴时，阿里巴巴能够快速成长为令世界尊敬的新型公司，重要的原因在于阿里巴巴的全体成员践行了阿里巴巴的核心价值观。因此，这里的"个人"指的是阿里巴巴的每一个成员；"组织"既指作为一个整体的阿里巴巴，也指阿里巴巴的全体成员，因为"阿里人"本身就是考核的结果，符合阿里巴巴对价值观的要求；"契合"指的是核心价值的一致性。

（二）通过中国企业的实践成效总结个人与组织契合的实现方式

关于如何实现个人与组织的契合，国内外学者目前得出的实现方式是"招聘""培训"和"社会化"。通过在招聘中关注技能，通过在培训中提升技能，可以实现个人与组织的技能互补；通过在招聘中观察人性，通过在社会化中教育人性，可以实现个人与组织的价值一致。中国的学者在这些理论研究的基础之

上,还需要进一步深入研究中国企业的实践成效,从中得出新的发现。华为的实践成效告诉我们"华为基本法"是如何塑造"华为人"的;与华为类似,阿里巴巴并非仅仅是制定了组织的价值观,更重要的是进行了严格的"价值观考核"来考核"阿里人"。这两家企业实现个人与组织契合的共同方式就是"中国理念、西方标准",通过"法制"实现了"治人"的目的。美的的实践成效告诉我们"物质激励"和"竞争压力"是如何促成美的高层管理团队与组织目标契合的。通过对这些企业实践成效的总结,我们就可以发现"制度"和"激励"这些并不先进的管理方式却是适合这些中国企业的有效方式。沿着这一思路展开,管理学者才会找出更多适合中国企业的管理方式,而并非再次去证明"招聘""社会化"对个人与组织契合的正向影响。

(三)确定契合效果的关键影响因素:"战略"与"度"

在个人组织契合与绩效的研究方面,目前国内外的研究多集中于契合与各种情景绩效的关系,它们之间的正相关关系也被反复地得到证明。还有一部分研究开始关注契合与组织经营绩效的关系,但是研究者更多的是提出了二者正相关的观点,并没有给予明确并充分的实证,这可以被视为未来的一个研究方向。比证实二者关系更加有意义的研究是确立影响契合效果的关键因素:个人与组织契合在什么情况下可以为组织带来最佳绩效。个人与组织契合要想真正产生效果,首先要确保组织战略的合理性,然后才能保证契合内容本身的合理性。因此,契合的效果离不开对"战略"的考虑:在契合管理实践当中,管理者的首要任务是对组织的发展做出准确的价值判断。基于此,组织的价值观与目标与个人的契合才有意义。阿里巴巴和美的的契合成效的前提也是因为马云创立的伟大的价值观和何享健为美的经营目标的精确规划。除了对于"战略"的考虑之外,还需要关注个人与组织契合的"度",对于个人与组织契合这一概念,国内的许多研究者将其翻译成为"个人与组织契合度",把"个人与组织契合"与"度"想当然地放在了一起,而实际在研究过程中却只表达了前者的含义,这就造成了对"度"这一重要概念的忽视。"度"可以从两个方面对契合的效果产生影响:①度的高低,个人与组织契合给组织带来的效果不好,可能是因为契合的程度还不够高;②蕴含了中国传统文化"过犹不及"的智慧,有些时候,契合程度过高反而会错过契合的最佳效果的点。因为"度"的影响,二者可能存在倒U形的关系;同时,不同契合内容对于度的要求也可能不同,研究者还可以继续确立影响契合效果的其他关键因素,在这些因素确立之后再来构建契合与绩效的研究框架,就会更加准确和富有意义。

四、结语

国内外学者对个人与组织契合有着诸多的认识,能够达成共识的是:个人与组织契合是指个人与组织价值观、组织目标的一致性。这种一致性本身就是进行组织管理的目标,通过这种一致性最终实现个人对组织的贡献,这是国内外重要文献带给我们对个人与组织契合的根本认识。基于这种认识,在中国研究个人与组织契合的问题还需要借助于中国企业的实践成效,通过成效获得对个人与组织契合的进一步认识,形成能够指导中国企业实践的个人与组织契合的管理理论,这才是个人与组织契合在中国研究所需要努力的方向。

(原载:《管理学报》,2011年第2期;合作者:刘祯)

组织行为学中的
个人价值观研究述评

一、组织行为学中的个人价值观概念辨析

价值观的系统研究始于20世纪30年代,例如在哲学层面,价值观是"关于价值的根本看法"。而心理学家Rokeach则认为,价值观是一系列持久的信念,认为一种具体的行为方式或存在的终极状态,对个人或社会而言,比与之相反的行为方式或存在的终极状态更可取。Meglino等指出,组织中的个人价值观是管理者和雇员应当或应该如何表现行为的内在信念。

个人价值观曾被理解为"人们的兴趣、爱好、喜好、偏好、职责、道德责任、欲望、需求、反感和吸引以及其他选择性取向"。但作为个体心理结构的核心特征,个人价值观的概念化边界与组织行为学中经常涉及的其他相关概念存在很大的不同。

比起关注具体物体或社会目标的易于变化的态度,个人价值观更加抽象,更加稳定,更加理想化,具有超越情境的特点。态度是作为自我概念核心的价值观的表达,个人价值观正是通过态度影响组织中的管理者和雇员的行为。组织中基于个体人格特质的行为也常常与基于个人价值观的行为混淆。然而,以价值观为基础的行为对个体的行动具有更强的认知控制。Rocca等学者提出,人格特质是稳定的倾向,价值观是持久的目标。价值观具有人格特质所不具备的判断行为对错的功能。个人价值观也不同于需要和动机,后二者并不包含价值判断的要素。个体认为"值得的"目标应区别于代表个体"想要的"需要和为满足需要而激发的动机,更遑论部分需要和动机源自生物影响,而价值观是个体社会生活中的重要心理特征。

Schwartz（1994）个人价值观理论指出，一种价值观具有以下五个特征：是一种信念；是关于值得的终极状态或行为；超越具体的情境；指导对行为、人物和事件的选择和评价；按照相对重要性与其他价值观进行顺序排列并组成价值观次序系统。对个人价值观这些特征的理解是组织行为学中涉及这一构念的研究必须把握的重要基点。

从价值观的主体角度考虑，Parsons等认为个人价值观主要涉及动机问题，群体价值观则主导了人际关系的规范模式。尽管这一认识主要是基于结构功能学派的理论，但还是较早从社会学的角度区分了个人价值观和群体价值观，由此也引发了包括组织行为学在内的多种学科对个人价值观、社会价值观和文化价值观的各种研究。值得注意的是，群体、组织或社会，事实上并不"拥有"价值观，这些个体集合的价值观是由集合成员所共享的个人价值观聚合而形成的，从这一意义上说，个人价值观的深入探讨和准确测量对社会和文化层面价值观的研究具有重要的基础作用。

从涉及的特定范畴看，价值观还可以划分为工作价值观、消费价值观和环境价值观等。其中，工作价值观是个体所追求的与工作有关的目标的表述，是个体的内在需要，以及其从事活动时所追求的工作特质或属性。消费者价值观被认为是消费者行为的最终决定因素。环境价值观会对环境态度类变量产生重要影响。由此可见，个人价值观和关注不同领域的价值观之间是一般和个别、普遍和特殊的关系。

组织行为学对个人价值观的关注由来已久。如果按照价值观的分析层面或主体角度来考虑，个人价值观被认为是管理者和雇员的一种个体的心理现象和个体的社会心理现象，区别于组织层面上企业员工共同信奉的组织价值观，也不同于文化层面上会影响管理活动或管理决策模式的文化价值观。对个人价值观的这种认识表明价值观的测量常常在个体或"微观"层面进行的。

组织行为学对个人价值观的研究并不过多刻意考察文化、社会、时代的特点，而是认为，个人价值观是组织中个体的"信仰体系"和"深层建构"，是个体心理结构的核心特征，将个人价值观与态度、行为的关系作为主要研究对象。具体而言，组织行为学者更强调对管理者和雇员各种组织行为的个体深层心理原因和类型的探索，更侧重于研究个人价值观对员工态度和组织行为具有的导向作用。这种研究思路其实正符合组织行为理论关于"人性假设"的一个基本命题：个人的价值观和态度影响人们对情境的感知和归因，进而通过具体的组织行为而对组织绩效产生关键作用。

二、组织行为学中的个人价值观研究现状

(一) 个人价值观的影响因素

Hitlin等从社会结构的角度总结了社会阶层等诸多变量对个人价值观的影响。而组织行为领域个人价值观的前因变量研究,主要集中在哪些管理或组织因素会影响管理者和雇员的个人价值观问题上。按照Meglino等的回顾性总结,组织中的个人的价值观会随着组织类型、组织层级、职业特征、人口统计指标等因素的变化而变化。总体而言,这方面的研究得到三个重要观点:首先,在时间维度上,个人价值观是相对持久和稳定的。其次,管理人员和雇员的个人价值观会受到社会文化因素的较大影响。最后,职业或工作与个人价值观之间具有交互的作用机制。但是,在某些问题上各种研究结论之间缺乏一致性,如在性别对与工作相关的个人价值观的影响结果上就分别存在三种互相矛盾的观点。对组织成员个人价值观到底"由何而来"这一疑问还需要更多实证研究的解答。

(二) 个人价值观对组织行为学各层面变量的影响

对组织行为学而言,个人价值观是了解员工态度和行为的基础。个人价值观支配着组织中个人的行为、态度、认知、信念等,支配着人认识世界、明白事物对自己的意义等,也为个人自认为正当的行为提供充足的理由。England等早期的实证研究表明,组织中的员工,特别是管理者的个人价值观会影响到各种组织产出变量,如对所面临的形势、个人和组织的成功、道德行为等的看法;解决问题的方法;人际关系;接受或抵制组织目标和组织压力的程度;管理绩效;等等。

个人价值观是一种影响选择的建构,因此会对以个体决策为基础的组织战略方向产生重大影响。Hambrick等提出的"高层梯队"理论指出,组织应高度重视企业高层管理人员的个人价值观对战略选择的影响。

领导是组织行为学群体层面的一个重要研究方向。按照领导力理应是内在具有价值承载功能的思路,以Schwartz个人价值观理论为基础,管理学者们展开了领导者个人价值观对各种类型的领导行为或领导风格影响的研究。如就变革型领导而言,Fu等指出,企业CEO的自我超越价值观和自我提高价值观对CEO的变革型领导行为与追随者的情感承诺之间的关系具有调节作用。Sosik提出,传统的、集体主义工作、自我超越、自我提高这四种个人价值观与魅力领导风格有正向的相关关系。

在对群体成员的激励和控制方面，Barker以案例研究方法归纳出，自我管理团队中以个人价值观为基础的道德规范可能对激励和控制员工行为更为有效。

在组织层面，Schneider等认为，组织中管理者的个人价值观对组织氛围有直接的甚至决定性的作用。沙因（2010）指出，组织创始人和高层管理人员的个人价值观对组织内部随着时间推移而发展起来的价值系统和组织文化具有实质性的影响。由此看来，管理人员，特别是高层管理者的个人价值观对组织非功利性目标的达成具有较强的影响作用。

我国组织行为学者对个人价值观对组织行为各层面变量影响这一重要问题也有所探讨。例如，文晓立等（2012）从领导者价值观视角指出中国传统文化中对领导者"立德"的首要标准要求，Schwartz个人价值观体系中自我超越价值观强度较高的领导者表现出较强的领导有效性，从理论和实践意义上阐明了领导者明确而崇高的个人价值观在组织领导过程中的重要作用。

（三）个人价值观在个人—组织价值观匹配中的研究

组织行为学研究的核心问题之一是个人与组织契合，而员工个人价值观与组织价值观匹配是人与组织契合各维度中的关键内容。Schneider等提出的"吸引—挑选—摩擦"理论指出：员工会选择与自己价值观相近的组织，而组织也会选择与其价值观相似的员工。基于这一认识，个人价值观在组织价值观匹配的研究中的重要性体现在两个方面：其一，如Kristof等的研究，强调员工个人价值观和组织价值观作为个体和组织两个实体间的基本特征，具有相似的基础才可能有一致性匹配的存在；其二，如Chatman的研究，要求重视组织文化对员工行为的作用，而组织文化可以理解为是组织创始人或其他高层管理人员个人价值观的一种外显形式。

相关的一些实证研究，如Giberson等的实证研究结果显示，组织内部价值观的同质性，在某种程度上正是沙因和Schneider等提出的领导—部属匹配理论中员工和高层领导者在个人价值观上的一致性。

三、结论与展望

综上所述，作为管理者及员工态度和行为的相对稳定的心理基础，个人价值观在个体、群体和组织层面对组织行为产出都具有不同程度的影响。

但是，由于个人价值观理论本身的跨学科特征、个人价值观测量的艰巨性、个人价值观对行为的影响机制争议以及研究范围的局限性等因素,组织行为学中个人价值观的研究还存在着广阔的未知空间。未来的研究可以从以下几个方面展开:

理论建构。从价值观研究的发展脉络来看,尽管Schwartz个人价值观理论的内容、维度及测量方法得到不少管理学者的认同,但由于价值观的跨学科特性,不同的组织行为学者往往出于不同的研究目的而对个人价值观这一构念采用不同的概念化和操作化定义。这造成各种测量工具层出不穷,各种研究结论之间可比性不强,个人价值观和特殊领域价值观的研究范畴区分不清,个人与组织价值观匹配衡量困难等,也使得个人价值观对组织各层面产出变量的研究,不如个体特质等概念对组织行为的影响清晰。未来的研究可以在寻求建立适应组织行为学研究特点的个人价值观主导范式方面进行理论探讨。

研究范围。个人价值观反映了个体的倾向性。今后的研究,一方面,为了全面探讨组织中个人价值观形成变化和发展过程中的各种因素,需要扩大研究对象的范围,广泛研究各种类型的组织以及组织中各种类型的员工。另一方面,现有的个人价值观对组织行为变量的影响研究多集中于个体决策和领导风格等范畴,对其他一些重要的组织现象,如激励、沟通、冲突等的研究相对较少,这也需要更多的组织行为学者以实证研究的方式进一步扩展研究视野,关注个人价值观与更多的具体组织行为现象和变量之间的关系。

交互作用。个人价值观是个体社会化过程的结果,其对管理者和员工的态度、组织行为结果的作用效果要受到特定工作情境和社会文化因素的影响。因此,在个人价值观影响组织行为结果的系统框架中,其他类型的价值观,如工作价值观、社会价值观和文化价值观与其的交互作用还需要进一步检验。此外,还要对组织所处情境因素和具体的中介变量、调节变量的作用机制予以探讨。

中国情境。从现有的研究来看,我国组织行为学中的个人价值观研究尚处于起步阶段,而且以借鉴西方的研究成果为主。但在经济转型和社会重构大背景下,我国组织中的个人价值观的结构和内容如何,会对组织行为造成何种影响,对这些问题的求解应该是我国组织行为学学者重要的研究方向之一。

(原载:《商业时代》,2013年第15期;合作者:文晓立)

组织二元性研究综述与展望

当下，组织在适应环境的过程中，已不能只是集中于对现有能力的开发或是对未来机会的探索单一维度的绩效，而不得不面对同时解决开发和探索这两个维度的挑战，使组织具有二元性。组织二元性（organizational ambidexterity）的研究有助于组织在设法保持今天的成功的同时，仍能适应未来不断变化的环境。虽然组织二元性的倡导者坚称组织二元性会优于非组织二元性，但组织二元性的平衡方式中是否也存在最优方式？组织二元性是否可保持组织持久的繁荣？本文将围绕这几个问题开展文献综述与展望，以期为组织二元性的理论研究和实践提供启示。

一、组织二元性的定义及其核心问题

二元性ambidexterity一词来自拉丁语"ambi"，意思是"同时""左右手"。在生物科学里，具有二元性的人能同时熟练地运用左右手，Duncan（1976）首开先河将二元性的概念运用到管理学中，提出了术语"组织二元性"。随着学者们对组织二元性研究在组织结构、战略、组织学习、知识管理等多领域的探讨，组织二元性的内涵和外延更加丰富，使得目前并没有一个统一的定义。本文采用March对组织二元性的界定，将组织二元性定义为组织中开发和创新活动的两者兼顾。因为组织要适应环境和科技的冲击，需要持续不断地创新，开发和探索创新活动同时关注了组织的现有能力和对未来的探索。该定义很好地概括了组织二元性的内涵。March（1991）将开发描述为"求精，选择，产能，效率；选择，实施和执行"。而与探索相关的事物为："搜索，变异，冒险，实验，玩，灵活性，探索，创新"。March（1996）强调，开发的本质是细化和现有能力、技术的延伸和新范式，探索的本质是实验用新的替代品。两种创新不同的结果需要不同类型的创新活动。组织设计需与组织结构、激励、文化等相匹配，即当组织活动是侧重于探索活动时,组织设计需要分散化和有机化,而当组织活动倾向于开发时,组织需集权和机械化式的设计。所以有学者指出,一个组织中开发与探索的并存使得组织设计的不兼容,导致组织能力发生内耗而降低组织绩效。探索与开发的对峙关系如表1所示。但若将两项活动隔离开来,仅采用探索的组织适应系统,将开发系统排除在外,很可能会发现组织遭受大量研发支出却不能获利,使企业陷入探索的失败陷阱,最后组织是徒有众多未开发的新思路却不能转化为生产力。相反,若只是采用开发的组织系统而排除探索的系统很可能会发现组织受困于次优的稳定平衡,使企业陷入能力陷阱。为了避免失败陷阱和能力陷阱,这两种活动都需要,探索和开发之间的平衡的关键性已被广泛接受。因此,如何实现这两者之间的平衡成为组织二元性的核心问题。

表1 探索与开发的对峙关系

目标	探索	开发
创新目标	对现有市场或行业进行巨大改变或创造一个新市场	提升在现有市场或行业中的竞争地位
创新方式	激进式	渐进式
风险程度	高	中低
开发周期	中长期	中短期
工作任务	定义广泛,规范性低	任务定义严格,规范性高
匹配文化	开放性的、深度合作和团队精神	重视制度和程序,控制力是决定因素
	平等交流	上下垂直交流
激励对象	团队	个人
绩效评估	以团队绩效作为评估对象	以个人业绩为评估对象
	员工专注于学习	员工专注于财务指标

二、组织二元性的平衡方式

组织二元性平衡有三种方式,具体如下:

(一)组织摇摆(sequentiel ambidexterity)

组织摇摆是组织在演化过程中一系列依次顺序集中于开发或探索的战略模式。Duncan在他的论文中指出,要包容组织中所需的创新和效率的冲突需要在一段时间内转换它们的结构以适应不断变化的环境。在他看来，组织需要在一段时间内依次顺序地转换组织结构。Kauppila描述了通用（GE）和杜邦公司的组织结构是如何演变来适应市场的变化，公司的成长历程常可以说明，在面对变化，组织是如何调整它们的结构和流程的。近来更多的学者认为，这种临时的转变是组织二元性平衡的一种方式。Boumgarden等（2012）在观察惠普（HP）和美国知名媒体Usatoday的公司发展历程中，描述了企业的结构是如何为适应市场的变化而演化的，并将组织适应的过程称为"组织的来回摇摆"，他们认为组织摇摆的优势在于相比改变文化和非正式组织，正式的组织结构更易转换。

（二）结构二元性（structural ambidexterity）

管理理论告诉我们，当组织的战略需要集中探索时，组织采用松散而具有灵活性的有机式组织结构，而当组织致力于开发上卓越时，应采用更加正式而稳定的机械式组织结构。一般而言，冲突的活动在执行时必须分开。结构二元性反映了探索和开发是如何在组织内被安排和进行协调的。在这方面早期的研究将组织区隔为不同功能的子单元，研发部集中于创新，采用的是有机式组织机构，而业务单元仍集中于效率，采用机械式组织结构，近来更多的是将业务单元分隔成子业务单元，致力于不同的目标，有机与机械相结合。现在许多企业追求组织内更大范围的二元性，使功能性的子单元中的有机与机械式组织相结合。结构二元性不仅是机械式与有机式的结合，而且超出单一维度的绩效水平。结构二元性集中于员工持续的改善与总量的解决，比机械式更有效率；而在更大范围的知识协作使得比有机式强调的创新更有效果。机械式、有机式组织结构二元性的差异如表2所示。

表2　机械式、有机式组织结构二元性的差异

机械式	有机式	结构二元式
严格的部门化	跨部门团队	员工有具体的任务但能集中于目标整体任务
		经常超出员工正式的工作任务
狭窄的控制范围	很少直接监管	有明确的权力和责任
		权力和责任是多维度的（如矩阵制）
高度的规范化	很少正式规则	流程是规范化的
		能通过团队对话和参与进行调整和完善

续上表

机械式	有机式	结构二元式
严格的命令链	开放的沟通系统	沟通是根据目的和项目进行组织
		经常绕过正式的命令链,但能高度组织起来
集权	放权	集权或分权因整体目标而定
		既有局部主动的响应,也有通过系统整体的协调
低度的决策参与	授权	参与决策基于对工作或任务的贡献

(三)情景二元性(contextual ambidexterity)

情景二元性是基于在企业中建立的一种组织环境,通过这种环境鼓励员工通过自己的判断来最好地规划时间,在整个企业内部通过协调与适应来解决开发与探索之间的冲突。这种组织环境包括纪律(discipline)、伸展(stretch)、支持(support)和信任(trust)四种特征。纪律和伸展被认为会促使员工自发努力或超越预期,这两个因素被称为绩效管理,是组织环境的硬性因素;而支持和信任则培养员工帮助其他员工,形成协助工作氛围,这两个因素被称为社会支持,是组织环境中的软性因素。这些因素会促使员工在开发和探索间达到平衡。本田生产系统的运营高绩效很大程度上是管理系统和文化支持员工对开发和探索的同时追求,员工们的绩效既包括日常的任务,如自动流水线(开发);同时也包括期望员工对他们的工作持续的改善,使工作更有效益(探索)。情景二元性的特点如图1所示。

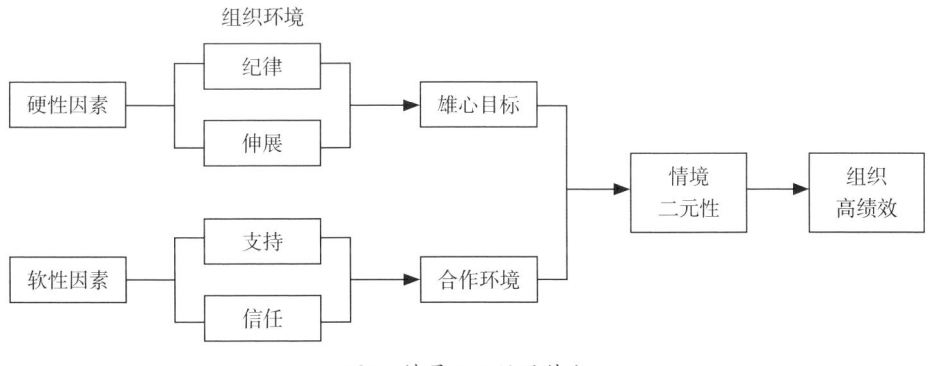

图1 情景二元性的特点

三、组织二元性与组织绩效的关系

（一）组织二元性的单一平衡方式与组织绩效的关系

组织摇摆的研究，大部分的学者主要针对大规模的企业，如GE、HP等企业，采用纵向研究方法，对其长期观测。众多学者的观测结果认为组织摇摆与组织绩效正相关，极少数学者，如House和Price（2009）也揭示出，HP在PC业务到打印机服务商，公司一段时间的战略和结构的转换在探索方面并不有效，影响组织绩效。结构二元性研究，相比组织摇摆的研究文献更为丰富，研究方法既有深度访谈等定性方法，也有采用问卷调查法、实证研究的定量方法，研究对象涵盖大中小企业，行业涉及娱乐业、制造业、生物医药行业等众多领域。分析的单位也从组织层面拓展至业务层面。研究结果中大部分支持结构二元性与组织绩效正相关，如He和Wong（2004）通过对206家制造业企业的实证研究，验证了开发和创新相结合的组织二元性创新战略会提高组织的销售增长率。Voss等（2012）以美国非营利性剧院行业为研究背景，通过测试产品和市场两个纬度，在2003年至2005年搜集了424个观测对象数据，其实证研究的结果显示，结构二元性（产品二元性、市场二元性和产品开发和市场探索相结合3种战略）能产生互补性，对企业收入产生影响。尽管如此，也有一些学者提出了不同的看法，如Bierly和Daly发现开发和探索相互作用在对企业绩效方面（财务绩效和企业成长）没有显著的关系。Yang和Atuahene-Gima（2007）对300家高技术企业的实证研究结果显示，结构二元性与企业绩效是曲线关系。情景二元性的研究，如Giberson和Birkinshaw通过对41家企业的4195名员工的调查问卷，验证了情景二元性程度越高，组织绩效越高。Chatman等（2013）的研究也指出在动态的环境中情景二元性与企业绩效正相关。

（二）组织二元性三种平衡方式与组织绩效的比较研究

组织二元性的研究已不限于单一方式对组织绩效的影响，学者们也期望通过三种方式的比较来找到能使组织持久适应和发展的组织二元性平衡方式。Venkatraman等（2006）对1005个软件公司，时间跨度从1990年至2002年的数据分析，发现结构二元性与企业绩效无直接关系，但是组织摇摆二元性对软件公司的销售增长有积极影响。Cao、Gedajlovic和Zhang（2009）观测了中国122家高技术企业，发现虽然结构二元性能保持平衡，但开发和探索两者的程度都很低，当业务单元分开时，只有情景二元性与企业绩效显著正相关，同时他们指出结构二元性在相对宽裕环境下的大型组织中的作用更显著。Geerts等（2010）在研究比利时532个企业的研究中，发现组织摇摆和结构二元性都与组织成长正相关，但同时提出服务性的行业更可能依赖于组织摇摆。而Boumgarden等在分析HP和Usatoday的发展历程中，他们认为在组织的动荡时期，组织摇摆和结构二元性对绩效均能产生积极影响，只是作用机制不同，但组织摇摆比结构二元性对企业绩效能产生更高的长远的绩效。这些比较分析，说明具体到每种组织都有最适合其成长的组织二元性平衡方式，但如何保持组织持久的繁荣？Laplume和Dass（2012）在对一家拥有65年的成功企业的发展历程的观察中，发现前25年，公司仅集中于组织摇摆，随后才开始将结构二元性和组织摇摆混合使用。这种混合的组织二元性平衡方式也许是组织长寿的一个原因。但如何识别和选择呢？

四、研究展望

变化着的环境，突变以及其他许多因素都在妨碍任何一个组织对二元性的识别和实施。就外部环境而言，组织二元性的平衡关键取决于变化的速度和类型。在缓慢的环境变化中，探索的需求在减少，而在剧烈竞争的形势下这种需求被高度激化，组织摇摆比在快速变化环境中的结构二元性和情景二元性更重要；就组织特征而言，大规模、资历老和高新技术行业可选的组织二元性的平衡方式更多；就组织内部环境来说，组织环境二元性程度越高的组织越适合情景二元性。所以，组织二元性的平衡方式是否会对组织绩效产生正向影响，会受组织的规模、行业、竞争状态、内部环境和外界环境等多维因素的限制。

尽管以往的文献中表明，组织二元性之间的对峙关系的解决有利于组织的适应和发展，但从组织二元性的案例中，我们只是从成功的案例中获得企业成功地解决这种对峙的结果。组织二元性三种平衡方式与组织绩效的互动的匹配机理研究不足，虽然也有学者对其前因变量和权变因素进行探索，但涉及的变量较少，且假设它们之间的关系是线性的，而上文我们已提及，组织二元性平衡受多维构面的影响，如环境、行业、技术、战略、结构、文化等，而将其简单化为两个变量的选择关系，或是几个变量之间的互动关系，其研究结论可能是不准确的。随之而来，我们会有以下疑问，为什么同一组织中实施的组织摇摆战略在不同时期却是两种不同的结果？组织什么时候需要变革，并且这些变革包含哪些内容，多长时间，才能使这些决定与组织摇摆的节拍一致？组织结构二元性的实施中，不同组织之间如何协作？情景二元性的能力如何与组织任务匹配？

要解决这些问题，未来可将构型理论（configuration theory）引入组织二元性平衡方式的设计研究中。这方面Simsek等进行了尝试，分类中按时间维度（实现组织二元性是分开的还是同时的）和结构维度（实现组织二元性是在一个单元内还是在整个单元内）划分，这样形成了和谐二元性（harmonic）、循环二元性（cyclical）、分开二元性（partitional）和互惠二元性（reciprocal）四种组织二元性类型。但这个构型过于简约，丢失了很多关键维度，未来可将不同的组织环境和不同的组织资源与不同的组织二元性的平衡方式进行匹配，当这些要素达成一定的均衡，即形成一种组织二元平衡构型，而当要素的动力累积到一定程度时，将突破原有的构型，转变成另一种构型。通过归纳组织二元性平衡形态，能产生殊途同归（Equifinality），提高组织绩效的目的。这在研究方法上要求采用纵向和历史性的方法来观察组织的变化，同时在研究层面上应突破单个层次的分析，跨层次对于深入揭示不同层次要素对组织二元性的平衡机制具有重要作用。构型的组织二元性平衡方式有助于对各种概念化的组织二元性的多维构面的全面了解，避免因知识过于宽泛而在研究中出现不一致的情况。

总之，在理论层面上，我们预测构型的组织二元性平衡方式研究将是未来新的理论增长点。在实践层面上，有利于管理者应对日益不确定性的内外环境、企业资源的限制和创新复杂性程度的不断提高等诸多挑战，为处于转型升级改革中的企业提供一条新的思路，使企业在关注目前发展的同时仍能兼顾未来的适应。但理论简单，组织二元性的管理实践仍是一项很难的挑战，需注意组织内部的一致性与外部环境的整体性，相比组织战略、组织结构等硬性因素的设计，组织文化等软性因素更难掌握，需要长期的积累。尽管如此，若组织二元性的平衡构型能与其组织内部环境和适当的外部环境相适配，则将是企业最优的组织二元性平衡方式，能促进组织的高绩效，且若能持续地与内外环境适配，从长期来看，也能为组织带来持久的繁荣。

（原载：《广西社会科学》，2014年第8期；合作者：涂玉龙，何斌）

第三部分

人力资源

国有企业人力资源策略的选择

在社会经济处于巨大的变革之中的21世纪,创造和运用知识已成为社会经济发展的动力源泉。因而在新经济时代,商品的生产、商品附加值的提高、企业市场竞争力的增强乃至企业的发展都必将依赖于知识和掌握知识的人力资源。世界许多知名企业的发展历程都表明:人力资源优势在企业中的作用是非常明显的。因而对人力资源的开发与管理也越来越重视。著名管理学家彼德·杜拉克断言:"传统的人事管理正在成为过去,一场新的以人力资源开发为主调的人事革命正在到来!"时至今日,人力资源管理不断见诸报端,各种从事人力资源管理咨询的公司也日益火爆。尽管有愈来愈多的企业已经认识到人力资源开发与管理的重要性,但国有企业的人力资源开发与管理现状却令人担忧。

一、国有企业人力资源开发与管理的通病

国有企业普遍缺乏统一的与企业发展战略甚至与企业发展目标相匹配的人力资源管理体系,大部分精力仍从事传统的人事管理,人力资源管理比例偏低。

人力资源管理部门大多数处于二线参谋部门的位置。笔者在调查广东省部分企业时发现,30%以上企业的人力资源管理与行政管理属于同一部门,缺乏专门人力资源开发与管理的人才。通常2~3名员工承担了规划、招聘、考核、薪酬福利、培训等方面的日常性工作,成为负责企业用人方面具体工作的部门,没有时间也没有精力去分析开发企业的人力资源以及建立相关制度。

在人力资源管理方面的投入少,但又忽视人力成本的核算,结果是该花的没有花,不该花的大笔浪费。由于企业将人力资源管理看成一种不得不"付出"的"成本投入",因此盘算的是"少花钱多办事",压低劳动工资与福利,不对员工提供必要的培训。一些企业年人均教育培训费在10元以下,约45%的企业甚

至停止培训。不重视员工的录用考评造成人力资源素质无法满足企业经营需要,同时高素质的专业技术人员流失率也大大增加。调查结果表明,某些国有企业专业技术人员(尤其是在企业工作2~3年后)的大学生流失率达到70%。结果是企业一方面存在大量用不上或起不了作用的冗余人员,另一方面普遍缺乏从事科技研究的高科技人员、中高层管理人员和技术工人。如广东省内调查的4家洗衣机厂,均认为企业危机是技术落后、开发能力低,这实质上就是高科技人才不足的危机。

国有企业缺乏长期有效的激励手段与科学的绩效评估手段。员工积极性的调动、工作热情的维持,与企业激励手段与措施直接相关,但现阶段国有企业除了用奖金刺激员工外,别无他法。1996年美国通用电气公司的人力资源部经理麦考尔直言不讳地指出:"中国有极具潜力的人才市场,但企业用人观念尚显陈旧。钱,不能解决一切问题,最主要的是建立起一套完善的激励机制。"国有企业缺乏规范化、定量化的员工绩效考评体系,绝大部分仍沿用着传统的、以经验判断为主体的绩效评估手段,使得激励缺乏针对性与公平性。如深圳某集团下属的电脑公司曾是一家很有冲劲的企业,但由于公司将利益分配政策极度向市场推广部倾斜,研发部职员纷纷改做市场推广,因为其中许多人并不能胜任营销工作,业绩很差,结果公司短短几月内人力资源流失率达60%,丧失了人才、产品、研发等优势。

二、国有企业选择适宜的人力资源管理策略的思路

(一)影响国有企业人力资源管理策略选择的因素

1. 国家政策法规

政府可以用直接调节与间接调节的方式来规范企业的人力资源管理的基本面。如政府可以通过宏观政策来调节企业经济行为和社会行为,从而影响企业人力资源管理发展策略;再者政府通过制定劳动法、最低工资法、反歧视工资法等劳动法律、法规以及建立工会来维护员工基本利益。对国有企业而言,政府是企业的所有者,可以更加直接决定企业人力资源管理策略的选择。

2. 市场环境

市场竞争的压力越来越大,企业对人力资源管理重要性的认识水平也越来越高,尤其是企业所处行业性质对于企业人力资源发展策略的影响特别明显。

20世纪90年代以来,随着逐步建立社会主义市场经济体制,企业必须以市场为导向才能在动荡变化的环境中生存与发展,企业开始转变为人力资源开发的策略性角色。人力资源工作的重点在于如何获得经营者的关心与承诺,积极参与企业竞争战略的制定,配合企业发展要求,积极掌握组织人力资源的状况来重新拟定人力资源的规划。例如,考虑市场要求与科技发展,企业重新改变工作设计以增加工作的自主性、创造性、挑战性与成就感;为防止组织与员工老化,企业需要不断地投资培训工作等。

3. 组织架构

由于中国计划经济时期所形成的制度惯性以及传统文化绵延不绝的影响力,使得企业现有的组织架构具有一定的复杂性和浓厚的集权色彩。非制度化的运行方式和非正式的领导行为,常常会使组织结构设计背离组织效率原则,人力资源管理只是低层次的人事管理,基本上充当了记录存档部门的角色。随着企业所处的市场环境由单纯转向复杂、动态和不确定,企业经营开始以全球化的顾客需求为主要的考虑因素,组织逐渐向扁平化的方向发展,员工可以从企业的信息系统中随时获取工作所需的信息,即时为顾客服务。

4. 企业文化

企业文化是指一个企业中上至高层管理者,下至普通员工共同认同的企业价值观念与经营实践。美国学者Smicrich认为企业文化是企业用来主导企业方向的关键,对不同的企业人力资源管理策略的选择影响特别显著。如果企业价值观崇尚效率、实践,那么人力资源管理的宗旨可能是高效、快速;如果企业价值观崇尚创新、有活力,那么人力资源管理的宗旨可能是创新、速度。

5. 企业竞争战略

企业根据环境变化制订自己的竞争战略,那么在不同的竞争战略下,人力资源管理活动必须有所调整以提高组织绩效,达到企业目标。美国学者Bonoma认为:不论企业策略与其环境配合得有多好,竞争战略与内部组织部门也应有合适的配合,这样企业竞争战略的执行与实施才会产生较好的效果。实际上,企业对任何人力资源管理策略的选择,归根结底都应放到企业竞争战略上,企业竞争战略是最重要的影响因素之一。研究表明,不同的竞争战略在工作流程与范围、招募甄选、绩效评估、薪酬福利、培训发展、激励机制等人力资源管理的各部分都有所不同。

（二）国有企业如何选择合适的人力资源发展策略

1. 真正树立"以人为本"的观念

人是管理工作的核心和动力，是企业在日趋激烈的竞争中立于不败之地的重要保证，在一定程度上甚至起着决定性的作用。大量事实表明，同样的设备、同样的原材料，一些国有企业生产出来的产品质量就是不如别人。因此，企业要生存、要搞活、要发展必须首先尽快转变观念，树立"以人为本"的管理思想，重视人力资源的开发和利用。人力资本投资是企业获得持久竞争力和持续发展的根本原因和决定性因素。美国斯坦福大学两位企业管理学教授詹姆斯·柯林斯和杰里·波拉斯所著的《远景公司长远妙方》揭示了全美18家百年企业成功的秘密在于强调"以人为中心"的管理，使得这些公司能够经受激烈竞争环境的瞬息万变，历经管理阶层的变迁，永不失败。诺基亚的"科技以人为本"不仅凝聚了内部员工，更带来直接的经济效益，使其成为全球第二大手机生产商。

2. 强化人力资源管理诸要素的整合

一是做好人力资源策略的实施步骤及预算安排，研究与确定所需要的人力资源的质量和数量，合理构成企业的人力资源结构。二是制度创新，制定一套完善的人力资源管理制度，包括职位制度、招聘与录用制度、薪酬管理制度、绩效考核制度与奖励制度，以及劳资关系、退休、解聘、内部人员流动计划等。三是改变员工观念，通过教育培训以及各项管理制度提高员工忠诚度和工作积极性，使公司的人力资本实现最大幅度的增值。做这些工作第一步是找出人力资源管理现状与经营战略需要间的差距。以广发证券为例，广发的战略是股份化、集团化、国际化、规范化，这一战略意味着广发必须有大量高素质的员工，并充分调动员工的积极性。但实际上由于证券金融业竞争的加剧，广发的人力资源结构也需要调整，以使员工的职业发展与公司的发展同步。这样，广发就找到了一个非常关键的人力资源现状和需要的差距。在意识到人力资源方面的差距后，下一步工作便是设计人力资源管理作业方案来消除这些差距，满足公司战略的需要。如广发采取了建立员工职业发展辅导专岗、重新调整相应的绩效评价与薪酬体系等一系列措施。

3. 重建人力资源管理人员自身的知识体系

人力资源管理人员，如果不能有效地提升自我的专业能力，从以往的"行政支援人员"转化为"策略性筹划及执行者"，为各直线部门提供企业内部"加值服务"，就无法对企业有更多理解，就无法选择到适合企业的人力资源管理策

略。因而,一方面,人力资源管理人员要多方面了解企业功能、产品、生产、行销、企业使命、文化等;另一方面,成功的人力资源管理人员必须获得同事及其他部门员工的信任与尊重,并能让直接主管了解人力资源管理部门的工作是协助其解决问题,并达成部门工作目标。如,人力资源管理人员通过协助直线管理人员发挥领导与激励的能力,可以减少人力资源管理部门与其他部门间的对立与冲突。

4. 丰富现有激励体系

人力资源管理策略中有一个重要的体系就是激励体系,以吸引、开发与留住人才,激发人们的工作热情、想象力和创造力。美国学者勒波夫博士在《怎样激励员工》一书中指出,他经过20多年的研究,发现世界上最伟大的原则是奖励。他认为,"受到奖励的事会做得更好""在有利可图时,每个人都会干得更漂亮"。根据双因素理论,企业向员工提供的工资福利,一般都属于保健因素。这被员工视为自己当然应得的部分,而奖励制度必须是一种根据不同背景、不同的个体、不同的部门进行有计划的激励,以达到促进与巩固组织所期望的员工行为的作用。企业在建立适宜的奖励制度时,必须注意以下几点:

(1)正确认识员工的需要。奖励制度的建立必须是基于员工的实际需要,员工进入组织是因为组织能够提供满足他们需要的奖酬,但显然不同的人需要得到不同的奖酬,即使相同的奖酬对于不同的人也有不同的意义。因而设计奖励制度时,必须对员工个人需要进行调查、分析和预测。然后根据组织所拥有的奖酬资源的实际情况来设计具体的操作办法与奖酬形式。从国有企业的现状来看,应真正做到绩效考核是报酬分配及人力资源发展的基础,注重将人力资源发展从招聘录用开始贯穿企业人力资源管理全过程。如在拟定各项管理制度或人力资源发展规划时要以顾客、部门及企业为导向。

(2)奖励必须有利于达成组织所期望的员工行为。企业有组织目标,员工有个人目标,这两者之间经常会存在差异,需要通过奖励来引导员工行为。勒波夫还列出了企业应该奖励的几种行为方式。如,广发证券为了形成组织创新气氛,设立了各种鼓励创新的奖励。

(3)操作过程中,要谨防奖励的错位。虽然许多奖励措施的初衷甚佳,实施的结果却不一定能达到预期的效果。常见的现象是,奖励制度反而遏制了原本欲奖励的行为,或是员工做到了应受奖励的行为但不是他本人而是他的领导得到了大部分本应属于他的奖励。还有一种常见的情况是奖惩倒错。比如说,原本要鼓励创新和冒险精神,但如果真有员工因为"创意"需要物质支援时,企业却又因为风险而推三阻四,结果保守意愿最受鼓励。

5. 建立与健全完善的绩效评估体系

人力资源管理策略中最难建立、最难操作的就是有效的业绩考评。由于缺乏客观基础,国有企业要改变以往凭经验、凭个人印象来判定员工业绩、工作能力、工作态度的做法,往往会遇到缺乏科学的评估办法,考评工作量的增加,长期的内部领导导向,对员工的不信任、不理解等问题。因而要建立与健全完善的绩效评估体系并不容易。总结众多成功企业的经验,国有企业必须重视以下几方面:

(1)定量化的考评指标必须以实际工作结果为依据,科学地评定员工工作质量和数量。实际上,每个员工在年终都会列出尽量多的工作,但有实质性改善的并不多。因为他们往往会抱着没有功劳也有苦劳的想法,所以除了常规工作职责外,每年都必须给员工设定一些重要的工作目标,既有一定的激励作用又便于评定。

(2)强调合理的公平。企业的业绩评定永远难以做到完全开放的民主,因为每个人的利益趋向不同,对于同样的评定标准可能产生不同的利于自身的理解。这样,一方面尽量完善绩效评估体系的科学性,另一方面建立不同意见的反馈渠道,以使员工提出的建议得到及时反馈。

(3)既重视考评个人业绩又重视考评团队业绩,使个人业绩与团队业绩保持一致。

(原载:《中国人力资源开发》,2000年第5期;合作者:欧亚菲)

组织与文化管理

人才流动的微观动因分析

对企业来说,如何获取人力资本和获取后如何保证人力资本是企业生存发展的重要基础之一,而人力资本的流失(即人才流失)是企业普遍感到头疼的问题。本文试图从心理学的角度,结合经济学原理,分析揭示人才个体做出流动决定的整个决策过程,并在此基础上对企业如何有效地防止人才流失提出几点建议。

一、人才流动的微观原因

首先,每个人才对自己在社会中的价值都会有一个主观的判断,我们把它称之为人才的个人期望值,用V_0表示。这种期望值,主要体现为对工资报酬和职位权力的要求上。然而在现实社会中,由于各种原因,如外部环境的限制或主观判断的错误,人才的个人期望值通常都不能完全实现,我们将未能实现的那部分价值表示为V,将人才在社会中已实现了的那部分价值表示为V_1。于是,人才个人价值的期望值、实现值和未实现值的相互关系可以表述为:

$V=V_0-V_1$

对这一公式,可以分三种情况进行讨论:

$V<0$,这种情况很少发生,即使发生也是偶然的、暂时的,因为人才的个人期望值会随之迅速上升,使得$V \geq 0$。

$V=0$,这种情况下,人才的个人期望值完全得到满足,人才将成为企业中一个积极向上的、稳定的员工,能够安心地进行工作。

$V>0$,这种情况下,人才的个人期望值未能完全实现,甚至大部分不能实现,此时人才在企业中就可能是消极的、不稳定的,并为改变这种现状而产生流动的愿望。

如果没有其他任何约束条件,可以认为,只要存在着人才个人价值的未实现值,流动就可能发生。但这只是一种可能性,这种可能性是否变为现实,还要取决于由V值的增值ΔV所产生的人才的流动动机强度。从认识论的角度来看,这种人才的流动动机公式可以写成:

$$M = V(\Delta V \cdot E)$$

上式中,M为预期收益值,代表动机强度;ΔV为该流动的价值增值,代表该流动所具有的诱导力;E表示此行动产生特定结果的主观概率。

人才个人流动的动机,是通过ΔV和E乘积的形式而激发主观决策的结果。流动结果的诱因即使很大,如果该流动成功的把握性不大(即概率值比较小),那么,结果也会很弱。比如说,企业A的某人才虽然知道企业B的待遇很好,但他觉得自己去应聘不会成功,则他离开企业A的动机仍不强烈。反之,如果流动结果的成功概率很大,接近于1,但这种流动对人才本人的诱导力如果是零的话,那么本人的流动动机也是零。比如说,企业A的某人才明知自己到企业B去应聘能成功,但企业B的待遇比企业A低,则他不会想离开企业A。只有当ΔV和E都较大,使得预期收益值M也较大时,人才会有强烈的流动愿望。

然而在现实生活中,事实上存在着许多抑制人才流动的影响因素,包括流动费用(如合同违约费、手续费、个人承担的部分再次职业培训费、时间因素造成的收入损失、发生地理上流动时的迁移费用),原有社会资本(指在原单位或原地已建立的社会关系)的损失,家庭压力(指家人或亲友不支持),精神压力(指组织认同感的丧失)等,这里我们把它们统称为流动成本,用C表示。如果我们用R表示流动的成本收益率,则有:

$$R = M / C \ (R > 0)$$

$R < 1$,这种情况下,人才感到流动得不偿失,不会离开所在企业。

$R \approx 1$,这种情况下,人才觉得流动可有可无,喜爱迎接挑战的人才可能选择流动,而比较保守的人才则可能选择不流动。

$R > 1$,这种情况下,人才认为流动利大于弊,将发生实际的流动。

上述分析中,隐含着两个假设:一是所有影响因素的效果都能价值化,即能用货币价值表示它们的影响力。在市场经济条件下,这一假设应该是成立的。以家庭压力为例,事实上,当预期收益增长到某一数量时,许多人将不顾家庭压力而选择流动,那么这一收益值可以认为就是该家庭压力的货币价值。二是人才在做出流动决策时是相当理性的,是经过仔细权衡的。这一点我们认为也是有现实依据的,现实生活中,人才在做出流动决定时的确是相当慎重的。

二、对企业防止人才流动的启示

根据以上分析，我们认为，企业要想留住人才，关键从两方面着手。一是提高人才个人价值的实现V_1，从而降低预期收益值M。二是增加人才的个人流动成本C，其中，提高V_1尤为必要。这是因为根据公式$M=V(\Delta V \cdot E)$，提高V_1，不但减小ΔV，而且减小主观概率E，从而大幅度地降低预期收益值M。具体而言，提高V_1和增加C可以采取如下措施：

（一）切实提高人才的物质待遇

物质待遇包括住房、工资、奖金、医疗和保险等。许多企业，特别是国有企业，过多空谈人的精神追求，轻视甚至鄙视人在物质层面上的需要，是造成企业人才大量流失的重要原因。只有充分改善人才的住房条件、医疗条件、保健条件、衣食条件等基本的物质需要，才可能留住人才，使其为企业发光发热。

（二）创造人尽其才的环境

人才所以为人才，在于他们是社会的精英，他们有强烈的表现欲望，有为社会尽义务和实现自身抱负的愿望。企业若论资排辈、任人唯亲，人才将因怀才不遇而离职。因此，无论是谁，只要他做出了贡献和业绩，企业就应予以承认和肯定，该授权的授权，该奖励的奖励，给予人才展示其才华的机会。这样才能满足人才的自我实现需求，才能吸引和稳定人才。

（三）大力创建和倡导企业自己独特的文化氛围

企业文化是人本管理的支柱，是一个企业的传统、风气和价值观的统一体。企业文化也是企业员工的精神支柱。良好的企业文化对员工产生凝聚力、上进心，可极大地鼓舞士气和斗志。事实证明，内涵丰富的企业文化不仅能把企业内部的人才紧密团结在一起，而且能够影响到人才的亲友家属，当人才希望流动时，其家属反而成了企业留住人才的秘密武器。

（四）建立一套有效的约束机制

这主要是针对国有企业人才流失而言。国有企业应建立严格的人力资源约束机制，利用《中华人民共和国劳动法》及劳动合同等法律、经济手段，加强对人才的约束和监督，提高人才的流动费用，有效防止人才流动。这是在当前国有企业经济资源不足的实际情况下，国有企业抵御竞争对手挖走人才，维护自身合法利益的权宜之计。

（五）不断发展壮大企业，提高企业的规模、效益和知名度

企业的不断发展壮大，不仅为提高企业员工的物质待遇提供了坚实的经济基础，为企业人才展示个人才华、实现自身抱负提供了可能性，而且增强了企业人才的集体荣誉感和自豪感。而这一切反过来又能激起人才冲天的工作热情和无畏的进取精神，从而为企业创造一流的产品，创造一流的效益，形成企业发展的良性循环。

（原载：《科技进步与对策》，2000年第6期；合作者：肖智星）

组织与文化管理

高速成长企业的内部信任发展及其与控制的关系

对信任的研究在社会学、社会心理学、经济学、管理学、政治学等领域中都占有重要的位置,不同领域的研究促进了对信任的认识和理解。信任与合作的关系是信任研究的基础问题。信任是否是合作的基础,换言之,信任是不是合作的先决条件,目前还有争议(Bateson,1988;Axelrod,1984;Gambetta,1988)。但能够肯定的是,信任能够通过减少复杂性,降低交易成本,从而提升合作效果。对于作为合作形式的组织,信任的作用不容忽视。

最近几年来,组织中的信任已经成为十分重要的研究议题。虽然原因不少,但主要理由是组织形态发生改变:从过去讲求价格机制的市场式组织,演变为讲求理性管理的科层式组织(bureaucratic organization),再演变为介于市场与科层间的网络式组织(networking organization)。而网络式组织运作的基本机制,则为信任。透过信任,网络组织之间的交易成本才得以降低(郑伯埙,1999)。关注组织中的信任的另一个重要原因是,信任作为一种有价值的、稀有的、难于模仿的和可能是无法替代的能力,可以取得高于平均水平的回报,从而可以创造企业的持续竞争优势(Hitt等,2001)。

企业在成长过程中,特别是高成长性企业,其组织也必然处于成长之中。信任作为一种核心能力,其在组织成长中的变化情况,组织中的信任如何才能满足组织成长的需要,这些正是本文考察的内容。与此同时,随着组织的成长,作为正式制度的控制也有一个发展的过程。控制和信任的关系如何,也是本文关注的重点。

本文论述框架如下:首先,分析企业成长中组织的主要特征,认为伴随着组织规模的急遽扩张,如何认识作为正式制度的控制与信任的关系,成为成长性企业的关键问题;其次,对信任研究的主要成果进行梳理和评论,讨论企业高速成长阶段的信任特点;再次,对企业组织成长中的控制与信任关系进行论述,认为作为正式制度的控制和信任是一种替代关系,更是一种互补关系;最后,在前面讨论的基础上,建立了一个组织内信任发展的动态模型。

一、企业高速成长中的信任问题

本文研究的是企业的高速成长过程。一般来说,高成长企业即处于成长阶段的中小企业。简单地说,高成长企业就是指那些发展速度快,能带来高效益,具有高增值作用,能引起当代生产领域的变革,并处于当代经济前沿的企业(陈春花,赵曙明,2004)。

已有的研究认为,高成长企业成长的关键就是掌握和拥有当前和未来的关键技术。高成长企业具有"四高"特性,即高效益、高竞争、高投资、高速度(陈春花,赵曙明,2004)。在具备关键技术的前提下,具备高成长潜力的企业如何才能高速成长呢?可以将影响高成长企业的环境区分为内外两种,外部的有政策环境、市场环境等,内部环境主要有企业的发展战略、组织形式、管理体制、企业文化等(陈春花,赵曙明,2004)。外部环境对高成长企业的影响是很大的,但是这些环境因素最终要通过高成长企业自身来发挥作用。在企业的高速成长过程中,企业的组织形式可能会发生变化,企业的管理体制也可能会变化,但事实表明,企业内部最明显的变化是企业的组织规模。本文主要研究企业高速成长阶段组织规模的变化对组织内的信任和控制的影响,为了便于研究,我们假定其他条件如企业的基本组织形式、主要管理体制、主导的企业文化基本保持稳定。

本文将企业的成长划分为三个阶段,即成长前期、高速成长期和成长后期。企业高速成长的前期(即企业创立时期),组织规模一般较小,员工之间,特别是管理层人际交往比较多,对彼此的意图、动机、行为方式有较多的了解,组织内的信任程度较高。同时,企业创立时间较短,各种正式制度的控制较少,组织较多地依靠信任和默契来运行。随着企业的高速成长,企业需要越来越多的员工。众多新员工的加入,导致了组织规模的迅速扩张。这种组织规模的迅速扩张,冲淡了组织内的信任,因为信任是一个逐渐积累的过程。这是组织规模扩张对组织内信任的直接影响。

组织规模的扩张带来了组织控制的加强。随着企业的高速成长,组织规模迅速扩张,显然加强控制是必要的。控制主要以各种正式的契约、制度、程序表现出来，这些契约、制度、程序可以统称为正式制度。从某种意义上来说，作为控制措施的制度本身就表达了一种不信任状态。从而，组织控制的加强导致了组织内信任的减少。这是组织规模扩张对信任的间接影响。

上述分析表明，组织规模的扩张直接和间接地导致了组织内信任的减少，增加了组织内的交易成本，削弱了企业的竞争优势。这种组织高速成长中的信任危机的解决需要我们对信任、信任与控制的关系有更深入的理解。

二、信任理论与信任发展阶段

各个学科研究目的各异，对信任的理解有所不同，一般来说有以下几类观点。心理学家倾向于从个体的微观角度来解释信任，他们认为，一个人的生活经历和对人性的看法会使他（她）形成对一般性的他人的可信赖程度的概化期望（generalized expectancy）或信念。这种观点将信任理解为个人人格特质的表现，是一种经过社会学习而形成的相对稳定的人格特点。这种信任的认识发生论特别强调幼年心理发育阶段的经验，以至于它推论，信任感或不信任感一经形成便不易改变（彭泗清，2002）。本文认为，对于处于关系中的人际信任的形成和破坏，这种信任的认识发生论裨益不大。但是，这种观点有助于解释一个人的信任倾向，在一定程度上有助于理解社会信任的程度。本文中，信任的认识发生论将和下面讨论的道德基础论和信任文化论一起被用来解释一个人的信任倾向和社会信任的一般水平。

关于信任的另一类观点即信任的道德基础论和信任文化论。道德基础论认为信任可以划分为两大类，对认识的人的信任是"策略性信任"（strategic trust），对陌生人的信任是"道德性信任"（moralistic trust）。道德性信任反映的是一种人生态度，其基础是对世界持乐观态度，而不是与人打交道的经验（王绍光，刘欣，2002）。与此相类似的观点是信任文化论，认为信任是社会文化密码的一部分，而文化密码像基因一样是以某种神秘的方式世代相传的（王绍光，刘欣，2002）。本文认为，和第一类信任观点一样，信任的道德基础论和信任文化论对于解释个体之间的人际信任的形成和破坏，说服力不够。但是，本文将这两类观点结合起来，用于解释个人的信任倾向和社会信任的基本结构。

对信任研究的第三类观点是将信任理解为人际关系的产物，是由人际关系中的理性计算和情感关联决定的人际态度（王绍光，刘欣，2002）。其代表人物是

Lewis和Weigert。他们认为理性（rationality）和情感（emotionality）是人际信任中的两个重要维度，两者的不同组合可以形成不同类型的信任。本文认为，这种观点可以很好地解释人际交往中的信任行为，但不能解释一个人的信任倾向或者偏好，所以，还需要前两类理论的补充。

综合以上分析，本文认为，个体首先由于文化传统、成长环境、幼年经历的影响，形成了特质性的信任倾向。一个社会由于具有某些共同的文化传统、共同的行为规范，所以社会中的个体的信任倾向有一致性的一面，从而形成了社会信任的基础。正是在社会信任的层次上，才有民族之间、国家（地区）之间的信任比较研究。本文将在此讨论的基础上，重点研究企业高速成长过程中，组织内部没有情感关联的（至少交往初期如此）个人之间的人际信任的形成和发展。

陌生人之间的信任是社会信任，具有不同信任倾向的个人之间的交往产生的信任就是人际信任。按照Zucker（1986）的信任产生机制，人际信任的来源有三种：声誉产生信任，社会相似性产生信任，法制产生信任。这样可以区分出三类信任，即来源于过程的信任，来源于特征的信任，来源于制度的信任（彭泗清，2003）。这样的分类出自社会学的研究视角，但与发展心理学、社会心理学、发展经济学以及社会经济学中的诸多研究角度有明显的相同之处，是对信任研究的初步综合。本文认为，这种划分方法也存在局限性，主要反映在未能体现信任的发展进化过程。在人际交往的不同阶段，信任的程度是不一样的，信任的本质也可能是不一样的。而且，任一阶段的信任，都可能包含了以上三类信任成分。

进一步的研究来自组织行为学的信任发展阶段理论（Shapiro等，1992；Lewicki和Bunker，1996）。信任的发展阶段理论认为存在着三种类型的信任。第一种类型的信任被定义为基于算计的信任（calculus-basedtrust）。Shapiro，Sheppard和Cheraskin将这一类型的信任称为基于阻碍的信任（deterrence-basedtrust）。基于阻碍的信任建立在失信所带来的惩罚的基础上。他们认为，这一类型的信任是基于对行为一贯性的确信，也即个体将按他们所说的去做，因为他们害怕如果不这样做而产生的后果。Lewicki和Bunker对此概念进行了发展。他们认为基于阻碍的信任不仅是基于对破坏信任所招致的惩罚的恐惧，而且源自维持信任所带来的收益。这种谋算的价值来于对维持信任所付出的代价以及建立或维系其关系所带来的结果的判定。依照这种谋算型信任，信任的确定通常是基于信任存在所带来的收益及信任被破坏所带来的威胁。本文认为，谋算型信任包含Zucker提到的声誉信任和制度信任。"声誉"可以被理解为一种"抵押品"（hostage）。"人们为了把自己包装成诚实可信的人而投入很多资源"。即便不是一个诚实可信的人，拥有诚实的声誉也是很有必要的（Lewicki和Bunker，1996）。从而，如果一方当事人伤害了另一方当事人对他的信任，那么受害人会迅速通过"闲言"把那个失信者弄得声名狼藉，使失信的成本变大了（Burt和Knez，2003）。制度可以影响关系参与者的收益结构，改变失信的成本和收益，从而诱导出信任或者失信的行为。第二种类型的信任是基于知识的信任（knowledge-basedtrust）。基于知识的信任建立在由于长期交往而具有的对行为的良好预测性的基础上。在这类信任中，常规交流和不断增强了解是关键性过程（Shapiro等，1992）。第三种类型的信任是基于认同的信任（identification-basedtrust）。基于认同的信任建立在对对方动机、意图的充分理解和赞赏的基础上。

信任发展阶段理论认为，关系的建立开始于谋算型信任的发展。如果人际交往活动的发展在某一程度上加强了信任的有效性（与他人是协调的，并不经常需要约束），那么当事人就将开始发展一种基于对他人需求、偏好等的了解的知识型信任。随着当事人之间的进一步相互了解，就可能对他人的需求、偏好产生强烈的认同，并把这些需求、偏好视为自己的需求、偏好。这样，随着认同感的产生，知识型信任就可能发展到认同型信任。信任发展阶段理论同时认为，不是所有的关系都能发展完全，信任可能在经历第一或第二个阶段之后就不发展了（Lewichi和Bunker，2003）。

三、成长期企业内部信任与控制

企业的高速成长伴随着组织规模的急遽扩张，组织规模的扩张导致了组织内信任的淡化。本文认为，高速成长阶段的组织内部信任处于信任发展的算计阶段。认同型信任是在知识型信任的基础上发展而来的，而知识型信任的形成需要行为者较长时间的交往，对彼此的动机、意图、行为方式具有较多的了解是知识型信任的基础。在企业的高速成长阶段，众多组织成员刚刚加入，彼此缺乏知识型信任所必需的相互了解，所以彼此间的信任只能是算计型信任。并且，刚刚加入的组织成员往往对组织的宗旨、目的和行为规范缺乏深入理解，更不要说达到认同的程度，其行为只能基于对收益与成本的比较，并在此基础上发展出对组织、组织成员的算计型信任。

面对组织规模扩张所造成的信任下降，为了保证必要的合作，也为了应对可能的风险,组织将趋于更多地采用高成本的制裁机制(Tyler和Kramer,2003),这种制裁机制主要体现在组织内的各种正式制度的控制上。

一种观点认为,信任是一种非正式控制形式,是除价格、权威之外的第三种控制形式(Creed和Miles,2003)。大内也有类似的观点(Ouchi,1980)。这与本文采取的控制概念是有区别的。本文的控制主要指组织内的以各种正式制度为特征的正式控制。但是,上述观点清楚表明了一点,那就是信任和正式控制一样,可以约束员工的行为,从而有助于达成组织的目标。互补论者认为,设计良好的控制机制能够提高组织的合作性和持久性,提高了对合作性行为和合作的持久性的预期,从而利于培养组织内的信任。同时,完备的控制体系限制了风险的范围和程度,对不合作行为进行惩罚,并提供了特定的方法、政策和程序以处理合作中的意外事件,这些都有助于信任的建立与维护。信任关系可以提高合作的效果,弥补和克服制度控制的局限性,提高制度的适应性,并有利于制度的改进(Poppo,2002)。这是信任与控制互补性关系的一面。

另一种观点认为,控制本身反映了对信任的不信任,是对信任的反动,鼓励了机会主义行为,削弱了组织内信任发展的动力(Ghoshal和Moran,1996;Adler,2001)。同时,信任是一种自我强化的行为,信任能够带来对方的信任,而从不信任的起点出发只能带来不信任的结果(Dasgupta,1988;Gambetta,1988)。组织内的信任与控制相比,能带来更有效且更低成本的合作行为(Hill,1990;Uzzi,1997)。所以控制与信任是一种替代关系。Diegogambetta(2003)认为,为了维持组织中的合作,强制,至少是其具有的威胁,曾经被而且仍然被作为一种保证合作的手段而采用,它的极端形式是确保服从和妥协。但是,虽然强制手段(制度控制)降低了我们担忧的程度,但是并没有增加信任。强制降低了我们需要信任他人的程度,可能同时也减少了他人对我们的信任。即使对强制力量的有控制的利用被认为是合法的,它也不能普遍地成为完全信任的"功能性等价物"(Diegogambetta,2003)。张维迎在对政府管制的研究中也发现了这一点,他认为,政府管制越多,企业和个人就越不讲信誉(张维迎,2003)。组织内的情况同样如此,过多的控制减少了组织信任,信任的减少引起自身的负反馈,引致信任的进一步减少,这又会增强组织对控制的需求,这就是组织发展的信任悖论。

本文试图通过以信任发展的观点综合以上两种观点。控制与信任具有一定的功能等价性,而且可以发展出基于制度的信任,这一点已为大多数信任研究者采纳。本文认为，控制与信任的互补性主要体现在组织的成长期。在这个阶段，组织的控制正处于逐渐完善的过程中，与此同时，组织内的信任主要为算计型信任，处于信任发展的较低阶段。由于信任的发展相对于制度的建立是一个缓慢的积累过程，所以，在这个阶段，对于组织而言，制度的建立与完善是更为有效的办法，同时，也对基于算计的信任的发展起到了支撑作用。由于制度的制约与规范，增强了行为的预见性，提高了失信的成本，有助于算计型信任的形成。

在组织成长的后期，各种正式制度已经健全，由于制度的规范作用，员工之间能够形成良好的行为预期，同时由于长期共事的了解，基于知识的信任甚至基于认同的信任已经建立起来。此时，如果片面强调制度的控制作用，就会对信任的发展起到压制作用，从而控制和信任之间更多地体现出替代关系，即随着控制的进一步加强，组织内的信任程度反而减低。

综合以上分析，可以得出如下控制与信任的关系模型（见图1）。

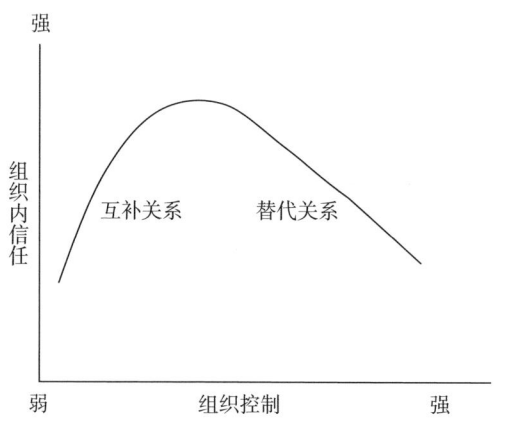

图1　组织信任与组织控制的关系模型

四、信任发展与组织成长模型

综合以上分析，可以看出组织内的信任随着组织的高速成长的变化关系。在组织的成长前期（即创立时期），组织成员，特别是核心管理人员较少，人际交往、沟通比较频繁，彼此了解对方的意图、动机和行为习惯，认同感较强，可以形成一种基于认同的信任氛围。这种较高的信任是一种核心竞争能力（Hitt等，2001），使得组织具有高速成长的潜力。如果具备关键技术，同时外部环境有利，组织就会进入高速成长期。

在组织的高速成长期，大量新成员进入，组织规模急剧扩张，组织内的信任度下降，组织面临着信任危机。为了维持组织的运转，组织将倾向于建立更多的正式制度的控制，但各种制度仍不完善，同时制度的有效性还没有得到检验，员工对制度缺乏认同，基于制度的信任有待逐渐加强，组织内信任类型主要是基于算计的信任。这种类型的信任程度较低，极易遭到破坏。总之，高速成长期的组织内信任处于低谷，成长前期高度信任所带来的竞争优势已经丧失，同时组织控制亦不完善，组织处于危机之中。在这个成长阶段，信任和控制更多地体现为一种互补关系。组织的顺利成长取决于组织对成长速度的准确把握、正式制度建立的及时性和有效性、信任发展的良好条件等。

在组织成长后期，正式制度的控制逐渐完善，组织成员之间的了解加深，组织内的信任发展到基于知识的信任类型，随着认同感的增强，有可能发展到基于认同的信任。此时，组织内的信任不易被偶发性的失信事件所破坏，即使破坏也有修复的可能。在这个阶段，信任和控制都具有维持组织运转的功能，过多的控制会压制组织内信任的发展，造成组织内较高的交易成本。所以，在组织成长的后期，管理的重点不应是努力发展制度控制，而是强化员工对组织的认同，加强员工之间的沟通和交流，促使基于算计的信任向基于知识的和基于认同的信任转变。信任发展与组织成长之间的这种关系可以用如图2所示的模型表示。

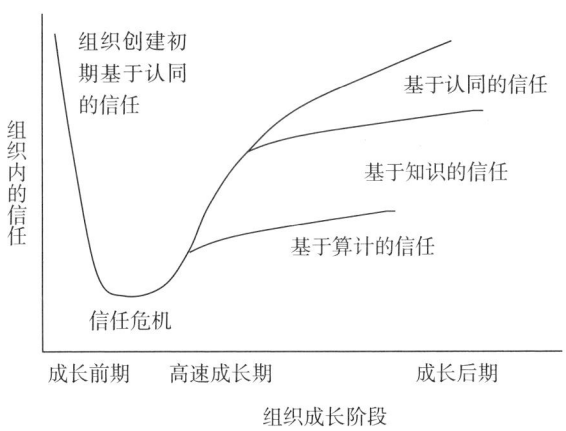

图2　信任发展与组织成长关系模型

五、启示与后续研究

从前文对信任与控制关系及信任发展与组织成长的关系的研究可以得到如下启发：

组织高速成长期的信任危机主要是由组织规模扩张速度太快造成的，所以应该加强组织的成长管理，控制成长速度，做到有计划的成长。这样一方面可以减少信任下降的程度，另一方面有利于成长期必要的制度准备，最终化解组织的成长危机。

由于信任的发展要经历基于算计的信任、基于知识的信任、基于认同的信任三个阶段，在信任发展的初期，即基于算计的信任阶段，组织的运转主要依靠制度控制，此时，信任和控制主要体现为互补关系。所以，在组织的高速成长期，组织应将较多的精力用于组织的制度建设。

由于在成长后期信任和控制更多地体现为替代关系，为了降低组织内的交易成本，组织应重视组织文化建设，培养和强化基于认同的信任，而不应一味地依靠各种复杂而高成本的正式制度。

本文研究有许多需要完善的地方，需要得到实证的检验。本文讨论控制与信任的关系时，暗含的假设是随着企业的成长，有一个正式控制逐渐完善、逐渐加强的过程，这个假设还需要进一步的验证。另外本文中组织内的信任没有区分上下级之间的信任和工作伙伴间的信任（郑伯埙，1999），没有区分核心管理层内的信任和一般管理人员之间的信任，这是需要后续研究补充的地方。

（原载：《科技管理研究》，2005年第10期；合作者：马明峰）

组织内人际信任形成的影响因素
—— 一个整体性的分析框架

组织内信任的重要性已经得到众多研究者的确认（Kanawattanaehai和Yoo，2002；Poppo和Zenger，2002；Aryeeetal，2002；Zolinetal，2004；Mayer，2004）。然而，由于信任是一个多学科研究的课题，各学科的理论视角和出发点的差异，导致对于信任的理论认识还远远不能统一，从而对组织内信任的形成和发展提出了众多不同甚至相互矛盾的观点（Jones，2002）。本文首先辨析了与信任有关的几个基本概念，据以明确研究对象。接着，本文提供了一个新的视角，对人际信任形成的各方面影响因素进行分析，并在此基础上提出了一个整体的分析框架。最后，使用这个整体性的框架，讨论了人际信任在组织环境中的特征。

一、与信任有关的几个基本概念

信任是一个多学科的概念，存在着很多有分歧的观点。这里首先对信任概念的基本认识进行梳理，以此作为进一步研究的基础。

（一）信任是一种心理状态，而不是行动

以Rousseau、Sitkin、Burt、Camerer（1998）为代表的大多数研究者认为，信任是基于对他人意图或行为的积极期待而自愿接受脆弱性的一种心理状态。但同时，也有许多研究者强调信任的行为性，如Currall和Judge（1995）、Sitkin和Roth（1993）、Hosmen（1995），他们从行为和认知两个层面来定义信任，使得基于信任的行为与作为一种心理状态的信任不能很好地区分开来（Ielam和Suleiman，2004）。

本文认为，信任之所以值得研究，是因为信任这种积极的心理状态能够带来积极的行动。但是，信任并不是行为，所谓的信任行为只是信任心理的外在表现，所谓脆弱性以及风险性只是信任心理所带来的行为后果，并不是信任本身。所以，我们的研究对象是作为一种心理状态的信任，而不是基于信任而做出的行为。

信任的主体是有行动能力的人，我们称之为施信方。这一点，研究者的意见比较一致。但是，对于信任所指的对象，即信任的客体，这里称为受信方，研究者的分歧比较大。本文将人际信任的客体限定为有行动能力的人，而不是组织、制度或其他，主要的理由在于，信任是对对方某种行为的预期。只有对方具有自由的行动能力，而这种自由的行动能力能够带来一定的不确定性，此时才产生了信任的需要（信任是简化复杂的机制）。对人的信任是最基础的信任，其他的信任形式如对组织的信任是在对人的信任的基础上发展起来的，比如对组织的信任可以看作是人际信任的延伸。只有具有了对于人际信任的相当理解之后，才能更恰当地理解其他形式的信任。当我们表面上把信任赋予物体，我们实际上指的是人所创造的系统，因而我们间接信任的是设计者、生产者和操作者，他们的才智和劳动以某种方式赋予了这些物体。而当物体完全是自然的时候，我们是用隐喻的方式赋予自然以意志，好像它是人格化的（彼得·什托姆普卡，2005）。

（二）信任的形态针对于特定事件

关于信任的表述有两类情况，一种如"我信任某人""我信任某组织"等，另一种是"我信任某人会做某事""我信任某组织会做某事"等。前一类是一种普遍化的信任，后一类是关于某一特定事件的信任。本文认为，信任的最基本的形态是针对于特定事件的。事件的区分性可以从常识中得来，比如，"我信任某人会做A事，但我不信任他会做B事"。事件的区分性对于信任是关键的。至于普遍化的信任，本文认为是一种简化的信任表述。相对于关于特定事件的信任，普遍化的信任省略了特定的事件，但实际上隐含了对对方履行某类承诺的能力的考查，这种简化是在一种概略的对事件的分类的基础上做出的。当人们说"我信任某人"时，信任所涉及的事件是那些常见的，属于角色范围内的事件；而当超出这个范围时，人们可能就要重新考虑是否信任了。

二、人际信任影响因素分析

在以往的研究中，心理学家们强调作为个体特质的信任倾向和对情景的反应，社会学家们强调信任双方人际关系对信任的影响，理性选择学派则认为信任是基于对自身相对易损性及对方失信可能性的判断而做出的。借鉴以往的研究成果，本文考虑了信任的主体、信任的客体、双方的关系以及信任所针对的事件几个方面对信任形成的影响。这种方法是对以往信任研究各个学派的一个综合，从分析而不是实证的视角出发，能够比较系统地对人际信任的影响因素做出一个富有逻辑性的整合，是一种整体性的视角。

（一）施信方因素的影响

对于同一个对象，不同的人会形成不同的信任心理，这说明施信方自身的因素对信任的形成具有很大的影响。

心理学的研究表明，一个人的生活经历和对人性的看法会使他形成一般性的对他人的可信赖程度的概化期望（ceneralized expectancy）或信念。这种特质性的信任倾向的形成受到社会文化传统、个人早年经历、社会化过程中的其他比较大的事件等因素的影响，一旦形成则难以改变。

另一个影响信任形成的施信方因素是个人的相对易损性。由于信任不可避免地带有不确定性，受信方违背信任而给施信方带来损失的可能性总是存在的，此时，施信方对这种损失的承受能力就很关键。以往研究（如王绍光、刘欣，2002）指出，施信方所拥有的各种资源，如收入和财富、稳定的工作、权力、教育、社会网络等，对信任的形成具有很大的影响，拥有的资源越多，其相对易损性越低，则施信方更倾向于信任对方。

（二）受信方因素的影响

对受信方因素的研究是最受关注的。以往的众多研究将受信方是否值得信任的特征称为可信度（turst worthiness），并列出了刻画可信度的众多指标，如正直、能力、一致、开放、忠诚等（Builer，1991；Robbins，2001；Mayeretal，1995）。

这些研究一般采用归纳的方法，缺乏一种逻辑的、演绎的解释。从信任概念的本质出发，本文认为，信任的建立依赖于对对方行为的规律性以及对对方行为意图的善意的考察。对行为规律性的考察是为了有效预测对方今后的行为，从而减小信任的可能的风险。对对方意图的善意的考察是为了判断对方有意采取伤害性行为的可能性。我们将对行为规律性考察的结果称为可预测性，将对善良意图的判断结果称为可接受性。对受信方进行考察的这两个方面共同起作用，只有两方面的结果均满足要求才能建立起信任关系。

从这种研究视角出发，我们可以对以往的可信度研究结果进行分析。以往可信度影响因素研究中，一致性、谨慎、开放、履行诺言等可以视为对可预测性的考察，强调受信方以往行为的规律性，而正直、忠诚、公平、仁慈等是对可接受性的判断，亦即对受信方善意程度的考察。其中还有一个重要的因素，即能力，本文认为是由信任所针对的事件的考察而决定的，在下文关于事件区分性的分析中将进行详细的讨论。

（三）双方关系的影响

很多学者重视双方关系对信任建立的影响。关系是在人际交往中形成的，意味着相互的义务，回报性的义务是关系的核心因素，而义务感会使人做出值得信任的行为。一个人如果不履行自己的义务，他就会失去面子，不仅会受到别人的谴责，而且可能会付出极大的代价——失去关系网及其中所包含的社会资源（彭泗清，1999）。

本文认为，关系之于信任的作用机制在于：首先，关系是在双方交往之中形成的，这意味着施信方对受信方的可预测性及可接受性的一定程度的认可，不然，双方的关系就难以保持下来。同时，关系也隐含了对其能力程度的考察。总之，双方关系的存在意味着彼此的较高的可信度感知，从而有利于信任的形成。另外，双方关系的长期存在可能产生较强烈的情感，亦即在可预测性与能力感知一定的情况下，可接受性得到大幅提高，使得信任能够发展到较高的程度。按照这个观点，以前研究者提到的情感信任和善意信任都源于双方关系中的较高的可接受性。

（四）事件因素的影响

针对不同的事件，人们的信任态度也会不同。本文认为，针对特定事件的信任是最为基本的人际信任形式，其范式为：X信任Y会做A事。从这个视角出发，可以将"X信任Y"这种形式的信任视为前一种形式的简化，是对事件的一般化。

因为受信方所承诺的事件对能力的不同要求，事件区分性首先要求施信方对对方的能力进行考察。如果其他条件满足要求，当受信方的能力足够实现其承诺的事件时，施信方将给予信任；当施信方认为受信方的能力不能实现其承诺的事件时，将不会给予信任。

另一方面，事件的互惠性程度对被感知的受信方可接受性提出了不同的要求。当事件的互惠性很强时，带给受信者的利益将较大，受信方将更多地在利己的驱动下实现其承诺，此时，对其可接受性即善意的要求较低。同理，当事件的互惠性较弱时，则对受信方的可接受性提出了较高的要求。按此分析思路，对于与施信方有着亲密关系的家人，因为可接受性较高，在大多数事情上可以放心地给予信任；而对于没有关系的受信方，施信方则会较多地考虑事件的互惠性，而审慎地给予信任。

三、一个整体性的信任分析框架（见图1）

以上分析可以用如下模型进行表述：

人际信任的形成受到很多因素的影响，这些影响因素不仅可以在实证研究中使用归纳的方法来总结，更可以也应该从理论的角度使用演绎的方法，对实证研究的结果进行整理，对可能被忽视的因素进行发掘。

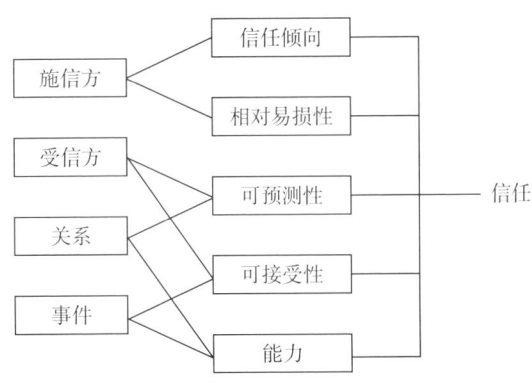

图1　一个整体性的人际信任分析框架

本模型综合了目前为止信任研究的几个主要学术流派，具有较广泛的适应性。对施信方的信任倾向强调的是心理学信任特质理论的观点，对受信方可预测性及施信方相对易损性的分析是经济学信任理性选择机制的观点，对关系、可接受性的强调则是社会学关系信任的重点，而对受信方能力的考察是管理学研究的要求，对信任所在的组织文化环境的影响的分析则是组织行为学研究的重点。本文是对众多学科中信任研究成果进行整合的一个尝试。基于模型可以生成系统的测量指标，为信任研究的进一步发展提出了新的课题。

四、组织内信任的特点

基于提出的整体性信任分析框架，本文将简单讨论组织环境对信任形成的影响。

组织文化对施信方的信任倾向会产生影响。经过较长时期的组织文化的熏陶，组织成员的信任倾向可能发生变化，而趋向与组织同步。在强调信任与合作的组织内，其信任倾向较高且比较一致；在强调怀疑与竞争的组织内，其信任倾向较低且比较一致。这个理论假设可以通过实证进行检验。

在组织内，上级相对于下级，其收入、地位均较高，一般而言，其受教育程度也较高，从而具有较高的抵抗背信的风险，其相对易损性较低，更容易形成信任。同理，下级的相对易损性较高，较不容易形成对上级的信任。

共事时间较长的同事或上下级之间可预测性较高，较易形成信任。同时，教育背景、生活经历等方面的相似性，提供了感知的可预测性的线索，所以，具有相似性较高的同学等身份的同事之间具有较高的信任。

相似性暗示着类似的价值观与行为规范，往往也成为可接受性的指标。另外，在亲密关系中，可接受性很高。当可接受性很高时，人际信任就会发展到情感信任、认同信任的阶段。在组织中，下级对上级可接受性的感知表现为仁慈、公正等品质。相反，上级对下级可接受性的要求可能会首先是忠诚。

能力对信任的影响在组织中更加突出，因为组织毕竟是要实现一定的目标的。从上级的角度出发，要求下级具有完成工作的能力，并且这种能力是比较容易观察到的。而下级对上级能力的考察比较困难，但是，下级对上级还是有能力的要求的，比如要求上级具有在其职权范围内有效调配资源、处理人事纠纷的能力。两者相比较，上级对下级的能力的要求会比较明确，而下级对上级的能力的要求比较含混。

五、结论

借鉴以往的研究成果,本文采用一种整体性的视角,考察了信任的主体,信任的客体,双方的关系以及信任所针对的事件几个方面对信任形成的影响。并对最受关注的受信方的可信度影响因素进行了整理,认为众多的可信度影响因素可以分为三类,即可预测性、可接受性与能力。分析结果认为,人际信任的形成受到施信方的信任倾向、相对易损性,受信方的可预测性、可接受性几个方面的影响。另外,事件的区分性提出了对能力的要求,并且不同的事件的互惠程度对可接受性有不同的要求。同时,双方的关系反映了施信方某种程度上对对方的可预测性和可接受性的肯定,亲密的关系提示了较高的可接受性。在此分析的基础上,本文提出了一个整体性的人际信任分析框架。

本文是对以往信任研究成果的一个综合,从分析而不是实证的视角出发,从而能够比较系统地对人际信任的影响因素研究提供一个整体性的人际信任分析框架,对以往纷繁的研究成果做出一个富有逻辑性的整合。

(原载:《中国人力资源开发》,2005年第12期;合作者:马明峰)

组织内的信任与控制：
一个理论模型

一、引言

组织内信任的重要性已经得到众多研究者的确认。一方面，由于不可避免的不确定性和复杂性，信任客观地存在于组织之中；另一方面，组织内良好的信任关系能够通过减少复杂性、降低交易成本，从而提升组织内部的合作效果。一些研究者甚至认为，信任作为一种有价值的、稀有的、难于模仿的、可能是无法替代的能力，可以取得高于平均水平的回报，从而创造组织的持续竞争优势。

研究信任与控制的关系，首先必须梳理已有的、纷杂的信任理论。由于信任是一个多学科研究的课题，而各学科的理论视角和出发点存在差异，导致对于信任的理论认识还远远不能统一，从而对组织内信任的形成和发展提出了众多不同甚至相互矛盾的观点。这些相互矛盾的观点之一就反映在对信任与控制的关系的认识上。典型地，一种观点认为，信任与控制是一种替代关系，两者互相排斥；另一种观点认为，两者是一种互补关系，是互相促进的。信任理解的分歧导致了管理实践的无所适从和敬而远之。

本文尝试对组织内部信任与控制的关系问题做出理论上的解释。首先，分析了信任研究的现状，提出了其中存在的问题，针对信任的目的性、信任存在的条件及信任的来源，提出了作者的见解。其次，对以往信任的影响因素研究进行了梳理，认为受信方的可信性主要表现在可预测性和可接受性两个方面。最后，分析了控制与可预测性及可接受性的关系，认为控制对信任既存在着促进作用，又存在着阻碍作用。本文分析表明，正确认识信任与控制的悖论的关键在于控制的强度，即控制的范围和力度。

二、信任与控制的悖论

信任是一个多学科关注的课题，同样也是管理学关注的热点。按照信任方和被信方的不同，管理领域里的信任研究可以分为组织之间的信任、消费者对组织的信任以及组织内部的信任。组织间的信任研究关注战略联盟企业、供应链企业之间的信任与组织间关系的建立与维持。消费者对组织的信任关注组织的形象、品牌的营造以及组织竞争能力的培养。组织内部的信任研究关注组织文化、组织治理以及组织的核心能力。本文认为，信任的最基本的形式是人与人之间的信任，人对组织的信任、组织对组织的信任乃是人际信任的延伸，都以人际信任为根本。比如，于春玲等（2004）在对品牌信任结构维度的研究中所做的处理实质上是将品牌拟人化。这一点在席酉民等（2004）的组织信任研究中更明显，这篇论文直接将人际信任中被信方的可信度作为组织的可信度指标。正如彼得·什托姆普卡（2005）所指出的，当我们表面上把信任赋予物体，我们实际上指的是人所创造的系统，因而，我们间接信任的是设计者、生产者和操作者，他们的才智和劳动以某种方式赋予了这些物体。由此可见，对组织、品牌、制度等的信任研究有赖于对人际信任的深刻了解。基于以上考虑，本文重点研究的对象是人与人之间的信任，即人际信任。为方便起见，在本研究中，称信任方为施信方，被信方为受信方。

组织内人际信任的一个重要特点是信任与控制的关系。对信任关注的前提是，信任能够在不确定性的条件下，增强合作伙伴的合作意愿，提升双方合作的程度，而这些效果往往是单纯依靠控制措施难以达到的，也就是说，信任在某种程度上是控制的替代品。此外，一些学者认为，信任的一个重要来源就是具有完善控制功能的制度，在这个意义上，制度促进了信任，信任也有助于对制度的认同和接受，两者表现为互补关系。

为从理论上理解信任与控制的关系，下文将首先研究信任的影响因素，在对各种信任理论综述的基础上建立信任影响因素的一般分析框架，然后在此框架上分析控制与信任的关系。

三、人际信任的影响因素

到目前为止，还没有一个得到公认的信任概念，分歧主要表现在对信任的目的性、信任的来源、信任的形成机制等方面的认识上。尽管信任定义存在着广泛的分歧，但大多数定义有着一个共同的核心观点，那就是信任是一种期望（expectation），是一种心理状态。施信方正是根据这种期望来采取行动的。受信方可能采取与这种期望相违背的行为，所以施信方根据信任采取的行动具有风险性。这种信任的风险性和脆弱性在根本上是由环境不确定性决定的，而信任也只有在环境不确定的情况下才有存在的意义。

本文采纳Robbins（2001）归纳的信任定义，并考虑了上面的观点：信任是在不确定的环境中，一方据以行动的，对他人不会采取机会主义行为的期望。

那么，信任是怎样做出的呢？或者说，信任决策的影响因素有哪些？一种信任决策模型必须能够解释不同组织间信任的差别，同一组织内部不同人群信任的差别，不同人对同一对象的信任差别，同一人对不同对象的信任差别等。

本文考虑了信任的主体、客体，双方的关系以及信任所针对的事件几个方面对信任形成的影响。这种方法是对以往信任研究各个学派的一个综合，从分析而不是实证的视角出发，能够比较系统地对人际信任的影响因素做出一个富有逻辑性的整合。

（一）施信方的影响因素

对于同一个对象，不同的人会形成不同的信任心理，这说明施信方自身的因素对信任的形成具有很大的影响。

心理学的研究表明，一个人的生活经历和对人性的看法会使他形成一般性的对他人的可信赖程度的概化期望（generalized expectancy）或信念。这种特质性的信任倾向的形成受到社会文化传统、个人早年经历、社会化过程中的其他比较大的事件等因素的影响，一旦形成则难以改变。

另一个影响信任形成的施信方因素是个人的相对易损性。由于信任不可避免地带有不确定性，受信方违背信任而给施信方带来损失的可能性总是存在的，此时，施信方对这种损失的承受能力就很关键。以往研究指出，施信方所拥有的各种资源，如收入和财富、稳定的工作、权力、教育、社会网络等，对信任的形成具有很大的影响，拥有的资源越多，其相对易损性越低，则施信方更倾向于信任对方。

（二）受信方因素的影响

对受信方因素的研究是最受关注的。以往的众多研究将受信方是否值得信任的特征称为可信度（trust worthiness），并列出了刻画可信度的众多指标，如正直、能力、一致、开放、忠诚等。

这些研究一般采用实证归纳的方法，缺乏一种逻辑的、演绎的解释。从信任概念的本质出发，本文认为，信任的建立依赖于对对方行为的规律性以及对对方行为意图的善意的考察。对行为规律性的考察是为了有效预测对方今后的行为，从而减小信任的可能风险。对对方意图的善意的考察是为了判断对方有意采取伤害性行为的可能性。我们将对行为规律性考察的结果称为可预测性，将对善良意图的判断结果称为可接受性。对受信方进行考察的这两个方面共同起作用，只有两方面的结果均满足要求才能建立起信任关系。

从这种研究视角出发，我们可以对以往的可信度研究结果进行分析。以往可信度影响因素研究中，一致性、谨慎、开放、履行诺言等可以视为对可预测性的考察，强调受信方以往行为的规律性，而正直、忠诚、公平、仁慈等是对可接受性的判断，亦即对受信方善意程度的考察。其中，还有一个重要的因素，即能力，本文认为是由对信任所针对的事件的考察而决定的，在下文关于事件区分性的分析中将对此进行详细的讨论。

（三）双方关系的影响

很多学者重视双方关系对信任建立的影响。关系是在人际交往中形成的，意味着相互的义务，回报性的义务是关系的核心因素，而义务感会使人做出值得信任的行为。一个人如果不履行自己的义务，他就会失去面子，不仅会受到别人的谴责，而且可能会付出极大的代价——失去关系网及其中所包含的社会资源。

本文认为，关系之于信任的作用机制在于，一方面，关系是在双方交往之中形成的，这意味着施信方对受信方的可预测性及可接受性的一定程度的认可，不然，双方的关系就难以保持下来。同时，关系也隐含了对其能力程度的考察。总之，双方关系的存在意味着彼此的较高的可信度感知，从而有利于信任的形成。

另一方面，双方关系的长期存在可能发展出较强烈的情感，亦即在可预测性与能力感知一定的情况下，可接受性得到大幅提高，使得信任能够发展到较高的程度。按照这个观点，以前研究者提到的情感信任和善意信任都源于双方关系中的较高的可接受性。

（四）事件因素的影响

针对不同的事件，人们的信任态度也会不同。本文认为，针对特定事件的信任是最为基本的人际信任形式，其范式为：X信任Y会做A事。从这个视角出发，可以将"X信任Y"这种形式的信任视为前一种形式的简化，是对事件的一般化。

因为受信方所承诺的事件对能力的不同要求，事件区分性首先要求施信方对对方的能力进行考察。如果其他条件满足要求，当受信方的能力足够实现其承诺的事件时，施信方将给予信任；当施信方认为受信方的能力不能实现其承诺的事件时，将不会给予信任。

另外，事件的互惠性程度对被感知的受信方可接受性提出了不同的要求。当事件的互惠性很强时，带给受信者的利益将较大，受信方将更多地在利己的驱动下实现其承诺，此时，对其可接受性，即善意的要求较低；当事件的互惠性较弱时，则对受信方的可接受性提出了较高的要求。按此分析思路，对于与施信方有着亲密关系的家人，因为可接受性较高，在大多数事情上可以放心地给以信任；而对于没有关系的受信方，施信方则会较多地考虑事件的互惠性，审慎地给以信任。

（五）一个整体性的人际信任分析框架（见图1）

以上分析可以用如下模型进行表述：

传统、习俗、制度等环境的因素会对以上各个方面产生影响，但是，由以上分析可知，信任倾向是由文化传统、成长环境、幼年经历等决定的，一经形成则不易改变；承受能力是到目前为止施信方积累起来的资源数量，是一种既定的状态。基于如此考虑，本文将其视为控制变量，而将受信方的可信度，作为关注的重点，探讨控制对可信度的关键因素，即可预测性和可接受性的影响，最后在此基础上确定控制与信任的关系。

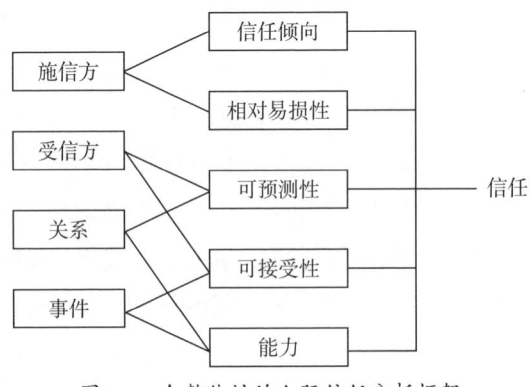

图1　一个整体性的人际信任分析框架

四、控制与信任的关系

（一）控制与可预测性

本文所讨论的控制主要是指组织内的各种正式制度，这些制度试图从各方面规范组织成员的行为、态度，并且指定了组织内事务处理和正式信息沟通的渠道和程序。

控制对信任的影响主要体现在对可预测性行为的强化或者削弱。有效的控制可以规范组织成员的行为和态度，使得员工行为的规律性有所增强，从而提高可预测性，有利于组织内信任的形成。基于这个原因，当组织内的控制从无到有，从不完善到健全，从组织成员的被动遵守到内心认同时，组织成员之间的信任也会得到加强。组织内的控制与组织内成员的行为的可预测性的关系如图2所示。

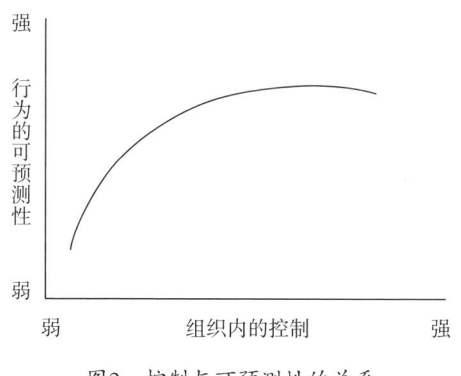

图2　控制与可预测性的关系

同时，我们也可以合理地预计，在组织内控制从无到有的过程中，控制对可预测性的边际作用是不同的。在组织控制发展的初期，控制的力度和幅度都相对较小，此时随着控制总体强度的增加，员工行为的可预测程度会有明显的增加，表现为图中曲线上升得很快，曲线斜率较大。当组织控制已经比较完善和全面时，控制的增量对员工行为的可预测性的影响将会变小，图中曲线趋于平缓，斜率较小。

（二）控制与可接受性

控制在影响可预测性的同时，对可接受性的判断也具有影响，但是控制对可接受性的影响较为复杂。

在现代社会，加入一个组织往往是一种自愿的行为，而且在一个人员流动加剧的社会里，组织成员的退出成本相对较小。组织成员选择加入一个组织，会权衡利弊得失，并考虑该组织和自己的价值观有无冲突，如果利益上对己有利、机会成本较小，并且价值观上没有冲突，或者冲突较小，则选择加入；如果机会成本上升，或者价值观上有较大冲突，组织成员则将选择退出。

组织成员的自愿加入和退出表明了组织成员对组织具有一定的接受程度，而这种对组织的接受又会反映到组织成员的行为与态度上，努力寻求和谐。这种情况表明了组织成员在一定程度上存在着共同的利益追求和价值取向，这种共同的利益追求和价值取向使得组织成员之间对彼此的行为和意图能够接受，具有一定程度的认同，虽然认同的程度可能并不高。

在组织内控制逐渐加强和完善的过程中，组织成员的行为会逐渐趋同，成员之间行为的可接受程度逐渐提高。但是，在根本上，控制反映了对组织成员的不信任，如果控制的力度和范围超过了一定的限度，或者控制强化的速度过快，组织成员就会对组织产生反感，严重时可导致组织成员的退出。在这种情况下，组织成员都受制于外在的强制，而无从判断彼此的真实行为意图，因为其行为意图都被掩盖了。而且，控制的过分强化会使得组织成员相互戒备，以免泄漏自己与组织的不协调而招致组织的惩罚。总之，随着组织控制的强化，成员之间行为的可接受程度在起初会上升，但随着控制的强度超过一定程度，可接受程度会下降，并且组织控制强化的程度越高，强化的速度越快，可接受程度下降得越多。组织内的控制对组织成员之间的行为的可接受性之间的关系模型如图3所示。

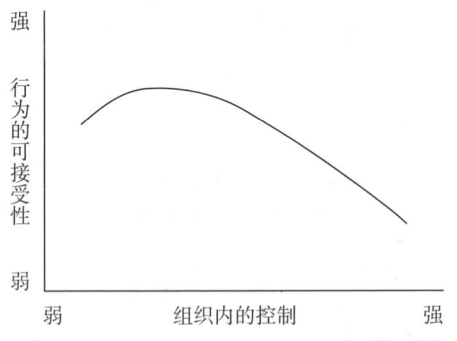

图3 组织内的控制与行为可接受性的关系模型

(三)组织内的控制与信任的关系模型

综上所述,组织内的控制与信任的关系模型如图4所示。在组织内控制强化的初期,组织内成员的行为可预测性快速增强,同时,可接受性也有一定程度的增强,两者导致组织成员的可信度得到提升,从而导致组织内的人际信任得到加强;在组织内控制强化的后期,可预测性虽然仍然会增强,但增幅减缓,同时,可接受性急剧下降,两者的综合效果导致组织成员的可信度下降,最终导致组织内的人际信任减弱。反映到图中,曲线在前半段上升,在后半段下降。

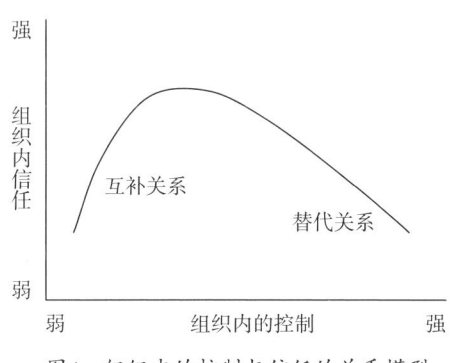

图4 组织内的控制与信任的关系模型

以上主要是从控制对信任的影响角度进行分析的,信任对控制也存在着影响。在组织内,成员为了有更好的工作质量(同事间的良好合作以及融洽的人际关系等),有强化人际信任的要求。这种要求的达成,客观上要求强化组织内的控制,以约束和引导组织内成员的行为。完备的控制体系限制了风险的范围和程度,对不合作行为进行惩罚,并提供了特定的方法、政策和程序以处理合作中的意外事件,这些都有助于信任的建立与维护。此时,控制和信任更多地体现出一种互补关系。

而当组织内的信任已经达到一定程度,良好的信任本身就是一种自我强化的行为,信任能够带来信任,成员之间具有较高的可预测性和可接受性,此时信任对控制的需要下降,过度的控制反而侵蚀了信任的基础,散布了一种不信任的氛围。此时,控制和信任更多地体现为一种替代关系。张维迎(2003)在政府管制对企业的信誉影响的研究中认为,政府的管制越多,权力越大,自由裁量权就越多,未来就越不确定,越不可知,企业和个人就越不考虑未来,就越不讲信誉,从而管制阻碍了信任的形成。在组织内,过多的制度约束也有类似的效应。

五、结论

在对以往人际信任影响因素研究综述的基础上,本文提出了一个信任影响因素的分析框架。在这个框架中,信任的决策受到五个因素的影响,即信任倾向、承受能力、感知的可预测性、感知的可接受性、感知的能力。前两个因素是施信方的特征,后三个因素是受信方的特征,其中,可预测性和可接受性构成了受信方的可信度。

在控制其他因素的情况下,本文从理论上探讨了控制对可信度的影响,并在此基础上确定了控制与信任的关系。分析认为,控制可以提高组织内成员的行为可预测性,但对可接受性的影响比较复杂。在控制强化的初期,可以提升可接受性,但控制的过分强化,则对可接受性具有不利影响。总体来看,控制的适当强化,可以提升组织内的信任水平,但控制的过分强化,则有损于组织内的信任。

在本模型中,没有考虑控制与信任倾向、相对易损性及能力感知之间的关系,而这些关系很可能是存在的,如当人们长期处于一个强烈依赖正式制度控制的环境中,很可能会改变一个人的信任倾向,这将是后续研究所需要补充的地方。同时,模型的解释能力仍需要得到实证的检验,这也是下一步研究的课题。

本研究对管理实践的启示是明显的,特别是对企业的成长管理。在企业的高速成长过程中,企业管理层的一种迫切的倾向就是加强对组织的控制。正如本文表明的,这种控制的强化在一定程度上能够提升组织内的信任,从而增强企业的竞争能力。但是,不应盲目地依赖控制,过分的控制会导致组织内的信任水平下降,从而损害企业的能力。

(原载:《南开管理评论》,2006年第2期;合作者:马明峰)

企业人力资本投资风险和控制

1960年舒尔茨在美国经济年会上发表的《人力资本投资》演讲，打破了西方经济学中关于资本只以物的形式存在的传统概念。舒尔茨强调："人力资本与物质资本和金融资本具有共性的同时，更有其差异性，这种差异性主要表现为人力资本是能动性的资本。"其共性表现为人力资本和物质资本、金融资本一样，都具有资本的二重属性，即投资的收益性和风险性；其差异性表现为人力资本是依附于人身上的一种资本，"没有人能把自己同他所拥有的人力资本分开。他必将始终带着自己的人力资本，无论这笔资本是用于生产还是用于消费（舒尔茨）"。这就注定对企业人力资本投资风险的管理要比对物质资本和金融资本的投资风险的管理更为复杂。

一、人力资本投资的特点

（一）投资对象的能动性

人力资本是相对物质资本和金融资本而言的，是指通过教育、培训、流动、卫生保健等投资形成的，体现在人身上的健康、知识、经验、技能、智力的总和，其形成是投资者对未来的人力资源主体进行投资的结果，投资的对象是人，而人是"活的"，具有主观能动性。

（二）投资主体多元性

人力资本的投资主体主要由国家（社会）、家庭、公司（单位）、个人组成。这几者的投资动机和投资期望呈现多样化的特征。人力资本投资主体的多元化导致了不同的投资主体获取收益的期望和目的不同。

由于人力资本依附于人身，与资本承载者具有不可分性，人力资本的承载者

必然成为人力资本的"天然"所有者，独占人力资本所有权。这就出现了人力资本承载者与其他人力资本投资者如何分享人力资本产权的问题。又由于人力资本承载者与其他所有者在人力资本形成过程中的投资比例难以确定，因而也无法准确地进行人力资本投资收益分割。

（三）投资过程连续性

人力资本投资并不总是表现为边际效用递增，边际效用递增是基于投资过程连续、相继的假设条件。如果不对人力资本进行连续的投资，资本本身所具有的价值就会随时间的推移、科技的进步和环境的改变而贬值，表现为边际效用递减的趋势。

（四）投资收益的间接性

人力资本投资不直接作用于生产过程，也不直接生产物质财富，因而投资收益无法通过物质生产过程直接反映出来。而且，人力资本投资并不完全转化为使用价值，投资收益也不全部以使用价值的形式体现出来，而是以其他形式，例如提高人们的道德、文化等修养，使人获得精神上的满足等表现出来。因此，要找到精确计算投资收益的方法是很难的。同时投资收益的间接性使得建立人力资本产权结构非常困难。

（五）投资不具货币让渡性

对个体所进行的人力资本投资，无法由投资机构或个人像买卖商品或进行物质资本投资那样，自由让渡并收回全部投资，更遑说像货币资本那样让渡的利息。

二、人力资本投资的风险

（一）环境风险

1. 折旧风险

折旧风险是指由于科技进步、科技创新而带来的风险。企业为一项新的工艺、新的产品、新的技术进行的人力投资，有可能因为外部的科技突破而致使企业投资开发的工艺、产品和技术变得落后、陈旧，进而使得原来投资的人力资本贬值。

2. 政策风险

政府宏观经济政策调整，行业标准、行业政策的调整都会给企业的人力资本投资带来非常大的风险。

3. 市场风险

市场瞬息万变，当市场需求发生变化，企业的产品和技术、服务等因而出现衰退、落伍时，不管企业是否采用新的战略、改变经营方向，因市场变化而导致的人力资本投资风险都不可避免地存在。

（二）管理风险

1. 道德风险

人力资本的载体是人，人力资本与物质资本的差异性在于不同的人有不同的价值取向、精神追求、个人目标等。因而当企业不能很好地满足或者契合上述需求时，作为人力资本载体的人总是希望通过不断地流动来满足自己。这样，人力资本的依附性、非独占性以及投资收益的动态性、长期性等特征决定了人才的流失将使企业蒙受很大的损失。员工透露商业机密、消极怠工等行为是企业人力资本投资道德风险存在的又一种表现形式。

2. 对象选择风险

人力资本投资对象的价值观、个人目标、性格志趣、背景经历、能力和专业知识等应该与企业的文化和具体的工作岗位要求相切合，又由于人力资本投资连续性和收益的长期性，还要求投资的对象具有较好的成长性。然而，企业在实际的对象选择时很难甚至无法逐一精确地考察这些指标。

3. 中断风险

中断风险一般由两种情况组成。一是因人力资本投资的中断，从而导致人力资本产出的边际效用递减或者贬值。这种情况是由人力资本投资连续性决定的。二是人力资本的载体在投资回收期内发生了地区的迁移或者生命或劳动能力的丧失，使得人力资本价值的部分或全部的丧失。

三、企业人力资本投资风险控制

（一）建立科学的人力资源管理系统

1. 工作分析

工作分析是一项被用来确定某一项工作的任务与性质的程序。通过这一程序，企业可以结合自身的特点来设置工作岗位，明确岗位职能与责任，明确需要什么样的人来从事什么样的工作，做到因岗设人。工作分析所提供的有效信息包括：人力资本要在哪项工作上发挥作用，工作的任务有哪些，这项工作的特点以及具体的素质要求是什么等。如果工作分析这一环节出现偏差，导致企业聘用了不合适的员工，就会造成人力资本投资的不足或浪费。

2. 人员测评

如果说工作分析的目的是企业明确需要什么样的人来从事某一工作，那么人员测评的目的是保证什么样的人适合从事某一具体工作。人员测评可以借助现有的比较先进的人员测评技术，例如卡特尔16种人格因素、Y-G性格测验、艾森克个性测验。

3. 职业生涯规划

做到人岗相配还只是基础性的工作，为获取最大的人力资本投资收益与最小的人力资本投资风险，必须考虑人力资本载体的成长和发展，也即要根据企业的战略发展和员工的志趣、目标、能力、潜力等为员工进行科学合理的职业生涯规划，并且积极地为员工职业目标的实现创造有利条件。

（二）建立合理的企业激励约束机制

1. 科学的绩效评价

美国心理学家斯金纳提出的强化理论认为，人的行为具有有意识条件反射的特点。

2. 良好的薪酬福利制度

人力资本价值的发挥在很大程度上取决于资本载体的意志和外部的激励，企业如在收入分配制度、福利保障制度等方面不断创新，就能为人力资本价值的发挥创造一个良好的企业环境，使其作为个体投资主体的收益得到满足，减少中断风险，实现资本投资收益的最大化。

3. 健全的约束机制

通过企业与人力资本载体之间合理的契约,把人力资本投资可能的风险损失与收益联系起来,实现企业与资本载体之间的利益均沾与风险共担,分散有可能出现的投资风险。

(三)加强人力资本投资风险的审计

1. 环境风险审计

审查企业是否对宏观政治经济形势变化和本行业有关的法律、法规、政策的最新变化进行识别和跟踪,是否据此对人力资本投资进行调整以及调整是否有效,是否对本企业的产品、技术和服务的最新情况和未来的发展趋势进行识别和跟踪,是否据此对人力资本投资进行调整以及调整是否有效,是否对本企业的产品、技术和服务的市场需求变化进行识别和跟踪,是否据此对人力资本投资进行调整以及调整是否有效等。

2. 管理风险审计

审查人力资本投资目标是否与企业的战略目标相一致;审查企业的人力资本投资决策假设是否合理,所用的基本数据是否完整,来源是否最新、可靠;审查企业是否有全面的工作分析和翔实的人员测评;审查企业的薪酬、福利培训等制度是否严格执行;审查企业的人力资本监督、约束、预警机制是否正常运作;审查人力资本投资方面的会计信息和报告是否健全等。

3. 建设良好的企业文化

企业文化因为具有使企业保持旺盛的活力和竞争力的激励功能而受到企业的青睐。企业文化的激励是隐性的、长久的,企业的价值观、企业的形象、企业内的典范人物对员工的激励作用是其他激励措施无法取代的。这就是一些企业的薪酬福利比其他企业低反而能留住优秀人才的原因。因而建设良好的企业文化是企业增强防御人力资本投资风险能力的有效措施。

(原载:《商场现代化》,2005年第33期;合作者:任志龙)

组织与文化管理

基于中国的人力资源管理实践中的科学问题

人力资源管理的系统方法（简称人力资源管理）近年来在中国取得了一定的进展。中国在改革开放之前以及市场经济过渡时期的工作体制通常被称为"铁饭碗"。这种人力资源管理的方法一般基于以下类型的雇佣关系，即提供给员工安稳的工作；作为代价，员工在工作单位的调动（如员工的离职或应聘其他工作）上只享有非常小的自由；与此同时，管理者也不能解聘那些不合格或者生产效率低下的员工。但在今天，很多中国组织都意识到一个公平、程序公正的环境，外加契合中国情景的合理的管理实践正在成为吸引和留住员工最重要的方式。就其本身而言，上述市场的补偿是不可能实现这些目标的。

有学者曾指出，"直到最近，中国一些国有企业的人事职能还仅仅限于工作分配、人员备案以及提供社会福利。人事管理的首要任务成了保持员工在政治思想上的正确性。那些看似与西方同行相似的人力资源管理职能并没有真正地体现在这些中国员工身上"。目前，这种分析促使一些学者提出了中国人力资源管理面临的四大挑战：①缺乏系统的方法将人力资源管理同企业的经营战略联结起来；②尽管拥有大量的劳动力，但很多企业却面临招聘和留住人才的问题；③在绩效管理、奖励以及长期激励间缺乏系统的联结；④企业在人员培训上缺少凝聚力和持续力。

上述这些概括，未必适用于每个单独的中国企业。当前的研究也已清晰表明了不同类型的中国企业之间的差异，因此强调这一点非常重要。本文的后续部分将报告一些最新的研究成果，这些成果可以解决上述四大挑战中的第一项挑战，或者说是人力资源管理实践中的科学问题，本文将其称为有效的人力资源管理与企业经营战略的联结。

一、首要挑战：人力资源管理与企业经营战略的联结

所谓战略，是指一个组织为了定位其获得持续成功而做出的一些决策、流程以及选择。这些决策、流程以及选择界定了企业在市场中的竞争定位。这一定义也包含了那些不是企业的组织、在非市场环境下运作的组织，以及那些在定义战略成功上不使用财务或竞争性结果的组织。尽管如此，战略是最为基本的要素，包括定位、决策、利益相关者以及动态性，因此，可应用于所有的组织。

人力资源战略同样是一种战略，其助力于经营战略的执行。人力资源战略指的是组织就人力资源以及如何对人力资源开展组织所做的各种流程、决策、选择。人力资源战略的提出通常与组织的战略保持一致，通过劳动力的安排和劳动生产力的创造为组织战略目标的实现提供必不可少的支持。这就需要重点关注组织对重大变化所做的规划，并且要聚焦于以下关键问题：①提出的组织战略对人力资源而言意味着什么？②可能的外在约束和要求是什么？③组织战略对于管理实践、管理提升以及管理成功而言意味着什么？④在短期内可以采取哪些措施来为长期的需要做准备？以这种方式来进行战略人力资源管理，一个企业的经营战略同其人力资源战略就会彼此依存（见图1）。

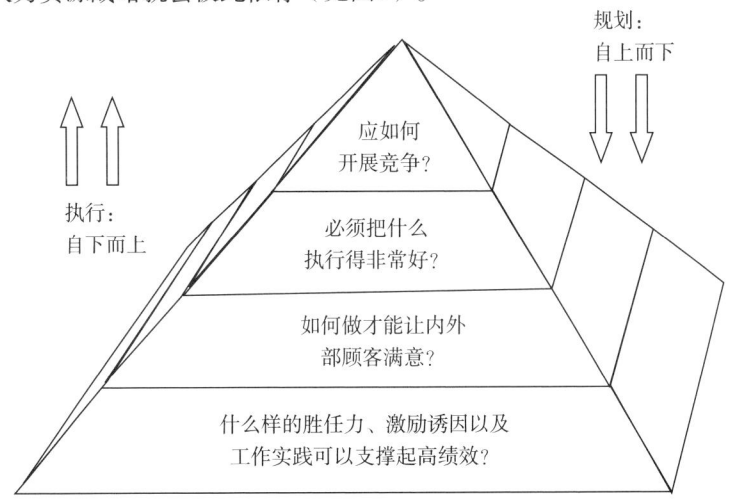

图1 人力资源战略与更广泛的经营战略的关系

由图1可知，规划是一个自上而下的过程，而执行则是一个自下而上的过程。图1中的模型有4个联结，以"应如何开展竞争"这一最为基础的问题作为开端。企业可能会在一系列非独立的维度上展开竞争（如创新、品质、成本领导者

或者速度）。企业只有理解了如何为了市场中的经营而竞争，才有可能确定为了竞争而必须执行的正确的业务或组织流程（如快速履行订单）。当流程被很好地执行后，组织通过高绩效来令内外部的顾客满意。

一般而言，高绩效工作实践包含以下5个特征：①将责任落实到在较为扁平的组织中执行操作的员工；②人力资源管理者对员工的直接主管加强关注；③优先将学习注入整个组织体系中；④将决策制定权下放给自主的单元和员工；⑤将员工的绩效测量与财务绩效指标相联结。为了管理和激励员工努力实现高绩效，正确的胜任力、激励诱因、工作实践必须全部到位。执行过程自下而上，恰当的胜任力、具有挑战性的激励诱因和工作实践激发出高绩效，从而提高内外部顾客的满意度。反过来，这也意味着经营的过程得到了有效的执行，从而使组织在市场竞争中处于优势地位。

人力资源的数字化测量覆盖了整个模型。人力资源的数字化测量应当反映出个体、团队以及组织绩效的关键驱动力。当这些因素被调动起来时，组织才可以测量什么是真正重要的。为了更好地结合图1说明有关模型在现实中的应用，现以美国一家总部设立在德克萨斯州休斯顿的企业——西斯科公司为例进行说明。

二、西斯科公司背景

西斯科公司是一家销售额达到393亿美元的企业。该公司是营销和分销食品到餐厅、健康和教育机构、酒店和旅馆以及其他餐饮服务和酒店业务的全球领导者。尽管该公司不生产任何食品也不拥有任何餐厅，但却提供了连接食品服务链两端的路径。西斯科公司每年会将超过10亿箱的食品和相关产品传递给来自美国、加拿大以及世界各地的40多万家顾客。该公司通过94家本地化的运营公司构成的网络来服务这些顾客，将产品传递给独立的和连锁型的餐厅顾客，以及包括体育场馆、医疗保健和教育机构等其他食品服务场所。西斯科公司8000名本地化的市场专员会与顾客进行密切合作，以此来识别并满足顾客的需要。

三、通过人力资本创造价值

西斯科公司首先开发了一条逻辑联结链条，来帮助人力资源的内外部领导者理解如何通过公司的人力资本来创造价值。然后，西斯科公司开发了用来评估模型中联结统计关系的测量模型。尽管该模型包含了对创造顾客价值更为描述性的解释,并且范围更加宽泛,超过服务业本身,但该模型的基础仍然是服务—利润链。(见图2)

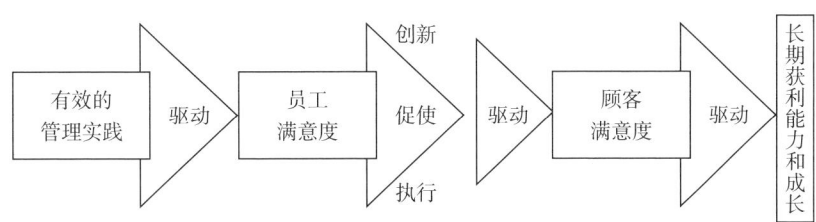

管理实践:领导力支持 一线主管 奖励 生活品质 多元化 参与

图2 西斯科公司的价值-利润链

由图2可知,有效的管理实践会驱动员工的满意度和敬业度。高满意度和高敬业度的员工会帮助企业在创新和执行上追求卓越。从逻辑上讲,员工的满意度和敬业度高便会驱动创新和执行,进而提高顾客满意度,促成顾客的购买行为,使企业最终赢得长期的获利能力和成长。当然,还必须有管理,即制度、人员、技术和流程,这些因素会启动并维持创新和执行,构成了有效价值—利润链的重要组成部分。企业的竞争对手可以容易复制企业的技术和流程,但难以模仿企业拥有的高水平技能、高度承诺以及充分敬业的员工。

图2中所列举的管理实践称作五星级管理模式,该模式是基于以下5个基本原理:①确保领导者提供了指导和支持;②加强一线主管;③绩效奖励;④改善员工的生活品质;⑤通过员工参与和发挥多元化员工的杠杆作用来接纳员工。五星级模式全部是围绕着对于人的关心,就像管理者尊重外部顾客一样,同样的尊重也应该延续到员工身上。该模型框架可以应用到各种结构和经营模式的企业,可令企业的经营得到全方位的实际执行。在西斯科公司,每当一个管理者或员工入职时便会被介绍这个具有说服力的模型。

四、测量管理实践的有效性

围绕着五星级管理模式中的每一个基本原理,西斯科公司都会开发出一套工作氛围或者员工敬业度调查问卷。每个西斯科运营公司的成员都会依此进行全面的年度自我评估。除此之外,根据实际需要,西斯科公司也会对员工进行随时的、非正式的评估。

在管理实践上得高分还是低分是否非常重要？是否对表现更加出色的运营公司和更差的运营公司进行区分？有两类证据可以表明答案是谨慎肯定的。Carrig等（2006）的研究表明，拥有较高员工满意度的西斯科运营公司可以持续获得来自顾客的最高评分，并且能够更好地留住诸如市场专员和驾驶员之类的员工。但与此同时，有关因果关系还不是很明显。例如，高满意度和敬业度的员工是否会提升顾客的忠诚度？如果拥有忠诚顾客的公司可以提供更多的工作奖励，那么是否会因此提高员工的满意度和敬业度？根据Carrig等研究提供的描述性数据，还不能简单地加以确定。在第二项分析中，Carrig等（2006）研究了根据一个财政年度前6个月收集的工作氛围或员工敬业度分值、生产力，以及员工保持率与运营公司占企业全年税前收入比重的相关性。复相关系数为0.46。这是一个具备统计效力的结果，因为其显示了这3项人力资本数字化测量的分值会作为产生财务绩效的主要指标。税前收入有46%的变化与这3项员工相关变量的变动有关。这就引起了管理层的注意。

五、发挥最佳实践的杠杆作用

西斯科公司对于每一个运营公司的绩效评价都是基于平衡计分卡的数字化测量，包含财务、运营、人力资本、顾客绩效4个方面。工作氛围或员工敬业度调查问卷的得分构成了人力资本数字化测量中的一部分，外加上生产力的测量（如每运送10万个箱子需要多少员工）和员工保持率测量（如市场专员、司机以及夜间库管人员的人员流失情况等）。

如前文所述，西斯科公司拥有一个由94家自主运营的公司构成的分权化的组织结构。西斯科公司采用的是组织范围内的奖励机制，以鼓励自主运营公司的管理者彼此共享信息并在组织内传递最佳实践。西斯科公司在公司内部网上构建了一个名为"最佳经营实践"的门户网站，以此为组织范围内的改善提供平台。该网站设计提供的框架可以为管理者做两件事情：共享管理者运营公司成功实践的信息；借鉴其他西斯科运营公司的最佳实践案例。

六、人力资源战略的财务影响

西斯科公司将留住市场专员和驾驶员的分析上升到另外一个层次，对于这两组群体的员工,西斯科公司估算了员工离职的全部负荷成本,包括分选成本、重置成本、培训成本。例如,在2000年,这两组群体员工的保持率分别为75%和65%,到了2005年,这两组群体员工的保持率分别提升到了88%和87%。西斯科公司进而估算了这两组群体的重置成本和培训成本,如每个市场专员为5万美元,每个驾驶员为3.5万美元。假定每个经营单元有100名员工,从2000~2005年,每个经营单元在市场专员和驾驶员这两组群体的员工保持率上就分别节省了(根据没有发生的成本)65万美元和77万美元,总共的节省数额为142万美元。以1万名员工来算,从2000~2005年,全部种类员工保持率的提升带给企业范围的节省额总计为1.565亿美元。这些数字已经非常可观,但当时的西斯科公司的首席管理官看到的还不只是这些。根据首席财务官的数据,西斯科公司每500万美元的储蓄意味着每股1美分。离职成本的1.565亿美元的总节约就意味着每股31.3美分。

七、西斯科公司的人力资源管理

通过确定什么样的管理实践和流程来驱动人力资源指数,以及随着时间的推移其是如何来影响财务结果的,西斯科公司的运营官就可以此来评价公司的人力资源战略的影响。这些战略是发挥图2中所展示的经营模式关系链条的杠杆作用的关键。通过清晰地示范企业是如何从人力资本入手创造价值,以及之后对于该经营模型中各种联结的测量可以看出,人力资源管理不仅仅是一个经营手段,而且更是西斯科公司经营成功的一种驱动力。

西斯科公司的案例很好地说明了一个企业如何将其人力资源战略与其经营战略相联结。这样的做法可以让企业有效运营,以及使企业能够聚焦于成功经营基本要求所直接相关的各种人员管理实践。与此同时,这些人员管理实践能够提升员工工作和生活的品质。这对所有企业的利益相关者而言都是共赢的。

人力资源管理与企业经营战略的联结仅仅是人力资源管理实践中的一个科学问题。需要指出的是,提出这一基本的问题并做出正确的理解是关键所在,因为人力资源与经营战略的联结是解决本文提出的中国人力资源管理的另外三大挑战的基础。

(原载:《管理学报》,2013年第3期;合作者:韦恩·F.卡西欧,刘祯,徐梅鑫)

组织支持资源影响员工幸福感的内在机理:基于视睿科技的案例研究

一、研究背景

在当前复杂多变的社会背景下,传统的人力资源管理方式逐渐对员工频繁跳槽、人际间冲突、工作倦怠等问题失去效力。如何对员工进行有效的管理,激发其工作积极性与主动性已成为所有企业需要思考的问题。实际上,要解决上述问题,管理者首先要了解员工的需求及工作的动机,才有可能采取合适的管理措施。"工作不创造幸福,但有助于得到幸福",博德洛与戈拉克将工作解释为员工获得幸福的一种媒介。工作是员工能力得到充分发挥的一种重要渠道。为了获得赖以生存的工资收入、获得自身的充分发展,人们选择了工作。然而,如果工作本身仅仅是作为获得幸福的一种媒介,则无法解释工作场所中出现的类似组织公民行为等现象。人们选择工作还存在着另外一种动机,就是希望能够从工作中获得幸福感。目前,员工幸福感逐渐成为影响员工工作热情和积极性的重要指标。William(2001)指出,如何获取、保存以及恢复幸福是所有时代绝大多数人们行为背后的动机。鉴于此,如何提高员工幸福感成为理论界与实践界共同关注的重要问题。

员工幸福感是一种可测量且可开发的积极心理状态,长期来看,幸福感高的员工比幸福感低的员工有更大的工作成效,且更具稳定性和生机活力。幸福感作为积极组织行为学领域中的研究热点,已有研究主要涉及幸福感的概念、幸福感的测量、幸福感的影响因素、幸福感对绩效的影响等方面。前人从不同角度研究了员工幸福感的前因及结果变量,为理论的进一步深化提供了有益的积淀。然而,现有大部分文献都从构念本身或者现有构念之间的关系出发进行研究,并没有厘清在企业管理实践中员工幸福感的内在机理，无法为企业的员工幸福管理提供有益的建议措施。由此，有必要从组织支持资源角度出发，来审视组织如何采取措施以提高员工幸福感。

二、理论回顾

在哲学思想史上，关于幸福的思考由来已久，理性主义与感性主义的争论一直存在。基于不同的哲学传统，心理学上形成了两种取向：主观幸福感和心理幸福感，分别对应伊壁鸠鲁的快乐论和亚里士多德的现实论。在主观幸福感领域，幸福感被认为是评价者根据一定的标准对其生活质量的综合性评价，是衡量个人生活质量的重要综合性心理指标。Diener（2000）把幸福定义为人们对生活的积极情感和认知评价。在后续的研究中，他将员工幸福感分为工作中的积极情感、工作中的消极情感、对于工作的整体满意度和对于工作不同领域的满意度。目前，对员工主观幸福感的结构维度可以划分为积极情感、消极情感、整体满意度及领域满意度。作为心理幸福感的代表人物，Warr（1990）认为，员工幸福感的研究包含了行为和动机两个方面。心理幸福感被视作一个比工作满意度更广泛的混合变量，个体在工作情境下的幸福感主要由情绪体验和认知体验两个部分组成。幸福感不仅仅指获得快乐的感受，个体能否通过发挥自身所包含的潜能以达到自我追求目标的完美体验，是决定人们是否具有幸福感的主要内容。虽然，学者对于心理幸福感的维度划分不尽相同，但主要包括了积极情感与个人发展这两个方面的相关维度，这与Warr（2006）早先提出的情绪体验和认知体验大致对应。

虽然，对于幸福感的概念及其包含的维度尚未形成统一的认知，但从总体上可以认为，幸福感是一种积极情感与心理体验。推演而来，员工幸福感就是指员工在工作场所中的积极心理健康状态，反映了个体在工作中的生理唤醒状态和心理满意水平，是衡量组织员工心理健康的指标。从研究脉络而言，已有研究除了涉及员工幸福感的测量、验证以及如工作绩效、工作满意度及组织承诺等产生的影响之外，理论上还就员工幸福感的影响因素进行了探讨。影响员工幸福感的因素很多，包括人格与人格特质、积极的心理资源、工作特征（工作要求与工作控制、工作需求与工作资源、工作复杂性）、工作安全感等。此外，个人需要、企业规章制度、社会整体环境等因素都在不同程度上影响着员工幸福感。尽管已有研究从个人、企业及社会这三个层面探讨了影响员工幸福感的因素，但由于立论基点的差异,相关研究在影响方式及机理之间存在分歧。例如,在个人层面上,虽然学者们证实了个人的人格特征会对员工幸福感产生影响,但对于其作用机制与方式在部分要素的理解上存在差异。在企业层面上,即便是相同影响因素的考察也会出现差异,结论不一致的现象经常出现。在社会层面上,由于涉及的范围之广以及外部环境的不可控性,通常是作为调节变量出现,就目前而言,这一层面的研究主要集中于幸福经济学领域。

从企业层面出发,结合理论与实践,组织支持资源对员工幸福感的影响逐渐引起人们的关注。这一方面得益于大量研究表明,幸福感高的员工同样也是高效的员工,员工幸福感对提高工作绩效、工作满意度、组织承诺以及降低缺勤率和离职率等均具有积极作用。幸福感高的员工一般都拥有积极的情感,这种正性特征会让人变得更加富有创新性和灵活应变的能力,也更易在组织中体验到社会支持感,帮助其更好地投入工作中。Wright(2004)等的研究进一步证实幸福感能比工作满意度更好地预测工作表现。鉴于此,企业要吸引人才,必须关注员工的幸福指数,这也是企业要在现今激烈的竞争环境中获得竞争优势不可忽视的一环。另一方面,对于员工幸福感的关注引起企业对如何提高员工幸福感的思考。企业在员工幸福管理中开始尝试各种举措以期提高员工幸福感,并使其工作绩效得到改善,这些举措可以从组织支持资源角度进行考察。组织支持资源是指一种由组织提供给员工的包括物质与精神形式的奖励,涉及物质的、心理的、社会的或者组织的多个方面。组织支持资源不仅可以促进员工工作目标的实现,激励个人成长和发展,还能够满足员工的社会情感需求。如果员工感受到组织愿意为他们提供多方面的支持,那么员工就会为组织的利益付出更多的努力,表现出更高的组织承诺、更强的工作执行力并提出更多的创新方案。与此同时,虽然对于组织支持资源与家庭支持资源之间的关系尚缺乏理论研究,但企业管理实践已经表明,组织为员工提供的资源并不局限于与工作相关的资源,还包括为其个人及家庭提供相关的资源。李永鑫等(2009)指出,基于组织行为的研究应该扩大其研究范围,有关工作家庭支持资源的研究不仅要关注工作环境的支持,而且要关注家庭环境支持。鉴于此,有必要从组织支持资源延伸,研究其与家庭支持资源对员工幸福感的共同作用。

现有研究证实组织支持资源与家庭支持资源对工作家庭促进存在重要的影响,而不同角色间的促进将会提高员工在各个角色中的积极情感,进而影响其幸福感。Bakker等(2004)通过一系列的模型分析为工作资源主要与工作相关的情感流动相关，进而影响工作对家庭的积极作用这一假设提供了支持。Greenhaus等（2006）则指出，从家庭环境中获得的资源会影响家庭促进工作的程度。支持资源作用下的工作家庭促进将对员工产生显著的正向影响。对于员工而言，幸福感来源于多个方面。国际幸福感研究室将幸福感概括为7个特定生活领域的个人满意水平的主观评价，即生活标准、健康、人生成就、人际关系、安全感、归属感和将来的保障。由此，员工对于工作、家庭、个人方面满意水平的评价，将在很大程度上影响员工对于幸福的感知。由此，企业不应只关注员工与工作相关的部分，还应关注其家庭生活与个人需求。从多方面提供的组织支持资源，在促进家庭支持资源的同时，为员工的工作—生活平衡提供了必要的资源，为个人发展提供了良好的机会。这种支持资源能够通过工作家庭个人促进来影响员工幸福感。目前，在员工幸福感的研究中，组织支持资源如何影响员工幸福感的细致解析并不多见。从组织支持资源角度出发来探讨员工幸福感，不仅有其理论价值，也有其实在的企业应用价值。

三、研究设计

（一）研究方法

相较于遵循演绎思路进行的实证研究，案例研究在理论构建和验证上具有自己的优点，特别是在回答"为什么"和"怎么样"这类带有探索性质的研究问题时，案例分析具有突出的优势。案例研究能够掌握现象的丰富性，并对现象进行翔实的描述，有助于捕捉和追踪管理实践中涌现出来的新现象，是构建和验证理论的有效方法。作为探索性研究，对从现象中提炼规律的单案例进行深度分析的研究方法与本研究所关注的问题具有良好的契合度。探索性案例分析不依赖于原有的文献或经验证据，适合于组织支持资源对于员工幸福感影响这样一种现有研究对它们之间的作用过程及内在机理等问题尚不清楚的情况。基于此，本研究尝试在依据案例企业的管理实践对其解构的基础上，运用案例研究方法和程序进行归纳并提炼出具有一定效度的理论命题。此外，虽然案例研究没有特别严格的规范程序，但在提升研究信度与效度方面也有一定的方法。为了保证资料的可靠性，本研究采用了多证据来源的三角验证，注意质化与量化资料的综合以及资料搜集的连贯性。多证据来源的资料搜集可以使得各种来源的证据之间相互印证，从而实现取长补短，产生综合效果。

（二）案例选择及背景

根据研究问题及内容，本研究根据以下3个标准来选择案例研究对象：①案例研究理论抽样的考虑。理论抽样是要选择特别能说明和表现主要理论概念之间的逻辑联系的研究对象。②相关资料的可获得性。案例企业已经成立一段时间，资料的全面性及可获得性有所保障。③案例的典型性。选择的案例研究对象应当是在员工幸福管理实践中具有典型性和代表性的企业，这样才有利于规律的总结。

基于上述标准，本研究选择视睿科技作为案例研究对象。视睿科技是国内较早涉足液晶显示技术领域的企业之一，现已成为全球最大的液晶显示类产品方案提供商，也是目前国内唯一一家有能力从事全球各种液晶显示方案应用研究的企业。2011年，该企业销售额突破18亿元人民币，2012年上升至行业综合实力的第一位。视睿科技于2007年推出的"希沃（Seewo）"交互智能平板系列产品及整体应用解决方案拥有多项自主知识产权和专利技术，先后获得广东省自主创新产品、国家重点新产品称号，其企业标准也被业界采纳成为教育部《多媒体教学环境视频系统设计规范》行业标准。作为一家年轻的企业，视睿科技的发展速度与取得的成绩是非常惊人的。而作为珠三角地区的最佳企业雇主之一，视睿科技的员工幸福管理实践能够为同期发展中的中国企业提供一条可供参考的思路。

（三）资料收集与分析

对于组织支持资源如何影响员工幸福感的内在机理问题进行探讨属于探索性研究。为了提高研究信度与效度，并保证资料的可靠性，本研究将使用Miles等（1994）提出的三角验证法，采用多种渠道搜集研究所需资料：①公开渠道，主要包括网络新闻报道及采访视频（权威及主流媒体发布的新闻报道及视频）、官方网站信息等。②企业参观及深度访谈。采取半结构化的访谈方式对视睿科技的相关领导、部门负责人及员工进行访谈，每次访谈30~60分钟。目的是对视睿科技在提高员工幸福感方面给予的资源支持及员工幸福感的总体状况进行了解，并对出现矛盾的资料进行确认。企业参观则有利于从整体上把握企业状况和了解员工状态。

资料分析是案例研究的核心部分，如何选取合适的角度对案例进行抽丝剥茧，从而获得具有创造性及价值性的结论较为困难，因此，在一定程度上，案例分析确实需要依赖于研究者本身知识与经验的积累。本课题3位成员在调研的过程中，多次讨论并对所获案例资料进行分析，确定了案例分析切入的视角及本研究的基本问题。在此基础上，就现有相关理论与所获资料之间的关联性进行了多次的探讨，分析其契合度，最终形成本研究的基本理论框架。

四、分析及理论建模

组织支持理论强调，组织对于员工的关心和重视才是员工愿意留在组织内部并为组织做出贡献的重要原因。狭义层面的组织支持包括亲密支持和尊重支持两类情感性支持；广义层面的组织支持包括工作协助支持、重视和重用、施展能力与抱负支持、人际支持、福利保障支持等方面。基于中国本土员工的研究，凌文辁等（2006）对西方学者的量表进行修订测试后，提取出组织支持的两个因素，即组织对员工生活方面的支持和对员工工作方面的支持。另外，Carlson等（2006）指出，工作家庭促进的前因变量包含个体资源和环境资源，其中的环境资源又包含支持资源，即同事支持、上司支持、工作家庭支持。鉴于此，结合视睿科技的实际情况与现有研究，本研究将组织支持资源分为以下3类：①工作支持资源，包含工作成就与培训发展；②生活支持资源，分为组织对个人生活的支持及组织对员工家庭生活的支持两个部分，包含后勤保障、学习娱乐、薪酬福利及家属问题；③组织文化，包含工作氛围及企业价值观。（见图1）

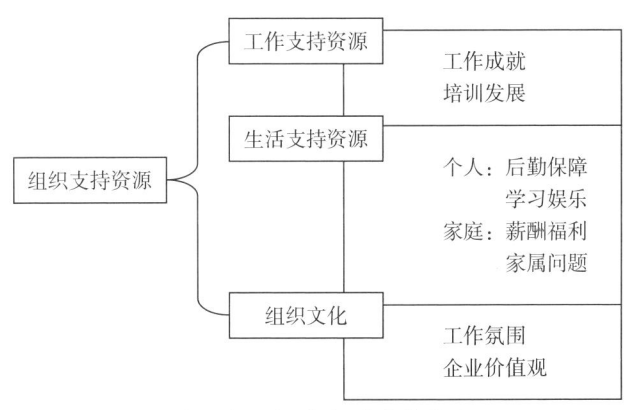

图1 组织提供的3类支持资源

作为以研发为基础的高科技企业，视睿科技拥有一支年轻的优秀队伍，员工平均年龄不到30岁，研发人员占总人数比例超过70%。就IT行业整体状况看，员工流失率普遍较高，但在视睿科技，优秀人才很少流失。从2004年开始，为了留住人才，视睿科技尝试从多种渠道提升员工幸福感。完善的福利待遇和广阔的发展空间是视睿科技降低员工流失率的"杀手锏"。

（一）工作支持资源对员工幸福感的影响

工作支持资源包含工作环境中具有的生理、心理及社会方面的各项可利用资源。当组织提供的工作支持资源充分时，可以提升员工的工作动机并减少员工的工作压力，从而促进员工幸福感的提升。从组织支持资源角度出发，员工首先知觉到从工作中获得的资源，然后作用到自身的个人生活及家庭生活，从而对组织的支持资源进行评价和判断，进而产生工作家庭个人促进。这种角色间的促进感将会影响其态度与行为，其中就包含了员工对幸福的感知。

1. 工作成就

个人潜能的发挥是心理幸福感区别于主管幸福感主要的内容。自我实现带来的成就感是员工幸福感的重要来源。视睿科技对人才的爱惜以及对员工成就的肯定极大地鼓舞了员工士气。公司创建之初，三位股东达成的第一个共识就是创始人的股份比例应该持续下降，而不是传给自己的子女（这样对人才是一种抑制）。他们相信一定会有很多人比自己更强，因此，也更愿意让那些在能力和贡献上超越自己的员工在股份的比例上也超越自己。视睿科技管理层深刻地明白，人们总喜欢享受权利带来的快感，但有时候权力会让人难以听到真实的声音，因此，他们认为必须融合一些人才才能真正运营好一个团队。

为了解决股东引入后如何做好股权释放这一问题，视睿科技股东内部每年都会在一定的时候做一套专业化的评测，每个人都需要进行自我评价及相互评价，最终使得每个人的自我认知和他人对自己的认知达到平衡。在引入股东规则的操作过程中，领导者不能凭借自己的权力轻易对规则做调整、破坏规则，以确保股份变更等重大事情的决策在规则和机制的约束下运行，而不由个人的好恶所左右或在个人的掌控下运行。视睿科技的员工持股传递了这样一个信息：员工拥有的一切，取决于其自身的不断成长、进步、创造，而并非依靠年资。对于那些将利益看得很重的员工，则尽量以奖金代替持股。视睿科技的领导者深知，如果股份仅仅变成员工增加收益的一种方式，员工持股就失去了本来的意义。

对于引入哪些员工作为股东，视睿科技主要有以下4条标准：①能持续地进步。进步可能很缓慢，但一定是一种长期持续的进步。②忘我的工作状态。在工作中过分强调自我的人不太可能成为长久的合作伙伴。③要具有一定的贡献。

没有贡献不行，但要弱化贡献的作用。过分强调绩效容易把价值观引向逐利化，个人成绩是由非常复杂的因素综合构成的，所以引入股东不能仅以绩效为考评标准。④为企业引入过人才。人才始终是企业成长的命脉所在。领导的分享理念以及员工持股对员工的激励作用明显，股权持有制度将员工的利益与企业紧密联系在一起，增强了员工的组织承诺。

2. 培训发展

有研究和调查显示，培训福利是企业员工最期待的福利之一。企业培训不仅有利于员工技能的提高，更有利于未来职业发展目标的实现。

（1）加大培训投入，课程设置全面。在专业技术领域，快速的研发体系以及敏捷的反应是视睿科技的重要竞争力，因此，视睿科技非常重视在员工培训上的投入，将盈利中的很大一部分用于员工的培训投入。在培训课程设置上，除了专业技能之外，还注重诸如着装、礼仪、音乐鉴赏等文化修养的养成，致力于员工个人素质的全面提升。

（2）理论结合实际，做好梯队培养。管理是一门来源于实践又应用于实践的科学，需要长时间的沉淀和积累。作为一家年轻的公司，视睿科技的迅猛发展难免会遇到许多管理上的难题。为了解决这个问题，公司出资把高层管理人员送到国内知名商学院参加EMBA班学习，为将来更好地开展管理工作打下扎实基础。

（3）提供成长空间，促进职业发展。新生代的知识型员工有着强烈的成就动机和成就愿望，极为重视个人成长和未来职业发展。自身价值的增加和自我目标的实现将会增加幸福感。作为拥有众多年轻研发人员的科技创新型企业，视睿科技拓宽职业发展通道，通过多种渠道为员工提供广阔的晋升和发展空间。

综上所述，提出以下命题：

命题1 A　组织给予员工的工作支持资源能够帮助实现工作—家庭促进。

命题1 B　组织给予员工的工作支持资源能够帮助实现工作—个人促进。

命题2 A　工作支持资源下的工作—家庭促进能够提高员工幸福感。

命题2 B　工作支持资源下的工作—个人促进能够提高员工幸福感。

（二）生活支持资源对员工幸福感的影响

1. 组织对员工个人的支持

衣食住行是员工生活的基本组成部分，是生活质量的最基本保障。个人成长对于企业员工而言，不仅是工作能力的提升，而且是综合能力与素质的提升。同时，作为社会人的角色，员工与同事之间的互动将改善人际关系。一方面，组织提供的个人生活资源能够提高员工的生活质量及幸福感；另一方面，由此产生的积极体验将使员工以更加积极的状态投入到工作及家庭生活中，这是一个相互促进的良性循环。

（1）后勤保障。后勤服务的内容较为广泛，如员工的餐饮、生活配套设施、住宿等，是员工最为基础的生存条件。在衣食住行方面，视睿科技为企业员工提供了基本保障，如工作服、工作餐、员工公寓、通勤班车等。从2004年起，视睿科技开始执行为员工配车的奖励制度，只要符合一定的工作年限和条件，员工都可获得公司配车，所配车的等级与职位无关，只与贡献度有关。在工作安全和健康保障方面，视睿科技同有关部门和机构密切合作，给员工及其家属提供贴心服务和保障。

（2）学习娱乐。为保持员工的工作—家庭平衡，视睿科技非常注重在这方面的投入。例如，在娱乐生活方面，定期组织员工旅游、聚餐和娱乐活动，组织各种兴趣协会，陶冶员工情操，尽力满足员工各种个性化的需求；在素质养成方面，注重员工综合素质的提高，开设相关主题培训讲座，内容涵盖人文历史、琴棋书画等。同时，还提供运动器械和场地资源，满足员工健身的需求。

视睿科技在上述两个方面为员工提供的多种资源，不仅提高了员工的生活质量，还使员工实现劳逸结合，提升个人综合素质，实现工作—家庭的平衡，也进一步保证了组织绩效的稳步提升。

基于上述分析，提出以下命题：

命题 3 A　组织给予员工的生活支持资源能够帮助实现个人—工作促进。

命题 3 B　组织给予员工的生活支持资源能够帮助实现个人—家庭促进。

命题 4 A　生活支持资源下的个人—工作促进能够提高员工幸福感。

命题 4 B　生活支持资源下的个人—家庭促进能够提高员工幸福感。

2. 组织对员工家庭的支持

工作的经济回报是与员工幸福感相关的重要外部激励因素。充足的物质资源能够为员工及家人提供物质保障，是提升员工满意度及幸福感的重要途径。Brickman等（1978）发现了"幸福棘轮"现象，即人们在不断获得成功，拥有越来越多的财富时，他们的预期也会随之上升，当习惯了新的生活状况之后，这种由财富带来的快乐感就会消失。但不可否认的一点是，薪酬福利依然是影响员工幸福感的重要因素。调查访谈和数据分析也支持了这一观点。此外，父母健康问题、子女教育问题一直以来都是员工最为关心的家庭问题，也是最能带给他们幸福感的因素。父母老有所医、子女学有所成是每个员工的心愿，因此，在这些方面的支持能够显著影响员工幸福感的提升。

（1）薪酬福利。作为生存层面的影响因素，视睿科技的员工薪酬是公开透明的，由员工内部讨论决定，财务部与人力资源部只负责考核与监控流程公平。视睿科技的薪酬福利可以概括为以下几项：①薪资收入，包括基本薪资、绩效薪资、工龄津贴、年底双薪；②月度绩效工资，每月评定一次，根据当月目标完成情况而定；③特殊奖励，如对公司的系统运营及管理方面提出有效建议或推动，并因此产生相应效应，公司将给予激励及奖励；④补贴方面，包括父母补贴、探亲补贴、节日补贴及通信补贴等。此外，特别地，对于新入职的毕业生，考虑到新人成长很快，这部分人薪资的调整也相应较灵活，增长幅度较大。

（2）家属问题。父母和孩子作为员工家庭生活中的两大中心，始终是员工的"后顾之忧"。"孝"是中华传统美德，也是视睿科技家文化中的核心部分，这在很多细节上都得以体现。例如，视睿科技会为员工举行盛大的集体婚礼，以及安排员工的父母到广州做一次免费体检，安排住院病房等。在子女教育方面，视睿科技专门成立了幼儿教育研究机构，并根据员工幼儿不同的年龄段，设立对应的托幼和幼教机构，让员工子女从小受到良好的教育，同时还为员工子女成立儿童基金会，旨在为患有重大疾病的员工子女提供帮助。

家庭—工作促进是家庭特征对于工作角色的积极影响，现有研究大都忽视了此类促进，对家庭—工作促进前因变量的研究则更少。然而，家庭支持资源与家庭—工作促进之间的关系已得到支持。配偶支持、家务劳动和照顾孩子被证实与家庭—工作促进正相关，尤其是对于男性员工，配偶支持对于家庭—工作促进的影响更为明显。个体感知的配偶支持、从承担家务劳动中产生的积极情感、父母行为产生的积极情感以及从家庭成员中获得的帮助等与家庭—工作促进相关。视睿科技为员工提供的生活支持资源能够对家庭支持资源产生影响，原因就在于：①充足的薪酬福利为员工及家庭提供了必要的物质保障，减轻了家庭的经济负担。马斯洛的需求层次理论指出，人们最为基础的需求即是生存和安全的需求。②对于员工家庭成员的关爱不仅使员工切身体会到组织的关爱，并且能使员工家属同样感受到来自组织的关心与照顾。这种对组织关爱的感知将会使员工家属更多、更好地支持员工的工作。同时，家庭成员的支持与家庭压力的减轻使员工能够有更多的私人时间与空间去学习与休闲。这种组织支持资源和家庭支持资源共同作用下的家庭—工作促进及家庭—个人促进，将会有效地提高员工及其家属的幸福感。

基于上述分析，提出以下命题：

命题5　组织给予员工的生活支持资源能够促进家庭支持资源。

命题6 A　组织给予员工的生活支持资源能够帮助实现家庭—工作促进。

命题6 B　组织给予员工的生活支持资源能够帮助实现家庭—个人促进。

命题7 A　生活支持资源下的家庭—工作促进能够提高员工幸福感。

命题7 B　生活支持资源下的家庭—个人促进能够提高员工幸福感。

（三）组织文化对员工幸福感的影响

企业文化是一个企业的灵魂，能够使企业拥有一个良好的工作氛围，能够带动员工的激情与动力，保持企业活力，从而引领企业走向更加广阔的未来。企业可以通过不断改进和完善企业的管理理念、规章制度建设、办公环境以及管理体系等，营造和谐、幸福的文化氛围，从而使企业文化不但能够反映出企业家的意愿与风格，而且能够充分反映和代表员工的意愿、理想与追求，激发员工的团队荣誉感，真正转化成企业持续的驱动力与竞争力。良好的企业文化以及工作氛围既有助于提高员工幸福感，又能有效地促进企业的跨越式发展。

（1）工作氛围。知识型员工的价值在于创造。尊重个性和自由对于激发知识型员工的创新至关重要。视睿科技为员工营造了公平透明的工作环境。作为以Google、微软、苹果等国际领先企业为标杆的企业，视睿科技一直推崇民主开放式的工作氛围，鼓励成员充分施展自己的才能。赋予员工更多自主决策权是视睿科技的特色之一，员工能够做出对自己的工作有影响力的决策，使各个级别的员工都充满干劲。在工作时间方面，为了让员工可以尽量地发挥自己的潜能，取消了传统的严格考勤制度，采用自由的工作时间，给予员工行动自由。在工作环境方面，办公环境按照员工的意愿，各部门自行设计。例如，研发办公区不设吊顶，并漆成各种鲜艳的色彩，这样可以减少压迫感，更好地激发创意。在视睿科技内部没有职位高低之分，员工相互间直呼其名，体现亲切平等的氛围。

（2）企业价值观。追求"美好人生"的人不会独自一人享受幸福，他要与旁人共同分享幸福，因为"美好的人生"所追求的是舍己为人的崇高理想。作为视睿科技的创始人之一，孙永辉曾经这样说："人生在世，回归到本质就是活着的时候有兄弟亲情，郁闷的时候有人诉说倾听。剩下的所有的财富和权力，尽可能地分享给其他人,让其他人也体会那种成就感和快乐,因为很多人因为我们而快乐了,所以我们才快乐!"正是基于这样的理念,视睿科技十分注重与员工的分享。分享组织成果是确保员工持续努力最有效的方法,能够将员工个人成就与企业持续发展紧密联系起来。

工作要求、工作自主性和工作场所中的社会支持与员工的幸福感显著相关,这已被很多研究所支持。轻松的工作氛围,下放的工作自主权以及共同分享的企业价值观是员工感受到的积极的组织文化,视睿科技正是如此践行的。正是有这种组织文化的支持,员工在处理工作、家庭及个人生活的时候才能取得平衡。

由此,提出以下命题:

命题8 组织文化能够帮助实现工作家庭个人促进。

命题9 组织文化下的工作家庭个人促进能够提高员工幸福感。

(四)理论模型

如前所述,组织支持资源能够通过影响工作家庭个人促进,从而提高员工对幸福的感知。通过前文对案例企业的员工管理实践的深入解析可知,企业为员工提供多方面的支持资源,将促进员工在工作、家庭及个人角色中的积极心理体验,而正是这种多维度的幸福感知,最终提升了员工幸福感。值得注意的是,积极情感作为心理体验贯穿其中,使得支持资源作用下的工作家庭个人促进与员工幸福感之间形成一个持续的良性循环。支持资源作用下的员工幸福感模型见图2。

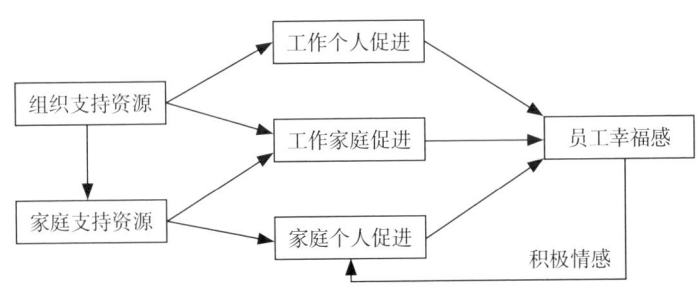

图2 支持资源作用下的员工幸福感模型

五、讨论、启示与局限

有企业家曾说,员工幸福感应包括工作与生活的平衡、职业发展计划、福利及高级管理等方面，其中工作与生活的平衡是决定员工幸福感的关键因素。从工作与生活的角度，Guesrts（2003）指出，员工在受到过量工作要求的折磨的同时，也可能从工作中受益。例如，满足要求的支持或资源，愉快的工作环境。这种情形可能导致积极的工作效应、精力的溢出，能促进个人的私人生活，并积极影响个体的幸福感。这种观点受到了越来越多研究的支持。正如视睿科技的案例所呈现的，组织支持资源包含了工作环境中拥有的生理、心理、社会方面的各项可利用资源。一方面，当工作资源充分时可以提升员工的工作动机并减少员工的工作压力，从而促进员工幸福感的提升；另一方面，组织支持资源也能够促进家庭支持资源，并促进工作家庭及个人关系的融合，从而增强员工幸福感。例如，对员工父母及子女的关爱，能够在一定程度上减轻员工的家庭负担，同时也能获得员工家人对员工工作的情感支持。而这一点也恰恰是当前很多企业未察觉的部分，或者说并未采取措施充分加以利用的地方。

另外，在支持资源作用下，工作、家庭、个人相互之间的促进能够为员工带来不同方面的满意度。视睿科技的实践表明，除了工作与家庭，员工还需要有属于自己的自由时间与空间做自己喜欢的事。人们的满意感不单来自于工作与家庭，还需要通过自主学习与自我提升来满足个人需求，从而提高个人满意度。这些方面的满意度均是促进员工幸福感提高的重要组成部分。反过来，较高的员工幸福感中的积极情感又能够影响员工的工作家庭个人促进，形成一个良性循环。这也就是为什么每一位到访过视睿科技的人员都能从员工的举止与微笑中深切地体会到员工的满足与幸福。

让每一位员工因为生活、工作在这里而感到自豪，需要组织在生活及工作的每一个细节上都竭尽所能地考虑周全。正是对于员工的尊重与理解，成为视睿科技员工幸福管理的基础。从这一基础出发，视睿科技在物质、个人成长、成就肯定及企业文化方面都给予了充分的支持。常言道，"有舍才有得"，视睿科技用成果分享换来了员工的幸福，换来了企业的持续健康发展。视睿科技倡导的"家文化"，让所有员工共享企业成长与发展的成果。如亲情般的纽带连接着所有视睿人共同朝着同一个目标前进——因为视睿人的存在，让更多人生活幸福，事业有成。

本研究作为一个探索性研究，也存在以下不足：①受资料来源的限制，仅从组织支持资源视角研究了员工幸福感的外部影响因素。实际上，员工幸福感的影响因素众多且复杂。例如，内部因素特别是稳定的人格因素通常被认为是幸福感最可靠、最有力的预测源之一。②虽涉及家庭支持资源的概念，但仅探讨了组织为员工家庭提供资源从而影响员工家庭成员对于员工的支持，因而，在家庭—工作促进方面的讨论也显得相对薄弱，未来的研究可进行更为深入的研究。③对各个变量影响要素之间是否存在内生性问题未进行探讨。④构建的研究模型只是大概描述了组织支持资源如何影响员工幸福感的内在机理。如何对相关要素进行操作化测量并对它们之间的具体关系进行验证，还需要后续实证研究的支持。

（原载：《管理学报》，2014年第2期；合作者：宋一晓，曹洲涛）

组织支持资源对员工幸福感的影响机制：双案例比较研究

一、研究背景

互联网时代，企业的特征是以用户为中心产生连接。企业以为用户提供更好的产品与服务为发展核心。在互联网时代，互联网不再仅仅是技术与平台，更是一种新的思维模式。企业进入互联网时代，更重要的是思维模式的转变。商业回归人性，更看重人的价值是互联网思维的本质特征。以往人的目标是为了成就组织，而未来组织的目标就是成就人，同时推动企业持续发展。此外，互联网时代要求员工更为开放、更具创新性与学习能力，具备更强的服务意识。由此，如何激发员工的积极性和创造性成为现代企业关注的关键话题。目前，在信息技术高度发达背景下成长起来的新生代员工（80后、90后）已成为职场主力军。他们追求自我情感的满足，又渴望获得平等融洽的组织关系氛围；同时具备较强的革新意识，期待获得个人职业长期的发展。新生代员工更追求内心的快乐和重视有趣的工作，而并非只在意获得报酬。简言之，既要工作也要快乐是新生代员工的新型工作观。员工幸福感已经被许多研究证实与工作绩效、工作满意度以及组织承诺等存在正向关系。鉴于此，探讨如何提升员工幸福感，以提高员工的积极性与创造性具有现实意义。

当前，学术界对员工幸福感的前因后果已有较多的研究，也有文献从组织支持理论视角对员工幸福感的关联进行了探讨，但将组织支持资源与员工幸福感关联起来，以深入分析企业通过组织支持资源影响员工幸福感的作用机理研究仍比较少见。另外，从企业实践看，近些年来，企业对员工幸福感的关注度呈现上升趋势，这种关注同企业对于员工的观念开始由原来的"费用"向"资本"转变有关。在互联网时代，对员工的重视尤为重要。为了保留优秀的员工以及激发员工的创造性和积极性，企业必须关注员工工作价值观的改变，注重员工幸福感的提升。在人力资源管理实践中，企业可以通过多管齐下的综合措施提高员工幸福感，从而实现员工工作绩效的最大化。组织支持资源便是其中的一种综合方式。组织支持资源不仅可以促进员工工作目标的实现，激励员工成长与发展，还能够满足员工的社会情感需求；一旦员工感知到组织愿意为其提供多方面的支持，员工就会为组织的利益付出更多的努力，表现出更高的组织承诺、更强的工作执行力，以及提出更多具有创新性的方案；充足的工作资源甚至可以缓解工作要求对员工幸福感带来的负面影响。然而，不同的企业如何采取不同类型的组织支持资源以提升员工幸福感，尚待进一步探讨。

本研究分别选取互联网行业与传统行业中的两家企业作为案例研究对象，考察组织如何通过组织支持资源影响员工幸福感，进一步探讨企业提供不同组织支持资源的影响因素。

二、理论回顾

组织支持理论（OST）是社会交换理论的子理论。该理论表现了组织对于员工的重视、关心与支持，组织支持是员工对组织付出的先决条件。已有关于员工感知的组织支持的研究将其维度从最初的情感性支持逐渐衍生为情感性支持与工具性支持，并进一步划分为上级支持和同事支持，甚至更多。广义的组织给予个人的支持可分为上级提供的情感性支持、上级提供的工具性支持、同事提供的情感性支持和同事提供的工具性支持等。从组织支持的前因变量及结果变量来看，组织支持的影响因素可归纳为组织或代理人的特征、组织制定的或表现出的政策、组织代理人与员工的关系以及与个体相关的特征；而结果变量主要涉及员工态度及行为等方面，员工态度包括组织承诺、工作相关的情感、工作压力、留职意愿等；员工行为则涵盖工作投入、工作绩效、组织公民行为等。

从组织角度来说，组织支持是组织重视员工贡献、关心员工福祉。目前，单一的组织支持方式已不能满足员工的多样化需求。Newman等（2012）指出，在中国情境下应该更加注重提供组织支持的多种来源。组织支持资源是组织提供给员工的包括物质形式及精神形式的各类奖励，涉及物质的、心理的、社会的或者组织的多个方面，是组织支持在企业管理实践中的体现方式。工作资源对员工的健康与幸福有正向的影响，充分的工作资源能够提升员工的工作积极性，并减少员工的工作压力，从而促进员工幸福感的提升。

员工幸福感是一种可测量并且可开发的积极心理状态。从长期来看，幸福感高的员工比幸福感低的员工更具生机活力，具有更大的工作成效，也更具稳定性。员工幸福感在逻辑上与更高水平的生产率（如创造力、创新性、员工投入等）相关，可以更好地适应不断变化的市场与环境。鉴于幸福感是最佳心理状态的表现，以往的研究大都使用两种截然不同的方式来定义，即主观幸福感与心理幸福感。快乐论的支持者认为，幸福是对生活的积极情感和认知评价；现实论的支持者则认为，幸福不仅限于快乐表层，它主要由个人的潜能发挥以及自我实现决定。由此，从快乐论角度而言，员工幸福感被认为是员工对工作的认知和情感体验，其维度包括了整体工作满意度、情感满意度以及情绪体验。从现实论角度来看，员工幸福感则是心理幸福感，突出强调个人价值的实现、优秀的品质以及从事有意义的活动。综合而言，员工幸福感由与工作相关的情感以及工作满意度组成，包含主观幸福感与心理幸福感的内容。影响员与工幸福感的因素很多，包括人格与人格特质、积极的心理资源、工作特征（工作要求与工作控制、工作需求与工作资源、工作复杂性）、工作安全感等。作为组织进行支持性人力资源管理的体现，多样化的组织支持资源是提高员工幸福感的有效途径，是员工幸福感的重要影响因素。

综上所述，现有研究已探讨了组织支持理论与员工幸福感的前因后果，但对于在企业中如何利用不同的组织支持资源来影响员工幸福感的过程机制仍需要进一步探究。

三、研究设计

（一）研究方法

多案例研究方法是应用多个数据收集方法，从多个实体取得信息，并在某种现象的自然环境内探查这种现象。它在很大程度上是探索性的，回答的问题是关于"如何"及"为什么"的。多案例研究遵循着科学研究的严谨性和规范性的理念，通过"强化研究发现的精确度、真实性和稳定性"被认为能够增加研究方法的严格程度。相比单案例研究仅对一个背景下的活动进行的描述，多案例研究允许运用跨案例模式，以便能够更深层次地观察在多种情境下发生的活动，从而为构建理论提供更为全面的描述和更清晰的解释，提高相关研究结论在其他情境中的适用性。本研究尝试探讨不同行业中的企业如何通过组织支持资源这一途径提升员工幸福感，因此，适宜采用多案例研究方法。

（二）案例选择

本研究选择案例对象的标准如下：①基于案例研究理论抽样的考虑，选择那些特别能够说明和表现主要理论概念之间逻辑联系的研究对象；②考虑资料的可得性，所选择的案例研究企业必须已成立一段时间，以便保障资料的全面性及可得性；③鉴于案例的典型性，所选择的案例企业应是所属行业中具有代表性的企业，且在提高员工幸福感方面的管理实践中具有上佳的表现。

根据中国最佳雇主的有关调查显示，与幸福相关的话题已成为参与企业的热点，员工的满意度、幸福感、敬业度被认为是评判最佳雇主的标准。最佳雇主实则树立了一个提高员工幸福指数的样板。2013年，腾讯公司（简称"腾讯"）荣获前程无忧、智联招聘、优信咨询3家国内外知名人力资源专业机构评选的"最佳雇主"称号，其"最佳雇主"品牌深受认可的主要原因就在于该公司完善的人才培养体制、创新化与时俱进的管理理念以及和谐的雇主雇员关系。星巴克公司（简称"星巴克"）作为以咖啡起家的企业，2013年荣获由怡安翰威特通过对各参评企业进行调研评选而授予的"中国最佳雇主"称号。该奖项肯定了"星巴克"在中国对于企业文化及人才发展等方面的持续投入与卓越贡献，也是该公司获评"美国500强最佳雇主"及"全球最受推崇的企业"后获得的又一殊荣。鉴于此，本研究选取"腾讯"与"星巴克"分别作为新兴互联网行业以及传统餐饮行业的代表案例企业。这两家企业在员工幸福管理方面的实践可以为同期发展的中国企业提供一定的借鉴。

（三）资料收集与分析

为了保证资料的可靠性，提高研究信度与效度，本研究遵循三角验证法，采用多种方式（如半结构化访谈、活动观察与公开资料收集等）来获取数据。具体如下：①半结构化访谈，尽量涵盖案例企业不同层级的员工，并采用由被访谈者推荐的滚雪球方式，扩大样本规模。正式访谈表的内容包括组织支持资源、员工幸福感等各个相关方面。访谈时间控制在30~60min之间，包括面对面访谈及电话访谈；②活动观察，有助于研究者对企业的整体氛围，以及员工的工作状态有

更为真实和直接的了解；③公开资料收集，即通过公开渠道（如网络新闻报道及相关采访视频、官方网站、统计年鉴等）来收集案例企业的有关资料。

四、"腾讯"与"星巴克"的管理实践对比分析

组织支持资源是企业对员工承诺的一种体现，从社会交换理论来解释，组织为员工提供有价值的交换资源，员工也会以积极努力作为回报。在这种社会交换过程中，双方的需求都得到了满足。张莉等（2012）将组织支持资源分为上司支持、同事支持及企业文化支持。更为细分的组织支持则涵盖了工作协助支持、福利保障支持、公正合理支持、学习发展性支持等。从人力资源管理角度，有研究指出，最能表现出企业重视与激励员工的人力资源管理措施包括员工培训、员工福利、职业发展规划、工作保障、员工薪酬等。综合国内外研究，并结合访谈等方式获取的资料，本研究将组织支持资源分为企业文化、工作环境、员工生活、福利保障及培训发展五大类。中国最佳雇主评选机构及评价指标见表1。由表1可知，大部分评选机构都是将企业的内外部情况相结合来进行评判的，其内部评判指标与本研究界定的组织支持资源的维度高度相关。此外，历届最佳雇主评选也显示，员工幸福感逐渐成为参与企业讨论的热点话题及评选标准之一。鉴于此，从最佳雇主中选择案例企业对于考察组织支持资源对员工幸福感的影响具有合理性；调查问卷、深度访谈等方式获取的资料也显示本研究选取的两家案例企业的员工拥有较高的幸福感。

表1 中国最佳雇主评选机构及评价指标

机构类别	评选机构名称	中国最佳雇主评价指标
国际机构	优信咨询	薪酬与发展机遇、工作特点、人际与文化、公司声誉与形象
	怡安翰威特	员工敬业度
	世界企业竞争力实验室	员工忠诚度、客户满意度、品牌美誉度、企业管理水平、自我创新能力、薪资鼓励体系
国内机构	中华英才网	薪酬福利、品牌实力、企业文化、职业发展
	智联招聘	雇主形象、组织管理、薪酬福利、培训发展、工作环境、雇主品牌战略
	中国雇主品牌论坛理事会	回馈股东、奉献社会、承诺员工

注：由笔者根据网络公开资料整理，下同。

在组织支持资源五大板块上，企业文化涵盖了公开公正的用人原则、有社会责任感、尊重个性等方面；工作环境不仅包括了物理环境，也包括了组织氛围、和谐的人际关系等方面；员工生活着重强调工作与生活平衡，根据有关调查，员工对于工作与生活平衡的需求日渐增加，一个好的企业，应该能够帮助员工有效地解决家庭、生活与工作的问题；福利保障则包括收入、福利等方面；培训发展考察企业对员工职业发展和规划方面提供的承诺，体现企业的育人理念。"腾讯"和"星巴克"在组织支持资源五大板块上的表现各具特色。见表2和表3。

表2 "腾讯"的5类组织支持资源及其特征

组织支持资源	企业文化	特征	强调正直、进取、合作、创新的价值观，致力于将企业打造成一个快乐活力型大学
		证据	企业愿景是成为最受尊敬的互联网企业，通过互联网提升人类生活品质；在企业内部，形成了一种积极、快乐、共享、创新的文化氛围
	工作环境	特征	员工大多为知识型员工，工作环境舒适，整体工作氛围突出自由与开放的理念
		证据	办公环境的设置注重轻松与活泼，与谷歌公司类似；员工工作时，不太注重形式，突出个人特性；员工内部交往亲切和谐，不使用职位称呼
	员工生活	特征	利用多样化的娱乐活动为员工减压，力求保证员工的工作-家庭生活平衡
		证据	每年举办圣诞晚会、文化日、嘉年华等例行活动；成立多种问题兴趣爱好协会；配备专门文体设施，方便员工使用，如游泳池等；在日常工作期间为员工提供免费咖啡、茶饮等
	福利保障	特征	具有竞争力的高薪、高福利及特色化福利项目
		证据	提供具有竞争力的薪资、五险一金、员工身心健康计划（EAP）；实行员工带薪休假计划以及年度旅游、免费班车等制度；实施一些特色福利项目，如为首次购房的员工提供免息借款的"安居计划"，只要为企业服务满3年的员工均可申请
	培训发展	特征	设置管理和专业双通道的职业发展机制，提供全方位的培训体系
		证据	设计了一整套员工职业发展体系，包括"基层管理者—中层管理者—高层管理者"的管理发展通道，以及从"骨干—专家/资深专家—权威"的专业发展通道；在培训方面不仅包括业务介绍、行业趋势等专业培训，还可根据员工兴趣开设舞蹈、时尚健身等公开培训课程

表3 "星巴克"的5类组织支持资源及其特征

组织支持资源	企业文化	特征	关注人文精神，突出将人文精神传递给每个利益相关者，以及人文精神将员工、顾客及股东等相关者联系在一起
		证据	企业的使命在于激发并孕育人文精神，其经营理念包括了5个部分：品质卓越（产品）、相互尊重（伙伴）、分享快乐（顾客）、社会责任（社区）、成功回馈（股东）
	工作环境	特征	根据服务行业的员工对于尊重的需要较为突出的特点，侧重塑造一种互相尊重、互相信任的团队精神
		证据	员工的幸福指数高，领导与下属以及同事间和谐相处、互相协作；为保证能为顾客提供优质产品与服务，员工也需遵守严格的工作流程与规范
	员工生活	特征	员工的活动主要以门店为单位进行，包括社区服务、公益活动及其他门店集体活动
		证据	社区服务也是企业文化的重要体现，员工以自愿为原则参加，记录时长但不作为考核的必要项目，表现优秀的门店会得到奖励；定期组织员工探访社区组织，如敬老院等；企业提供活动经费，不定期组织员工开展各类文体娱乐活动
	福利保障	特征	兼职员工与全职员工一样享受一系列的薪酬福利
		证据	为每周工作20小时或以上的员工提供医疗保险以及获得咖啡豆股的机会；为员工提供卫生福利、员工互助计划、伤残保险等；工作当天员工可免费获得两杯手工调制饮料，以及购买星巴克产品享受7折优惠等
	培训发展	特征	根据职位要求与说明为每个员工明确晋升条件，根据各个职位制定相应职业发展计划；员工培训课程涵盖与工作相关的内容及配合精神需要的内容
		证据	设立星巴克中国大学（虚拟大学），为员工提供包括零售营运、岗位业务技能、咖啡知识讲解、文化及领导能力等课程，并整合全球的各类培训课程

由表2和表3可知，"腾讯"和"星巴克"在组织支持资源的五大板块上的表现存在差异。在对比了"腾讯"和"星巴克"提供的组织支持资源的特征，以及结合现有研究并配合调查访谈，本研究发现差异主要来源于两家企业不同的内外部特点，见表4和表5。

表4 "腾讯"内外部特点对组织支持资源与员工幸福感之间关系影响的案例发现

企业内外部特点		组织支持资源特征	员工幸福感来源	案例发现
市场动荡性	变化频繁、竞争激烈	以满足员工个性化需求为导向，以此激发知识型员工的创新性与积极性	企业文化及工作环境塑造具有活力、合作、乐于分享与成长的氛围；高薪带来物质上的满足；高福利满足工作-生活平衡需要；培训发展提供专业技能及学习成长资源，有助于职业发展及自我价值实现	公司所处的互联网行业竞争激烈、变化频繁，这种快速变化的环境要求企业必须保持高效并持续创新。由此，提供的各项资源也是希望能够为员工带来相对独立与自由的空间，以使其能更好地激发员工的创意并进行有效沟通

续上表

企业内外部特点		组织支持资源特征	员工幸福感来源	案例发现
领导价值观	崇尚共享、自由精神	以满足员工个性化需求为导向，以此激发知识型员工的创新性与积极性	企业文化及工作环境塑造具有活力、合作、乐于分享与成长的氛围；高薪带来物质上的满足；高福利满足工作-生活平衡需要；培训发展提供专业技能及学习成长资源，有助于职业发展及自我价值实现	马化腾认为，人才是最不可轻易替代的，是企业最宝贵的财富。单是在校园招聘的员工身上，"腾讯"投入的薪酬、福利、教育、培养等资源，保守估计最近3年已经超过10亿元
员工特质	内驱力强、自我价值实现、自我主张			"腾讯"员工大多是年轻的知识型员工，他们注重自我价值实现，具有较强的内驱力及学习能力，因此，在制度设计上也会更多地体现灵活性与开放性。人力资源管理实行"内部客户制度"，将员工视为公司的内部客户，关注员工的不同需求，用产品经理的思维去实施人力资源管理政策，关注用户的体验与反馈

表5 "星巴克"内外部特点对组织支持资源与员工幸福感之间关系影响的案例发现

企业内外部特点		组织支持资源特征	员工幸福感来源	案例发现
市场动荡性	相对稳定	注重整体利益，提供普遍福利，覆盖面广。以伙伴关系为纽带，激发服务型员工的荣誉感和工作热情	企业文化及工作环境给予快乐的工作氛围，使员工体会到被关爱、被信任、被尊重、被公平对待；在同行业中具有竞争力的薪酬；普遍福利及社区服务活动安排使员工体验到企业传递的人文关怀；培训发展使员工明确并掌握职业晋升所需具备的素质及能力	企业所处的行业市场较为稳定，产品与服务相对标准化，需要标准化作业，在遵循一定规章制度的基础上，尽量选取能够体现公司对员工关怀的资源，营造愉快的工作氛围
领导价值观	崇尚人文精神			舒尔茨认为，只有秉持"员工第一、顾客第二、股东第三"的信念，才能通过员工的服务为顾客创造一流的消费体验，并最终为股东赚钱。即便在经营状况不好的时期，"星巴克"仍然坚持为员工提供医疗保险，包括临时工在内
员工特质	注重工作有趣性、公平与尊重			大部分员工是新生代员工，注重工作的有趣性，希望被尊重，具有成就需要。在大部分中国人看来，供职咖啡师并不算是高端的职业，因此，那些能使员工感受到尊重和信任的支持资源被突出。"星巴克"注重与员工的伙伴关系，"没有员工，只有合伙人"，"合伙人"制度使所有员工都具有一种荣誉感

组织与文化管理

  通过调查访谈并结合文献梳理，本研究发现，"腾讯"与"星巴克"为员工提供的组织支持资源差异受到3个方面的影响：①市场动荡性。从外部大环境而言，这两家企业分属于不同的行业。互联网行业属于高新科技领域，相比传统餐饮行业，其面临的外部变化及不确定性要大得多。由此，"腾讯"更加关注产品及服务的创新，在为员工提供组织支持资源方面也会更加注重个性化与灵活性。传统的餐饮行业由于面临的市场相对稳定，其主要关注点在于如何使员工持续保持工作积极性。由此，"星巴克"侧重在遵循制度规则的基础上，关注整体员工的利益，惠及的员工覆盖面广，而个性化的组织支持资源则相应较少。②领导者价值观。企业领导者的价值观往往会对整个企业的导向产生巨大的作用。"腾讯"CEO马化腾崇尚共享和自由精神。由此，"腾讯"在组织支持资源设计方面，同样体现着共享与自由的精神。"星巴克"CEO舒尔茨一直致力于创建一家让员工感到尊重和信任的企业。由此，"星巴克"在组织支持资源设计上着重体现对员工的尊重，传递人文精神。③员工个人特质。该因素会影响企业对于员工需求的判断。两家案例企业的员工都具有年轻化特征，且新生代员工居多。不同的是，"腾讯"拥有一大批年轻、有活力、富有才华的知识型员工，他们内驱力强，具有强烈的自我价值实现需求，也更强调自我。基于此，"腾讯"的人力资源部门以员工需求为导向设计整体的人力资源管理制度。"星巴克"的组织支持资源则更侧重满足服务型员工被尊重的需要，同时注重给员工带来成就感。该企业向员工传递这样一种信息：只要肯努力并抓住机会，每位员工都有更上一层楼的机会。总之，本研究发现，两家企业所表现出来的组织支持资源的不同与企业内外部特点相关。由此，本研究提出以下3个命题：

  命题1 企业面临的市场动荡性高，其组织支持资源将更多地体现个性化与灵活性特征，反之则更多体现普遍性特征。

  命题2 领导者价值观对组织支持资源的整体设计具有导向作用。

  命题3 员工特质影响组织对于员工需求的判断，进而影响其对组织支持资源的安排。

  通过上述分析，本研究对不同组织支持资源背后的影响因素进行了探讨。然而，还存在一个问题需要进一步讨论，即组织为员工提供多样化组织支持资源的最终目的是什么？很多企业对于员工幸福感的关注在于其能够促进员工的工作绩效。现有研究已经证实员工幸福感与更高水平的创造力、创新性、员工投入等相关。有研究表明，员工满意度每提高3%，顾客满意度就提高5%，企业盈利随之提高2.5%。此外，员工幸福感是员工心理健康的重要指标，是员工积极情感的体现，比员工满意度能更好地预测员工的工作表现。在此，本研究提出一个问题，即是否企业对于组织支持资源的安排最终应以同工作相关的绩效为唯一目的？对于很多企业而言，员工幸福感本身并不是目的，而是提高生产率及利润率的途径，因此，是否将支持员工与提高员工幸福感作为竞争战略也取决于雇主的利益。Diener等（2004）指出，随着经济、卫生及社会政策的发展，幸福感应当作为其最终目标，这不仅是因为幸福感本身是一个重要的指标，而且幸福感是其他很多有价值结果的前因（如生产效率及有益的人际关系）。他们认为，组织和国家将从定期评估幸福感以及寻找提升幸福感的途径中受益。实际上，幸福感同时兼有结果变量以及其他具有价值的结果的前因变量的双重角色。具有人性关怀的盈利是企业得以持续经营的基本要素之一。从这一角度而言，企业持续的发展需要兼顾盈利与人性关怀，这其中就包含了对于员工幸福感的关注。本研究发现，员工幸福感并非仅是工作绩效的前因，它本身就是企业追求的结果之一。本研究认为，"腾讯"对员工各项组织支持资源的大量投入，以及"星巴克"在企业经营状况不佳时，依然坚持为所有员工提供医疗保险，都体现了企业对于员工幸福感本身的关注。由此，本研究提出以下命题：

命题4　员工幸福感不仅是组织支持资源作用于工作绩效的中介变量，其本身也是组织支持资源的最终结果变量之一。

综合上述分析与讨论，本研究总结出企业如何利用组织支持资源来影响员工幸福感，以及不同企业为何会在组织支持资源的安排上存在差异。组织支持资源对员工幸福感的作用机理见图1。

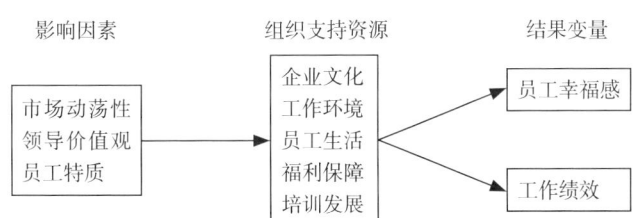

图1　组织支持资源对员工幸福感的作用机理

五、结语

如何获取、保存及恢复幸福是所有时代绝大多数人们行为背后的动机。在互联网时代,企业更需要关注为企业贡献价值的员工的福祉,因为只有员工才能创造更好的产品,提供更好的服务。本研究发现,虽然基于互联网的新兴行业与传统行业中的企业在针对提高员工幸福感所提供的组织支持资源存在差异,但企业提供组织支持资源的最终目的都是希望员工能够快乐地工作。这其中的原因在于:一方面,员工幸福感已经被证实与较高程度的创造性、创新性及员工投入等相关,能够为企业带来更高的绩效;另一方面,员工幸福感作为企业社会责任的一部分也得到了重视。

此外,本研究的理论贡献还在于,以往部分研究已发现,领导行为可以深刻影响员工与工作相关的幸福感,但关于领导如何影响下属的健康与幸福感的心理机制却还有待深入研究。本研究从领导价值观出发,指出领导能够通过对组织支持资源的安排产生导向作用,从而影响员工幸福感。

本研究也存在以下不足之处:①受资料来源的限制,仅从组织支持资源视角探讨了员工幸福感的机理。实际上,员工幸福感的影响因素众多且复杂,不仅有组织层面的影响因素,还包括员工的人格因素等;②选择的案例研究对象分属于不同的行业,这在一定程度上提高了案例的多样性与可比性,但可能会引发有关单个案例是否足够代表行业的质疑;③各个变量之间是否存在内生性的问题暂未考虑;④构建的模型需要进一步做实证的操作化处理以验证各变量之间的关系。

(原载:《管理学报》,2014年第11期;合作者:宋一晓)

全球工作经验对员工创造力的影响机制：一个模型的构建

随着中国企业国际化与全球竞争的日趋深化，越来越多的员工需要执行跨国经营相关的任务或是拥有跨国工作经验（田志龙等，2013）。全球工作经验得到了学术界和企业界的广泛关注，被认为是跨国公司的重要资产和竞争优势的潜在来源（Carpenteretal，2001）。对处于全球市场竞争中的组织和有职业抱负的员工而言，全球工作经验是组织对将要晋升到更高级别管理岗位的员工的一个重要要求（Takeuchietal，2005）。外国文化的社会认知理论认为，外国文化的接触（Leungetal，2008；Maddux和Galinsky，2009）和工作场所的文化多样性（Stahletal，2010）为员工创造力的提高提供了认知源泉。在多元文化环境中，员工能够接触到多样性的情境、新颖的概念和想法、有价值的专业信息和隐性知识，这些迥然不同的想法和观点在经历适当的组合和碰撞之后，能够激发员工创造力并为组织解决全球经营管理问题提供创造性解决方案。不过，社会认同理论则从另一个角度对文化环境与员工创造力的关系做出了解释：文化环境的变化会使员工产生认知上的冲突和行为上的不适应，因此，员工将会面临跨文化沟通的挑战。例如，Stephan（1985）指出了接触外群体会产生负面的刻板印象和偏见，导致群体之间的紧张和冲突。Chua（2013）认为，当来自不同文化背景的个体不能够克服文化差异和有效沟通时，多元文化并不能得到整合或创新，反而会破坏员工的创造力。

因此员工跨越国家边界或文化界限的工作经验与其创造力紧密联系，但是它们之间的关系及作用机理尚未被清楚定义及研究。基于此，探讨全球工作经验对于员工创造力的影响机制，以及在何种条件下全球工作经验能够提高员工的创造力这一议题具有研究价值。本文的研究目的在于：第一，厘清全球工作经验、跨文化适应和员工创造力三者之间的关系；第二，研究文化距离如何及在何种程度上帮助员工更好地利用全球工作经验来实现创造力的提高。

一、相关文献述评

（一）全球工作经验

受全球化的深刻影响，员工常常需要参与全球化的工作（Chen et al, 2010），这种超越国家界线的跨文化工作经验不仅对于企业执行重要的商业战略而言是必要的，而且对于开发员工的全球技能也非常重要。现有关于全球工作经验的研究主要集中于理解被选派从事跨国工作的员工（例如外派人员）的经历和员工归国后（例如外派返国者）的经历（Kraimer et al, 2009）。与此同时，考虑到有效地管理外派和外派返国人员的困难（Takeuchi et al, 2010），很多组织运用了其他发展全球技能或执行跨国经营的方式。因此，管理实践中产生了短期任务，弹性外派和国际商务旅行等非传统的全球工作经验（Shaffer 和 Bolino, 2012）。例如，很多跨国公司用更短期的任务和频繁的跨国商务旅行来补充外派任务的执行。Cerdin 等（2009）倾向于将这类工作经验称为"全球职业"。Shaffer 等（2012）认为大部分的跨国工作仅仅代表了员工职业中的一部分事件或活动，并将跨国工作安排定义为全球工作经验（global work experience）。这类工作经验包括但不限于传统的公司外派、主动申请外派和非传统的包括短期任务、弹性外派、国际商务旅行等公司全球运营替代品。进一步，Dragoni 等（2014）将全球工作经验定义为：要求员工的工作角色在物理空间上或心理上超越国家的界线，涉及国家或文化边界的跨越的工作经验。"身体超越国家边界"意味着员工在另一个国家工作，工作场所及生活居住的地方都跨越了国家界线，类似传统的外派任务、短期国际任务、国际商务旅行（Shaffer et al, 2012）。"心理上的超越国家边界"发生在角色任职者留在母国，但必须考虑如何在一个或多个国家适当行动和有效地完成他们的业务目标；当员工参与分布在全球或多元文化的团队，并与其他来自另一种文化的人构建了工作关系，员工就经历了文化界限的超越（Dragoni et al, 2014）。

尽管各类形式的全球经验越来越普遍，全球工作经验也有了明确的定义，但是相关的研究依然有限（Shaffer et al, 2012）。目前，学术界对于跨国工作经验研究主要集中于员工由于外派任务被选派出国的经历。此外，这一领域的研究大部分集中于外派适应而不是这些工作经验带来的素质开发（Bhaskar-Shrinivasetal，2005）。鉴于全球工作经验越来越广泛，部分学者开始关注和研究全球工作经验及其影响。比如，Dragoni等（2014）的研究认为，高管的全球工作经验能够提高其战略思维能力，而文化距离在其中起调节作用；Godart等（2015）研究了高管的海外职业经验对组织创造性产出的影响。

尽管在管理实践和国际企业中，各类跨国任务形式越来越普遍，但全球工作经验是近年来的一个新概念，全球工作经验带来的素质开发依然存在大片的理论空白。而本研究呼应了全球化企业管理承担各种形式跨国经营任务的员工的需要，扩大了跨国工作经验文献的研究范畴，并基于将跨文化经验作为提升人力资本的途径这一视角，讨论了全球工作经验在何种情况下会对员工创造力产生正向的影响。

（二）多元文化经验与个体创造力的关系

在个体创造力研究领域，现有的研究主要从个体特征和情境多样性及其交互作用来讨论个体的创造力。其中，多元文化经验（例如，交换项目、大学的多元化教育和工作场所的多样化管理）也被认为能够提高个体的创造力。Simonton（1997）的研究指出，第一或第二代移民相比在一个国家长大的个人更有创造力。而使用两种语言的人也比只使用一种语言的人表现出更强的创造力（Nemeth和Kwan，1987）。Leung等（2008）的综述认为，特定类型的多元文化的接触或经验能够提高个体的创造力。随后，Maddux等（2009）通过5个心理学实验指出，海外生活经验能够提高个体的创造力。在已有对多元文化经验与创造力的研究中，研究对象多是国外受教育或生活的个体，而关注企业员工跨文化经验对其创造力的影响的研究则非常有限。为了进一步探索多元文化领域方面的研究，本研究关注工作领域的多元文化经验对于创造力的影响，聚焦于企业组织中的员工创造力。本研究认为，员工的全球工作经验能使其嵌入全新的社会网络之中，实现个体和情境多样性的交互，进而提高员工的创造力。

首先，群体多样性不仅能够产生一定程度的新颖和创造性的投入，也有适度的人际关系紧张引发的创造力（Shinetal，2012）。再者，个体社会网络成员的多元化及其异质性知识，将促使个体表现出更高的创造力（Perry和Shalley，2003）。此外，不同的因素造成从经验中学习的差异。一个新的角度是员工经历的多样性决定了他们将经历转换为一种能力获得：发展来自于多种经历的组合

（Fitzsimmons，2013；Dragonietal，2014），即全球工作经验带来的员工创造力表现的提高。接触外国文化被认为能够促进更复杂的认知模式的发展（Gupta和Govindarajan，2002），但是已有研究并未探讨和解释接触存在文化距离的文化是否能够促进员工将全球工作经验转化为创造力。因此，建立在工作经验、外派工作和外派适应的文献基础上，本研究将跨文化适应作为全球工作经验能否提高员工创造力的一个关键性的区别，并考虑文化距离在这一过程中的作用，回答了部分员工相较于其他人在全球工作经验中获得了更多的技能开发的原因。

二、全球工作经验与创造力的关系模型

（一）全球工作经验与员工创造力

员工创造力（creativity），是指员工针对工作和组织提出新颖而有用的想法（Amabile，1996）。这种新颖而有用的想法并不是凭空创造出来的，也并非仅仅包含完全新鲜的想法。并且，创造力形式过程包括将现有的想法和资源组合成新颖有用的事物的整个过程。员工创造力的相关研究表明，员工创造力受到人格特征、个体知识、内部动机等个体特征的影响，也受到报酬、领导风格、同事支持等组织情境的影响，而且还是个体和环境交互的产物。在多元文化环境下，个体的跨文化适应与学习是一个人与情境的互动过程，这种多元文化经验能够提高个体的创造力。进一步，当工作情景支持员工在新奇事物上投入努力时，比如工作的复杂性、刺激性及提供充足的支持（George和Zhou，2001），员工更愿意集中注意力努力工作，考虑更多的选择，表现出坚持和冒险的精神，从而具有更高的创造力。全球化工作提供了情境多样性，具有高水平的自主性、回馈性、重要性和多样性的工作特征，有利于激发员工创造力。研究发现，个人在国外生活的时间越长，越有可能适应东道国，并且在标准的心理测试中就表现出更好的创造力（Maddux和Galinsky，2009）。对于全球工作经验与创造力之间的关系有以下几点依据：

第一，从社会网络理论来解释，全球工作经验使个体嵌入新的社会网络中，进而获得创新不可或缺的专业信息和隐性知识，形成领域相关技能，以此实现员工创造力的提高。有关创造力和创新的研究表明，领域相关经验是创造力表现的一个重要预测。Amabile（1996）的创造力成分理论早已指出，拥有领域相关技能（知识、能力等）是个体创造力的一个重要的组成部分。领域相关技能包括

对问题的熟悉程度，有实现想法的知识和技能，并了解领域内关键的事实、原理、范式和评估指标。而个体所拥有的相关领域的知识技能取决于正式或非正式的教育、个人经验等。Chua和Iyengar（2008）的研究表明，个体在相关领域内的丰富经验将使其拥有知识和能力，因而能够得到更有创造力的结果。而员工的全球工作经验能够通过促进个人的工作网络能力和一般网络能力（Godartetal，2014）的嵌入性来影响个人的创造力。个体嵌于社会结构之中，社会结构将决定个体产出。在个体创造力的研究中，知识是创造力不可或缺的基础。在各类知识中，隐性知识对创造力开发有独特的价值，其带来的个体洞察与经验分享有助于创造过程所需的异质知识（汤超颖等，2011）。社会嵌入性提供了有价值的专业信息和隐性知识，并且，这些专业信息和隐性知识往往通过非正式关系进行传播（Baer，2010）。特别地，与正式渠道相比，通过非正式渠道搜寻的建议能够得到更加开阔的交流，员工可以接触到解决问题的不同方法与观点，这些新的观点可能能够激发创造性想法的产生，发展出与他们工作相关的想法。员工在全球工作经验中，或通过在不同的地理区域移动，或通过建立新的人际关系桥梁（Flemingetal，2007），以此跨越地理上局部知识的鸿沟。全球工作经验提供了接触到更具异质性的知识和信息的可能，进而提高员工组合来自不同领域见解的能力（Flemingetal，2007），并产生新的见解。

第二，创造力是在目标实现进程中运用新方法或新思路解决挑战性难题的过程（Shalley，1991）。从创意的产生来看，根据创新的达尔文主义理论，创新机制类似于生物进化的自然选择，经过盲目变异（blind variation，BV）、选择保留（selection retention，SR）的过程（Simonton，2010）。首先，伴随着想法的发展，最初一个关于全新概念或现有想法的新组合经历相对无规则变化的过程。这样一个过程是随机的或像"盲人"一般的，没有特定的逻辑或先验原理的产生。相反，最初的想法是通过许多新的概念化或组合，基于任何可用的不同的输入，创造出相对随意的构建，最终希望产生一些有价值的结果。接着，对这些相对随意的构建进行选择性保留，然后选择最有前途的一个子集进行进一步的探索和改进，最终导致产品被认为是新颖的和有用的，也就是创新（Simonton，2000）。相比仅仅在自己的国家工作，员工的全球工作经验使他们拥有更多数量和更多样的新输入、新概念和想法。此外，新的输入、新概念和想法会使个体适应挑战现状，使他们能够在变化过程中有更强的识别非传统机会的能力（Baeretal，2010）。

尽管全球工作经验可提供员工创新所必要的新的信息、知识和人际交往的接触，但是，只有足够长时间的全球工作经验（Dragonietal，2014）才能够提高员工的创造力。一开始接触全球工作时，大多数员工需要努力积累不同文化、制度环境下的知识，包括他国的国家文化、商业法律和行为规范等。经过持续性的积累，员工对新制度环境已经熟悉，认知资源也逐步被释放出来，因而可以综合应用新的业务知识和隐性信息资源，从而提出新颖而有用的想法（Kharkhurin，2011）。基于以上分析，本文提出：

命题1：全球工作经验能够提高员工的创造力，而员工在全球工作经验中的时间长度影响员工的创造力。

（二）全球工作经验、跨文化适应与员工创造力之间的关系

然而，并非所有的全球工作经验必然能够增强创造力。人们必须使自己适应新的文化（Maddux和Galinsky，2009），进行深度学习（Madduxetal，2010），或为了全球经历能够产生创造力的效益，将新的文化融入自己的身份。这种在不同文化背景下，持续的、直接的文化接触所导致个体原有文化模式发生变化的现象，个体为了与当地的外国文化保持一致性而在个人的态度、信念、规范、价值观和行为方式等方面发生的改变，就是跨文化适应（Tadmoretal，2012）。研究表明，个人在一个新的文化背景、环境中生活或工作时，跨文化适应是一个员工全球工作经验实现创造力提高的关键因素。员工需要经过一段困难的时间和强烈的关于文化、工作环境的社会化和意义建构，以进行必要的个人和职业转型来满足工作的需求（Madduxetal，2010）。

跨文化适应过程能够使一个人的行为和思想变得更为多元和复杂，这对于提高个人创造力是至关重要的。然而，并不是每个人都有积极性和能力来适应陌生的文化和环境，并且文化差异可能导致文化冲击。例如，李晓艳等（2012）发现，在华留学生的跨文化总体适应水平普遍一般，且在环境适应和语言适应两个维度上都表现较差。多元文化差异的情境，既可能提高个体的创造性和认知复杂性，也可能产生文化刻板化，导致对外来文化的排斥（杨晓莉等，2010）。因此，全球工作经验带来员工创造力的提升，必须经历跨文化适应的过程。

成功的跨文化适应与几个因素有关系，包括：与东道国个体的社会交往，外国文化的学习，拥有诸如自信、善于社交、外向型等特定人格特征等（李晓艳等，2012）。在某种程度上，情境、人际关系或组织因素能够促进外籍人士更好

地适应新的文化。反过来，这种适应可能帮助个人在未来找到创造性的方式解决问题（Hofstede，1984）。Maddux等（2009）认为，跨文化适应是多元文化经验提高创造力的心理机制。原因在于：第一，对于跨国文化的适应，可以带来解决问题的多元化视角和全新的行为方式（Madduxetal，2010）；第二，具有多元文化经验的员工一般不会执着于固有的文化经验，更易于接受实在的、新颖的事物（Leungetal，2008）；第三，跨文化适应可以促进不同观点和行为的无意识整合，使创造力思维得到充分拓展。因此，跨文化适应是员工将全球工作经验转化为一种持久的创造力的重要因素之一。基于以上分析，本文提出：

命题2：跨文化适应在员工的全球工作经验和创造力之间起中介作用。

（三）全球工作经验、员工创造力与文化距离

工作经验对跨国员工的发展是有影响的，但是部分人的全球工作经验的收获却比其他人多（Dragonietal，2014）。工作经验方面的学者认为，在一段经历里面，人们受到足够多的挑战，并调整自身进行学习，这种学习是有利于发展的（Morrisetal，2014）。同样地，对于个人发展更复杂的认知结构（即专业技能），光靠时间是不够的，他们还需要被挑战（Fitzsimmons，2013）。在跨国工作经验领域，"文化距离""文化新颖性""文化粘性"决定了跨国员工所面临挑战的数量（Chenetal，2010）。在全球工作经验与员工创造力的关系中，母国和东道国之间的文化距离可能是重要的影响因素之一。大量的研究指出，在不同的国家之间，存在许多不同的文化维度和价值（Dragonietal，2014）。这意味着国外的主观经历将随母国和东道国之间的文化特征的差异程度不同而有所不同。

文化距离是员工自身的民族文化和他/她所遇到的其他国家的文化新奇的程度或差异（Blacketal，1991）。当员工面临的文化与他们自己的文化差异较大（即高文化距离）时，他们现有的知识结构和行为惯例等会受到挑战，尤其一些隐性知识，例如对人与人的习惯、动机的假设。在这样的情形下，员工只能选择用新的文化视角调整他们的意见和想法（Kharkhurin，2011），在新的文化环境中更好地发散思维、迁移和整合知识、寻找差异化策略，进而形成对情境信息更丰富的处理、解释和理解。渗入了全球工作经验的员工能够更好地意识到国家之间差异的存在，拥有更强的跨文化意识和更大的灵敏度以及更丰富的信息资源。因此，接触新奇的变化是全球工作经验促进创造力的关键（Godartetal，2014），文化距离可能对产生和实现新颖的和有用的想法的能力有积极影响。比如说，在

一个与母国的文化距离近的国家工作（例如，美国和加拿大）可能不能提供必备的新奇事物来影响一般创造力过程或实现创造性想法的驱动力和能力（Ohetal，2004）。相反地，在文化价值观和规范表现出更多差异的国家进行工作（例如，美国和韩国）将接触到更多新鲜事物。

不过，过高的文化距离可能在某种程度上妨碍一个人的适应能力，因而不利于全球工作经验对于员工创造力的提高。Hechanova等（2003）的元分析表明，个体适应一个新国家环境的质量会随着文化新颖性的提高而降低。如果文化距离太高以至于排除适应的可能，那么，员工将形成制度差异和文化距离的威胁性评估。这种心理评估可能是压倒性的，削弱员工调整认知和学习的意愿和动机，阻碍吸收多样性、创造性投入的能力，阻碍了学习的社会化、跨文化协作等（Morrisetal，2008）。换句话说，随着文化距离的增加，尽管员工接近必需的多样性这一情境得到实现，但是个体社会化、从事跨文化合作的压力也将会升级。此时，员工产生新颖想法的能力的可能性将是有限的。因此，文化距离的水平也并非越高越好，只有处于适度的情况下，才有助于员工利用全球工作经验来促进创造力的发挥。基于以上分析，本文提出：

命题3：文化距离调节全球工作经验与员工创造力的关系。

低文化距离时，全球工作经验与员工创造力负相关；高文化距离时，全球工作经验先是促进员工创造力，到达拐点后甚至开始抑制创造力。

全球工作经验对员工创造力的影响模型见图1。

综合上述分析与讨论，本研究总结出跨文化适应在全球工作经验和员工的创造力之间的中介作用，及文化距离在全球工作经验和员工的创造力之间的调节作用。

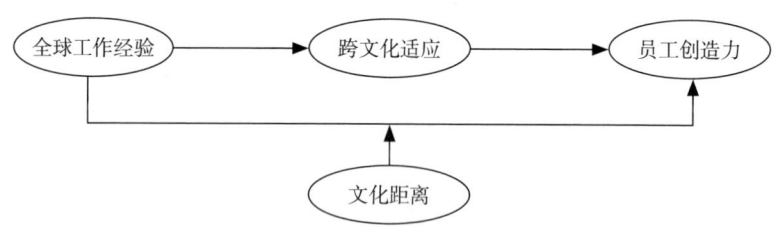

图1　全球工作经验对员工创造力的影响模型

三、结论

全球市场的增长要求中国的跨国企业通过设立海外事业部、收购兼并海外企业等方式实现"走出去",使得跨国任务的形式更加多样化,而拥有这种全球工作经验的人也不再局限于高层管理人员,而是有更多的员工参与进来。同时,在日趋变化的环境和日趋激烈的商业竞争中,员工的创造力对于企业的创新和发展尤为重要。一个可能的途径是通过全球工作经验开发员工的创造力来应对这一挑战。

本文在文献综述和分析的基础上,讨论了全球工作经验对于员工创造力的影响机制。全球工作经验为员工创新提供必要的信息、知识和人际交往的接触,足够长时间的全球工作经验可以提高员工的创造力。重要的是,本研究讨论了部分员工相较于其他人在全球工作经验中获得了更多的技能开发的原因。跨文化适应能够使一个人的行为和思想变得更为多元和复杂,这对于提高个人创造力是至关重要的。然而,并非所有的人都能够顺利实现跨文化适应。因此,跨文化适应是员工将全球工作经验转化为一种持久的创造力的重要因素之一。此外,在全球工作经验与员工创造力的关系中,母国和东道国之间的文化距离是重要的影响因素之一。对于在文化距离高的国家有工作经验的员工,他们的全球工作经验和创造力之间的关系更强。然而,文化距离的水平也并非越高越好,而应处于相对适应的程度。

本研究有如下两个理论贡献。第一,本研究将多元文化经历扩展为更大范围的全球工作经验,以及这种特定经验带来的素质开发,扩大了跨国工作经验文献的研究范畴。现有的国际工作经验的研究都将以海外工作为主要形式的工作经验和外派适应性作为主要关注点。本文顺应文献中把跨文化经验作为提升人力资本的途径这一视角,讨论了全球工作经验对员工创造力的影响。第二,本研究考虑将跨文化适应和文化距离分别作为中介变量和调节变量,能够确定为什么一些员工比其他人更得益于他们花在全球工作经验上的时间,从而扩展全球工作经验、创造力开发与跨文化适应的研究;展示了全球工作经验的效用的同时,也拓展了员工创造力领域的研究。

本研究结果对于中国跨国公司的人才管理和拥有或考虑海外工作的员工(Cerdin和Brewster,2014)有所启示。首先,尽管全球工作经验能给员工的能力带来发展性结果,但是这类员工的流失情况却很严重,尤其是外派员工归国之后的离职率。考虑到全球工作经验能够带来员工创造力的提高和组织跨国业务的拓展，企业人力资源管理在考虑填补全球工作的职位空缺及薪酬福利的同时，还要将组织目标的实现与员工个人职业生涯的发展有机结合起来。此外，考虑到组织在员工的全球工作经验这方面是一笔不菲的投入，而拥有全球工作经验的员工很可能跳槽到行业竞争对手的公司，因而企业应该将全球工作经验与员工有效甄选、培训、晋升建立联系，通过选、育、用、留，建立起全球人才管理的系统。其次，对于员工来说，在执行全球工作时，就应该明确地将开发自己的能力作为目标，以全球工作作为个人职业生涯发展中的一个重要阶段，整合自己的全球工作经验及其职业生涯中的其他工作经验，建立起自己的职业资本。

此外，更多沿着这些思路的研究工作是必要的。未来研究仍需进一步在实证研究中检验本文结论。而员工的创造力开发是一个复杂的过程，受到多个个体因素和情境因素的影响，全球工作经验情境中，员工创造力的影响因素（如个体的目标导向及其内在动机等）仍然有待研究。进一步，未来的研究可以利用Shaffer等人（2012）最近的工作，对各种类型的全球工作经验的理论推理，并采用实证研究的方法测试全球工作经验与战略思维能力等学习相关的结果的关系。

（原载：《中国人力资源开发》，2015年第21期；合作者：王杏珊）

信任之下，其效如何——来自 Meta分析的证据

一、引言

在日益不确定的组织管理环境中，基于监督的控制导向管理越来越难以奏效，而基于信任的卷入导向管理则日益受到重视，并成为一个独立的研究领域。作为组织内部"软控制"的核心要素，信任不仅是组织应对"人"这个不确定要素的重要手段，还成为应用心理学、管理学、组织行为学等学科的重要概念。信任在领导力、组织变革、组织学习和冲突管理等研究领域一直备受关注，它对工作绩效、组织承诺、组织公民行为、团队效能、组织竞争力等结果变量都有重要影响。比如，在领导力研究中，相比于传统型领导，魅力型领导之所以更为有效，就在于该类型领导能够让下属建立对他们的信任。近些年，随着管理创新、组织变革的推行，组织的信任缺失成为企业突出的难题，并受到高度关注。"信任"之所以受到重视，是因为它对工作绩效和行为结果有非常重要的影响，随着信任与不同层次、类型绩效实证研究的日益丰富，系统地厘清二者的关系，不仅有管理实践需求的迫切性，而且在管理学术研究上具备了进行阶段性总结的可能性。

相关的实证研究已经发现，信任不仅能够给组织管理、雇佣关系等带来积极的影响，而且对绩效也有促进作用。然而，也有研究发现，信任对绩效的提升作用在统计上并不显著，或是有条件的，甚至是起阻碍作用的。信任与绩效的相关性研究并未获得一致的结论，即"信任之下，其效何如"这一核心问题并未获得明确的回答。两个变量之间的关系有强弱差异，或不显著，甚至方向相异，这正是Meta分析方法所善于处理的。以往并非没有聚焦信任与绩效关系的Meta研究，但这些研究仍存在不足之处。Dirks（2002）等对信任的前因变量（领导行为、

下属特征及关系特征)和结果变量(行为和绩效、态度和意图等)进行的Meta研究发现,组织内对领导的信任与工作态度、组织公民行为、工作绩效($k=21$, $r=0.16$)的相关性依次变弱。信任对不同层次、类型的绩效具有不同的作用机理和效果,但该研究未细分绩效的层次、类型,故未能系统地评估信任与绩效的关系;且仅聚焦组织内对领导的信任,不仅缺乏对组织内信任的整体考核,还未能区别员工对不同层级领导的信任机理。Colquitt等同样对信任的前因变量(可信任性、信任倾向等)和结果变量(任务绩效、风险承担等)进行了Meta分析,但该研究仅聚焦任务绩效($k=27$, $r=0.33$),而缺乏对不同类型绩效的考核。另外,上述两项研究时效性均不强,因此有必要纳入基于近些年管理实践涌现的新研究成果,再次进行阶段性总结。De Jong(2008)等纳入更为充足文献的Meta研究($k=100$, $r=0.30$)显示,团队内部的信任氛围能够有效促进团队绩效,且任务相互依赖性等变量还能调节二者的关系。但该研究仅聚焦于团队层次信任与绩效的关系,且未对团队绩效的类型进行细分,同样未能系统评估信任对不同层次、类型绩效的作用机理和效果。此外,信任与绩效关系的实证研究和Meta研究都存在如下缺陷:①信任对不同层次绩效的作用机理和效果存在差异,但二者的关系在不同层次是否又存在同一性呢?由于研究方法和篇幅的限制,实证研究难以实现这样的探索。Meta分析方法能够克服这样的限制,但目前仍未有这样的Meta研究,"在不同层次,信任与绩效的关系是否存在同一性"这个关键问题仍未得到回答。②对组织内信任的研究通常仅聚焦于某一指向对象,比如直接领导或高层领导,还有一些研究将二者含糊地统称为领导,但组织内信任的指向对象还包括同事。指向对象不同,归根到底是信任双方垂直距离的不同,而回答"垂直距离对信任与绩效的关系有何影响"这个重要问题不仅有助于找到二者关系的内在规律,还有助于区别员工对不同层级领导的信任机理,但这一重要问题同样未被解答。

针对以往研究的不足,本研究将对238个独立实证研究进行Meta分析,可以实现如下推进与创新:①通过充足的文献梳理,较为全面地厘清信任与绩效的关系,回答"信任之下,其效何如"这一核心问题,从而获得二阶抽样误差较小、信效度较高的阶段性定论。②对组织内信任与个体、团队、组织这三个层次的绩效,以及组织间信任与组织绩效的关系进行系统的Meta分析,以寻求"在不同层次,信任与绩效的关系是否存在同一性"这一关键问题的答案。③从指向对象去剖析信任,从而回答"垂直距离对信任与绩效的关系有何影响"这一重要问题。④从指向对象、理性程度去剖析信任,并对绩效的层次、类型进行区分,有助于更为全面、深入地理解二者之间的关系。⑤检验情境因素(地区文化和出版属性)和测量因素(测量工具、同源偏差程度)在二者之间的调节作用,从而较为完备地阐述二者关系的内在机制。⑥结合现实管理情境,评估信任的实际效用,为管理实践提供一些有益的启示。

二、文献综述及研究假设

(一)变量定义

受后现代哲学观的影响,组织行为学的研究存在"概念具体化"的问题,信任的研究同样如此。信任的内涵往往会因为学科、研究情境的不同而被具体化,学术界对信任的定义并未达成共识。一些学者把信任视为一种类似于判断、偏好等的内部选择。比如,Coleman(2007)把信任视为信任者依靠信任信号和主观概率计算的一种理性选择过程,但把信任视为一种理性选择过程存在致命的缺陷。更多的学者把信任视为一种行为意向,如Rousseau等(1998)指出,信任是对他人的意图或行为抱有积极的预期,愿意与其建立和维持关系,并愿意承担该关系可能带来负面影响作用的一种心理状态。本研究中的信任也采用这种在多个学科、多个研究中得到充分检验的行为意向式的定义。在组织管理领域,组织内信任和组织间信任共同构成了组织信任。组织内信任是指个体对于组织中其他成员的信任,是对所处环境的综合判断,通常被划分为垂直信任和水平信任。下属对领导的信任和领导对下属的信任均属于垂直信任。下属对领导的信任还可以进一步划分为对具体个人(如主管)的信任以及对概括化的代表(如高层领导)的信任。水平信任则是指对同事的信任。以往信任的研究较多地聚焦垂直信任,但近些年随着团队研究获得越来越多的关注,水平信任也逐渐受到重视。Costigan等(1998)提出了组织内信任包括对直接领导、对高层领导和对同事信任的三维结构模型。这三类人是员工在组织内互动最为频繁的对象,也是最主要的利益相关者,因此,对他们的信任知觉决定了员工对组织内部的整体信任水平的评价以及由此采取的应对行为。另外,信任包含理性思考与感性付出的因素,因此,组织内信任还被划分为认知信任和情感信任。其中,认知信任是信任方根据一定的理由相信对方具备相应的能力,且诚信、可靠;情感信任则是信任方通过对双方相互关心、照顾情况的感知,做出被信任方会真正顾及自己利益的判断后对其产生的情感依附。组织间信任则是指不同组织之间的积极预期水平,反映了组织之间关系嵌入的水平和黏着性。

按照层次水平，绩效通常被划分为个体绩效、团体绩效、组织绩效，分别指个人、团队、组织所需要实现目标和完成使命的内容。绩效的结构是多维的，测量因素不同，其结果也会不同，而且，不同层次的绩效还有不同的类型。由于Meta分析对于文献数量有要求，文献数量太少会导致较大的二阶抽样误差，结果也不稳定。因此，本研究只报告文献数量达到Meta分析标准的绩效类型。具体而言，个体绩效纳入3种类型，包括个体任务、关系和创新绩效；团队绩效纳入4种类型，包括团队任务、创新、新产品开发和决策绩效；组织绩效则纳入3种类型，包括组织合作、创新、财务绩效。为了分类比较，本研究还对不同层次上不同的绩效类型进行了归类。个体层次上的任务、关系、创新绩效分别被归类为任务类、关系类、创新类绩效；在团队层次，团队任务、决策绩效同属于任务类绩效，而团队创新、新产品开发绩效则同属于创新类绩效；在组织层次，组织合作、财务绩效分别被归类为关系类、任务类绩效。

（二）理论框架

为弱化"概念具体化"的影响，保证研究结论的有效性，本研究只纳入管理学、组织行为学、心理学等相关学科在工作场域内的研究成果。另外，不同学者使用不同的理论解释信任的结构、影响因素和作用效果。Dirks（2000）等将它们归纳为基于关系视角的理论和基于特征视角的理论。关系视角关注的是信任关系的本质，即信任方如何理解信任关系。按照这种视角，信任关系本质上是一种社会交换关系，关心和体谅是这种高质量交换关系的关键。信任方会将信任关系视为一种超越经济契约并基于善意、义务感知的行为。关系视角能够较好地解释领导——下属交换关系、对领导的信任如何产生组织公民行为等。特征视角聚焦的是信任方对被信任方特征的感知以及这种感知如何促使信任方愿意承担这种信任关系的风险。基于这种理论视角的模型主要有领导特征模型和行为方式模型。尽管这两种视角最初被Dirks等（2008）用以阐释员工对领导信任的影响因素和作用机制，但事实上，这两种视角还可以用于解释组织内其他人际关系的信任（如对同事的信任），甚至还可以扩展到团队、组织这两个层次来解释信任与绩效的关系。这是因为：①组织内的信任归根到底是人与人之间的信任，必然涉及信任的主、客体。关系视角下信任的实质是信任方对被信任方与自己关系的感知，而特征视角下信任的实质则是信任方对被信任方特征的识别。由于这两种视角的研究都是从信任的主、客体之间的联系去展开论述，因此可以用以解释组织内信任与个体、团队、组织绩效的关系。②组织的行为结果归根到底是人的行为结果，且市场中的组织整体经常被类比为一个"具有独立行为能力的人"。因此，按照这种逻辑，这两种视角也可用于解释组织间信任与组织绩效的关系。③已有研究通过这两种视角解释信任与绩效在团队、组织层次的关系，而且被验证有较好的理论解释力度。④关系视角和特征视角是按照感性感知和理性认知的范畴逻辑进行划分，分别对应情感信任和认知信任。已有研究在团队、组织层次将信任划分为情感、认知信任，也在一定程度上表明了这两种视角可以在团队、组织层次解释信任与绩效的关系。综上所述，本研究同样基于这两种理论视角在不同层次推演研究假设以及解释统计结果。信任与绩效关系Meta分析的理论框架如图1所示。

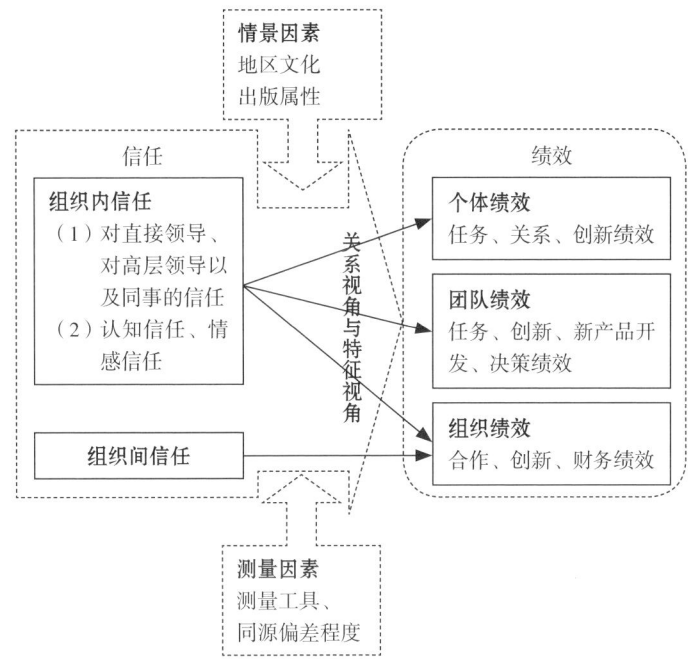

图1　信任与绩效关系Meta分析的理论框架

（三）组织内信任与绩效

1. 组织内信任与个体绩效

Bromiley等（1995）指出，员工会因为互相信任而将自己更多投入到为组织带来收益的工作中。但信任与不同类型个体绩效之间的关系可能会有所不同。按照关系视角,当下属对领导产生较高的信任时,基于良好的互惠关系,下属会表现出高承诺和高绩效行为,作为对领导善意的回报。除了本分行为,信任关系还会增加奉公和利他行为。而且,信任所带来的良好的领导—下属关系也使得员工敢于挑战现状,并尝试多样选择,因而更容易产生发散性思维和创造性想法。作为一种积极预期的心理状态,组织内信任对员工关系绩效的提升作用是直接的,而对其任务、创新绩效的作用则是间接的,即组织内信任首先带来的是员工之间关系的改善,由此形成的和谐氛围与顺畅的工作关系才会带来他们工作效率的提升,进而促使他们产生创造性的想法。已有研究也发现,组织内信任对个体绩效(任务、关系、创新绩效)存在显著的正向影响,且对个体关系绩效的影响作用要强于对任务、创新绩效的影响作用。由此,提出如下假设:

H1:组织内信任对个体绩效(任务、关系、创新绩效)存在显著的促进作用,且对个体关系绩效的促进作用要强于对个体任务、创新绩效的促进作用

特征视角同样适用于解释下属对于不同层级领导的信任。比如,在领导—下属关系中,下属对领导信任之所以备受关注,是因为领导的决策对下属的目标(如薪酬、晋升等)以及实现这些目标的能力有重要影响,而下属对领导诸如能力、公平性等的评价反过来又影响到自身应对工作的态度和行为。员工通常把高层领导视为组织的代表,当员工对高层领导产生组织化信任时,他们会愿意付出更多努力和时间来提升自身的工作绩效。员工对于直接领导的信任不单单取决于对其能力、善意和真诚等特征的判断,非正式、直接、频繁的交换关系也容易形成员工对直接领导的个人化信任,员工因而会愿意接受任务分配,并对于任务的完成有高水平的承诺。团队研究还发现,对团队同事的信任也可以促进个体绩效。而从知识管理的角度出发,同事间的信任能够增加知识分享和主动协助行为,从而促使个体获得更好的工作绩效。已有研究也发现,员工对领导(直接、高层领导)、同事的信任均能够提升自身的绩效。但信任有高度的指向性,对不同层次领导的信任可能产生不同的影响结果。员工对高层领导的信任表现为组织化的特点;直接领导与员工既有垂直隶属的工作层级关系,又有因为长期、非正式接触、互动所建立的高质量甚至超越工作范畴的非工作关系,因此,这种信任表现出介于组织化和个人化之间的特点。相比高层领导,员工与直接领导有更为频繁的接触和互动,因而更愿意接受直接领导的工作安排,并对完成工作有更高水平的承诺。同事也是员工在组织中的主要接触对象,对同事的信任则表现出完全个人化特点。因此,按照上述组织化、个人化信任的层次逻辑,组织内对高层

领导、直接领导、同事的信任，对个体绩效的促进作用逐步增强，这在已有的研究中已经得到初步验证。综上，提出如下假设：

H2：组织内员工对领导（直接、高层领导）、同事的信任对个体绩效存在显著的促进作用，且对高层领导、直接领导、同事的信任对个体绩效的促进作用逐步增强

尽管目前信任的维度划分存在多种方式，但最终都可归为认知信任与情感信任两大类。认知信任和情感信任分别是基于经验特征进行理性判断和基于情感特征进行感性判断的结果，分别对应特征视角和关系视角。无论是基于理性认知的认知信任，还是基于感性认知的情感信任，它们所营造的和谐的组织气氛和顺畅的工作关系都能够促使个体做出本分行为、利他行为、创新行为。但不同类型的信任对个体绩效的影响作用不同。已有研究也发现，组织内认知信任、情感信任均能促进个体绩效，但促进作用的强弱关系并不明朗。由此，提出如下竞争性假设：

H3a：组织内认知信任、情感信任对个体绩效存在显著的促进作用，且组织内情感信任对个体绩效的促进作用大于认知信任对个体绩效的促进作用

H3b：组织内认知信任、情感信任对个体绩效存在显著的促进作用，且组织内情感信任对个体绩效的促进作用小于认知信任对个体绩效的促进作用

2. 组织内信任与团队绩效

在团队层次，组织内信任是团队成员对于其他成员信任的集合。以往的研究普遍发现，尽管信任的不同维度对于团队绩效的作用效果可能存在差别，但信任总体上还是有助于团队绩效的提升。按照关系视角，在团队中，成员之间的信任关系有助于消除疑虑，促使成员将精力投放在有助于提升团队绩效的活动当中，并更为有效地一起工作。而且由于成员更愿意接受工作安排，团队也更容易形成用以完成任务的专业、互补的知识和技能。由于互信，团队成员可以更为自由地互相交流思想，并分享自身经验和有效信息，而这都为团队创新、新产品开发和绩效的提升准备了必要的条件。另外，信任有助于实现团队成员之间有效的沟通和合作，提升决策质量、决策承诺、决策理解度和情感接受，这为高效的决策创造了条件。与组织内信任对个体任务、关系、创新绩效的关系类似，信任对团队关系绩效的促进作用是直接的，而对团队任务、创新绩效的促进作用则是间接的，即信任首先带来的是团队成员关系的改善，然后才是员工知识、能力的提升和创造性想法的产生。已有研究也发现，组织内信任能够促进团队绩效（任务、创新、新产品开发、决策绩效），且对团队创新类绩效的促进作用要大于对团队

任务类绩效的促进作用。由此，提出如下假设：

H4：组织内信任对团队绩效（任务、创新、新产品开发、决策绩效）存在显著的促进作用，且对团队创新、新产品开发绩效的促进作用要强于对团队任务、决策绩效的促进作用

3. 组织内信任与组织绩效

按照关系视角的研究思路，信任如同"润滑剂"，有利于在组织内部形成高质量的成员关系，而这种高质量的成员关系不仅能消除组织内部的冲突、内耗，还能促进组织更加有效地运转。另外，从资源稀缺性角度出发，如果组织中缺乏足够的信任，组织的监督成本则会增加。这是因为，为避免自己利益受损，个体会将自身资源更多用于监督其他成员。反之，若组织成员能互相信任，用于监督他人的资源则可以转投到为组织谋求利益的工作之中。已有研究也验证了组织内信任对组织绩效的正向影响。由此，提出以下假设：

H5：组织内信任对组织绩效存在显著的促进作用

（四）组织间信任与组织绩效

Zaheer等（1998）指出，组织之间的信任是组织高绩效的重要指示器。从特征视角出发，当对合作伙伴能力认知越强时，建立长久合作关系的可能性就越大，信任对合作绩效有正面影响；而且，信任使合作企业会在运营过程中提醒对方所面临的机遇和存在的问题。如果市场发生变化，或技术面临更新迭代，基于互信，合作企业不仅可能会互相分享各自独特的知识，还可能提供资金、技术等资源帮助对方找到应对方案，这就为组织创新绩效的提升提供了有利条件。最后，信任还能够加深彼此的认同，降低机会主义倾向，降低沟通成本，从而提升财务绩效。已有研究也验证了组织间信任能够促进组织绩效（合作、创新、财务绩效）。组织间良好的合作关系为联合解决问题提供了有益的关系情境。在这种互惠性的关系中，合作双方不会在解决问题的过程中损害对方的利益，而是会付出额外的努力来克服困难，帮助对方解决问题，进而促进双方创新、财务绩效的提升。换言之，没有良好的合作关系，组织间信任提升财务、创新绩效就难以实现。因此，按照这种逻辑路径，组织间信任对合作绩效的提升作用要大于对创新、财务绩效的提升作用，不少研究对此也进行了检验。综上所述，提出如下假设：

H6：组织间信任对组织绩效（合作、创新、财务绩效）存在显著的促进作用，且对组织合作绩效的促进作用强于对组织创新、财务绩效的促进作用

（五）潜在因素的调节作用

Meta分析的调节变量包括情境因素和测量因素。本研究对238个独立实证研究进行梳理以及借鉴相关Meta研究后，归纳并将检验如下4个潜在调节变量：

1. 情境因素

（1）地区文化。本研究将地区文化分为东亚文化和欧美文化。东亚文化涵盖中国内地、中国香港、中国澳门、中国台湾等地区以及日本、韩国等国家的文化，欧美文化则涵盖美国、欧洲、澳大利亚等国家和地区的文化。所处文化环境不同，信任的影响因素和作用结果也有所不同。这意味着，地区文化可能可以调节信任与绩效之间的关系。跨文化研究也表明，受儒家文化的深刻影响，东亚地区的集体主义色彩更浓，成员对领导的服从意识和组织归属感也比较强。按照关系视角，东亚文化背景下员工对领导的信任可能会发展成为质量更高的领导—成员交换关系——忠诚，而这更能促使员工提升自身绩效。而从特征视角看，这种忠诚关系也会促使下属更认可领导的品格和能力，愿意付出时间和精力，从而促进自身绩效的提升。由此，提出如下假设：

H7：地区文化能够调节信任与绩效之间的关系，东亚文化下信任对绩效的影响作用要强于欧美文化下的影响作用

（2）出版属性。根据出版属性，本研究将研究分为已出版和未出版的研究。前者是指已公开发表的期刊论文等，后者则指未公开发表的工作、学位、会议论文等。相比于统计上不显著的研究结果，显著的研究结果获得发表的可能性更高，但不显著的研究结果或许能够为变量之间的真实相关性提供更为精准的测量。因此，信任与绩效之间的关系也很有可能受到出版属性的调节。由此，提出如下假设：

H8：出版属性能够调节信任与绩效之间的关系，未出版文献中信任对绩效的影响要强于已出版文献中的影响

2. 测量因素

（1）测量工具。通过对现有文献的归纳总结，本研究将组织内信任与个体、团队、组织绩效的研究分别编码为使用Mcallister、Robinson、Podsakoff、Mayer、Robert、Nyhan和其他量表，使用Mcallister、Jarvenpaa、Mayer、Simons、Cook、Kanawattanachai和其他量表，使用Mcallister、Mayer和其他量表。对于组织间信任与组织绩效的研究，则分别编码为使用Zaheer、Doney、Kumar、Coummings、Mcallister和其他量表。Mcallister的人际信任量表分为认知、情感信

任2个维度。Robinson等则以Gabaro等的量表为基础构造了信任量表。Podsakoff等（2003）的量表用以评估下属对于领导的信任水平和忠诚度。Mayer等的性格信任量表包括能力、善意和正直诚信3个维度。Robert等、Nyhan等的量表均测量下属对直接领导的信任，后者是组织沟通量表15个维度中的一个。Jarvenpaa等、Simons等用以评估团队成员之间信任水平的量表均采用单维度结构。Cook等的团队信任量表包括对管理忠实、对同事忠实、对管理有信心、对同事有信心这4个维度。Kanawattanachai等的团队信任量表以Mcallister人际信任量表为基础，同样包括认知、情感信任2个维度。Zaheer等用正直信任来衡量组织间的信任水平。Doney等聚焦于供应链企业之间的信任量表，包括能力、善意和诚实3个维度。Kumar等、Coummings等的组织间信任量表均包括正直、善意信任2个维度。其他量表是指除上述量表之外测量信任的量表。不同的信任量表在信度、评估方式等方面均存在差异，这很可能对变量之间的关系产生影响。以往的研究也普遍发现，使用Mayer等、Doney等量表测量信任时，信任对绩效会显现较强的作用效果。由此，提出如下假设：

H9：测量工具能够调节信任与绩效之间的关系，使用Mayer等、Doney等测量量表时信任对绩效的影响要强于使用其他量表时的影响

（2）同源偏差程度。同源偏差问题在行为科学等使用问卷的学科中广泛存在，由于它直接影响到研究结果的可靠性，所以一直备受关注。本研究聚焦信任和绩效这两个变量在多个层次上的关系，因而同源偏差问题需要引起重视。本研究根据信任、绩效两个核心变量评估数据来源是否相同，从而判断同源偏差程度的高低。若信任、绩效评估数据来源相同，同源偏差程度高；否则，同源偏差程度低。以往的研究也普遍发现，同源偏差程度高的研究，测量变量之间的相关性可能会偏高。由此，提出以下假设：

H10：同源偏差程度能够调节信任与绩效之间的关系，同源偏差程度高时信任对绩效的影响要强于同源偏差程度低时的影响

三、研究方法

本研究严格遵循Lipsey等较为成熟的Meta分析操作步骤，主要包括：

(一)文献搜索和筛选

文献搜索使用以下方法：①以Google Scholar、Ebsco、Web Of Science、Psycinfo、Abi/Inform、Cnki（仅限Cssci期刊）等为检索数据库，以1996年1月—2017年4月为期间，检索、链接并下载题名、摘要或关键词，包含Trust、Performance、Productivity、Profit、Creativity、Innovation及信任和绩效的文献；②按照Dirk等、Kamar、Mccauley等（1998）信任经典文献综述的参考文献目录检索文献；③专项检索国内外管理学重要学术会议；④对 *Academy of Management Journal*、*Journal of Applied Psychology*、《南开管理评论》《管理世界》等29个国内外重要期刊进行检索；⑤通过邮件寻求帮助、高校图书馆馆际互借等多种方式获取上述4种途径未能获取全文的研究；⑥通过学术简历检索信任研究的知名学者，并以寻求学术援助的方式获得他们已完成但未发表的相关研究结果，以弱化出版偏倚问题。通过检索，本研究初步获得655篇相关文献，包括383篇英文文献和272篇中文文献。

接着，本研究按照以下标准对这655篇文献进行筛选：①研究属于管理学、组织行为学、心理学等相关学科在工作场域内的研究成果；②研究对"信任"内涵的界定符合本研究的定义，即信任是一种积极的心理状态或行为意向；而把信任视为一种理性选择过程的研究则被剔除；③研究聚焦信任（或其维度）与绩效（或其维度）的关系；④剔除案例、文献综述等非实证研究；⑤研究报告了Meta计算所需的效应值（如r值、p值、t值、β、Se、Sd等）；⑥使用相同样本发表的不同的研究，本研究只采纳一个。按照此标准，个体、团队和组织层次的研究分别被剔除2、2、1个。最终，本研究纳入234篇独立实证文献（英文、中文文献分别为146、88篇；公开发表、未公开发表文献分别为194、40篇），总体文献采纳率为35.73%。其中，组织内信任与个体、团队、组织绩效以及组织间信任与组织绩效的文献分别为65、102、9和58篇。

（二）数据编码

编码工作虽然直接，但仍存在主观性，且工作量大，容易出错，本研究严格按照Lipsey等（2001）推荐的编码步骤进行。在正式编码之前，本研究制定了编码手册。为了保证编码的准确性，分别由两位组织管理方向的学者单独进行编码，形成编码表。编码的主要内容是研究描述项和效应值统计项。前者不仅包括刊物、题名等基本信息，还包括核心变量、研究对象等特征信息；后者则包括以

r为中心的统计数据。一个独立实证研究为一个编码单位；若一个研究中多个效应值来自不同的样本总体，则对这多个效应值进行多次编码。在个体和团队层次上，分别有2篇文献各自包括了2个独立实证研究，故本研究用以Meta分析的实证文献为234篇，但独立研究数目为238个。个体、团队和组织层次的样本量分别指被调查的个体、团队和组织的数目。另外，本研究还对地区文化、出版属性、测量工具、同源偏差程度4个潜在的调节变量进行了编码。首次编码完成后进行交叉核对，一致率达到87.33%。不一致内容主要由编码失误和主观判断差异造成，两位编码者分别通过勘正错误和讨论达成共识的方式处理这些不一致的编码内容。

四、研究结果

相比于Glass（1976）、Rosenthal（1979）、Hedges（2014）等的Meta分析计算方法，Schimidt等的心理测量方法由于具有克服方法偏差的突出优势，因而被众多Meta研究采用。本研究同样采用Schimidt等的方法。主要步骤包括：

（一）效应值的转化

纳入的文献存在差异，因而Meta研究需要将多个实证研究的效应值合并成一个总体效应值。首先，为减小由量表信度缺陷导致的相关系数衰减偏差，对效应值进行了信度修正：$r_i = r / \sqrt{a_{xx} a_{yy}}$，$a_{xx}$、$a_{yy}$分别指信任、绩效的信度系数，$r_i$为每个独立研究$r$的信度修正值；其次，将$r_i$值转换为Fisher's Z值，从而将相关系数的分布转换成渐进正太分布：$Z_i = 0.5\ln（1+r_i）/（1-r_i）$；然后，对Fisher's Z值进行加权平均：$Z_r = \sum_{i=0}^{g} w_i Z_i / \sum_{i=0}^{g} w_i$，$w_i = n_i - 3$，$n_i$、$w_i$和$G$分别指第$i$个研究中效应值的样本量、权重、某个效应值独立样本的个数；最后，重新换算得到精确且可信的效应值：$r_z = \dfrac{e^{2z}_{r-1}}{e^{2z}_{r+1}}$。后文的讨论都是基于$r_z$的分析。通过上述转换，本研究最终获得586个效应值、110576个独立样本。

（二）出版偏倚分析

出版偏倚是Meta分析需要考虑的重要问题。本研究采用失安全系数从定量角度检测出版偏倚水平。失安全系数报告了要把累积效应减少到非显著程度所需要的结果无效的未发表研究的数量。出版偏倚分析结果如表1所示。从表1中可以看出，信任与绩效的各个对应关系的失安全系数（Fail-Safe N）均满足大于5k+10的标准，且为使结果达到不显著水平需要找到的未出版研究数量均较大。因此，可以认为本研究不存在出版偏倚问题。

表1 出版偏倚分析结果

信任与绩效		Fail-Safe N	5k+10	需找到的未出版研究数量
组织内信任	个体绩效	25839	345	386
	任务绩效	6185	170	193
	关系绩效	2188	75	168
	创新绩效	170	40	28
	对领导的信任	1406	260	28
	（1）直接领导	7731	225	180
	（2）高层领导	62	35	12
	对同事的信任	2087	90	130
	认知信任	586	55	65
	情感信任	670	55	74
	团队绩效	34188	530	329
	任务绩效	168	60	17
	创新绩效	536	55	60
	新产品开发绩效	138	50	17
	决策绩效	113	35	23
	组织绩效	344	55	38
组织间信任	组织绩效	32829	300	566
	合作绩效	2593	90	162
	创新绩效	1531	70	128
	财务绩效	269	40	45

（三）同质性检验与主效应分析

同质性检验通常使用Q值和I^2这两个统计指标来评估样本异质性水平。当$Q>k-1$，$I^2>0.6$且p达到显著性水平时，纳入的样本被认为是异质的。按照已有研究的操作方法，同质性检验的结果显著时使用随机效应模型；而当检验结果不显著时，使用固定效应模型。同质性检验和主效应分析结果如表2所示。组织内信任与团队新产品开发绩效同质性检验的显著性大于0.05，即效应值是一个同质性分布，采用固定效应模型；其他的Q值均大于自由度df（Q），I^2均大于0.6，同质性检验显著水平小于0.05，即效应值是一个同质性分布，采用随机效应模型。以组织内信任与个体绩效相关性的同质性检验结果为例，I^2值为92.375，表明Meta研究92.375%和7.625%的观察变异分别由效应值的真实差异和随机误差导致；τ^2值为0.045，则表明4.5%的研究间变异可作为权重进行计算。

根据同质性检验结果，除了组织内情感信任与个体绩效、组织内信任与团队新产品开发绩效采用固定效应模型，其他均采用随机效应模型。由表2可知，r_i、r_{it}、r_{ic}、r_{ii}、r_{il}、r_{id}、r_{ih}、r_{ico}、r_{icg}、r_{ia}、r_t、r_{tt}、r_{ti}、r_{tn}、r_{td}、r_o、r_r、r_{rc}、r_{ri}和R_{rf}分别为0.309、0.287、0.433、0.302、0.273、0.269、0.222、0.382、0.322、0.323、0.372、0.257、0.439、0.330、0.303、0.311、0.382、0.414、0.386和0.354，且点估计的结果均为显著（95%的置信区间不包含0）。因此，组织内信任与个体绩效（任务、关系、创新绩效），组织内对领导（直接、高层领导）、对同事的信任与个体绩效，组织内认知、情感信任与个体绩效，组织内信任与团队绩效（任务、创新、新产品开发、决策绩效），组织内信任与组织绩效，组织间信任与组织绩效（合作、创新、财务绩效）均存在显著的正向相关关系。其中，除了组织内信任与个体关系绩效（r_{ic}=0.433）、组织内信任与团队创新绩效（r_{ti}=0.439）以及组织间信任与组织合作绩效（r_{rc}=0.414）的相关性较大外，其他均呈中等强度正相关。相同层次的相关系数可以比较大小，而r_i、r_t、r_c属于不同层次的相关系数，不能直接比较大小。由表2可知，r_{ic} >r_{ii} >r_{it}，r_{ico} >r_{id} >r_{ih}，r_{icg} >r_{ia}，r_{ti} >r_{tn} >r_{td} >r_{tt}，r_{rc} >r_{ri} >r_{rf}。故假设H1、H2、H3a、H4、H5和H6得到支持，但H3b并未得到支持。

（四）调节检验

本研究分别检验了地区文化、出版属性、测量工具和同源偏差程度在不同层次对信任和绩效的调节作用。信任与绩效关系的调节分析如表3所示。具体而言：①地区文化影响下，在组织内信任与个体绩效、组织内信任与团队绩效以及组织间信任与组织绩效这三个层次，调节检验的p值均达到显著性水平，即地区文化在这三个层次能够显著调节信任与绩效之间的关系。且东亚文化背景下信任对绩效的促进作用均比欧美文化背景下强，即r_{ie}=0.348>0.249=r_{iw}，

表2 同质性检验和主效应分析结果

	信任与绩效	k	N	模型	同质性检验								主效应分析			
					Q	df (Q)	p	I^2	τ^2	s_e	s_d	t_{au}	r	上限	下限	Z	p
组织内信任	个体绩效	67	18296	R	865.608	66	0.000*	92.375	0.045	0.010	0.000	0.213	0.309	0.260	0.357	11.631	0.000*
	任务绩效	32	11142	R	865.608	31	0.000*	92.226	0.035	0.011	0.000	0.187	0.287	0.223	0.349	8.452	0.000*
	关系绩效	13	3227	R	398.746	12	0.000*	88.243	0.031	0.016	0.000	0.177	0.433	0.345	0.514	8.761	0.000*
	创新绩效	6	1837	R	102.070	5	0.000*	94.578	0.061	0.045	0.002	0.248	0.302	0.103	0.475	2.975	0.003*
	对领导的信任	50	14650	R	495.441	49	0.000*	90.110	0.032	0.009	0.000	0.178	0.273	0.22	0.321	10.259	0.000*
	（1）直接领导	43	12405	R	430.956	42	0.000*	90.254	0.033	0.010	0.000	0.182	0.269	0.214	0.322	9.214	0.000*
	（2）高层领导	5	1109	R	33.723	4	0.000*	88.139	0.034	0.028	0.001	0.185	0.222	0.053	0.379	2.559	0.011*
	对同事信任	16	4043	R	384.232	15	0.000*	96.096	0.101	0.045	0.002	0.318	0.382	0.238	0.510	4.923	0.000*
	认知信任	9	2606	R	67.913	8	0.000*	88.139	0.027	0.016	0.000	0.164	0.322	0.216	0.420	5.712	0.000*
	情感信任	9	2922	R	583249	8	0.000*	86.266	0.020	0.013	0.000	0.142	0.323	0.230	0.410	6.516	0.000*
	团队绩效	104	9400	R	1044.212	103	0.000*	90.136	0.106	0.024	0.001	0.326	0.372	0.312	0.429	11.268	0.000*
	任务绩效	10	1083	R	66.771	9	0.000*	86.521	0.066	0.043	0.002	0.257	0.257	0.087	0.412	2.929	0.003*
	创新绩效	9	1136	R	57.692	8	0.000*	86.133	0.054	0.036	0.001	0.232	0.439	0.295	0.564	5.523	0.000*
	新产品开发绩效	8	662	R	6.177	7	0.519	0.000	0.000	0.007	0.000	0.000	0.330	0.259	0.397	8.647	0.000*
	决策绩效	5	1162	R	27.448	4	0.000*	85.427	0.031	0.029	0.001	0.176	0.303	0.140	0.449	3.575	0.000*
	组织绩效	9	1606	R	19.846	8	0.011*	59.690	0.009	0.008	0.000	0.093	0.311	0.235	0.382	7.756	0.000*
组织间信任	组织绩效	58	14671	R	921.452	57	0.000*	93.814	0.061	0.014	0.000	0.247	0.382	0.324	0.437	11.880	0.000*
	合作绩效	16	3431	R	132.443	15	0.000*	88.674	0.037	0.016	0.000	0.193	0.414	0.327	0.495	8.512	0.000*
	创新绩效	12	3338	R	74.117	11	0.000*	85.159	0.022	0.012	0.000	0.147	0.386	0.306	.461	8.711	0.000*
	财务绩效	6	1890	R	66.509	5	0.000*	92.527	0.045	0.036	0.001	0.213	0.354	0.188	.500	4.033	0.000*

269

表3 信任与绩效关系的调节分析

调节因素		层次	模型	同质性检验			划分类别	k	N	点估计和95%CV			双尾检验	
				Q组间	df(Q)	p				r	下限	上限	Z	p
情境因素	地区文化	个体	R	40.043	1	0.000*	东方	40	11263	0.348	0.282	0.410	9.756	0.000*
							西方	27	7033	0.249	0.177	0.318	6.603	0.000*
		团队	R	210.853	1	0.000*	东方	30	4582	0.487	0.383	0.578	8.140	0.000*
							西方	74	4818	0.315	0.257	0.372	10.044	0.000*
		组织(内)	R	0.030	1	0.863	东方	8	1555	0.312	0.231	0.388	7.275	0.000*
							西方	1	51	0.290	0.016	0.524	2.069	0.039*
		组织(间)	R	25.607	1	0.000*	东方	41	9693	0.389	0.317	0.457	9.696	0.000*
							西方	17	4978	0.362	0.273	0.445	7.495	0.000*
	出版属性	个体	R	105.348	1	0.000*	出版	52	14044	0.265	0.216	0.313	10.245	0.000*
							未出版	15	4252	0.449	0.330	0.554	6.747	0.000*
		团队	R	7.133	1	0.000*	出版	87	7704	0.347	0.281	0.410	9.625	0.000*
							未出版	17	1656	0.500	0.350	0.625	5.865	0.000*
		组织(内)	R	13.320	1	0.000*	出版	8	1384	0.279	0.229	0.327	10.556	0.000*
							未出版	1	222	0.502	0.397	0.594	8.169	0.000*
		组织(间)	R	69.286	1	0.000*	出版	51	12445	0.365	0.306	0.422	11.164	0.000*
							未出版	7	2226	0.496	0.311	0.645	4.783	0.000*
测量因素	测量工具	个体	R	154.504	6	0.000*	Mcallisrr	13	3935	0.325	0.224	0.419	6.039	0.000*
							Robinson	9	2729	0.247	0.129	0.359	4.039	0.000*
							Podsakoff	5	2771	0.111	0.034	0.186	2.837	0.005*
							Mayer	6	1167	0.389	0.127	0.601	2.841	0.005*
							Robert	4	745	0.212	0.053	0.361	2.605	0.009*
							Nyhan	4	798	0.297	0.232	0.359	8.584	0.000*
							其他	26	6151	0.360	0.273	0.441	7.649	0.000*

续上表

调节因素	层次	模型	同质性检验			划分类别	k	N	点估计和95%CV			双尾检验	
			Q组间	df(Q)	p				r	下限	上限	Z	p
测量因素 测量工具	团队	R	94.154	6	0.000*	Maallister	29	2341	0.368	0.292	0.440	8.873	0.000*
						Jarvenpaa	8	397	0.428	0.259	0.572	4.657	0.000*
						Mayer	8	431	0.564	0.363	0.714	4.847	0.000*
						Simons	8	511	0.306	0.079	0.503	2.618	0.009*
						Cook	5	221	0.243	0.111	0.367	3.563	0.000*
						Kanawattanachai	5	344	0.261	0.099	0.410	3.115	0.002*
						其他	41	5155	0.364	0.254	0.465	6.122	0.000*
	组织（内）	R	11.007	2	0.000*	Mcallister	3	562	0.291	0.171	0.403	4.611	0.000*
						Mayer	2	550	0.428	0.214	0.603	3.731	0.000*
						其他	4	455	0.268	0.202	0.333	7.642	0.000*
	组织（间）	R	87.661	5	0.000*	Zaheer	7	1725	0.391	0.261	0.508	5.541	0.000*
						Doney	7	1601	0.459	0.311	0.586	5.569	0.000*
						Coummungs	6	1631	0.389	0.217	0.537	4.234	0.000*
						Mcallister	5	1130	0.380	0.193	0.541	2.834	0.000*
						Kumar	5	1068	0.230	0.062	0.384	2.675	0.000*
						其他	28	7516	0.384	0.287	0.473	7.580	0.000*
同源偏差程度	个体	R	54.729	1	0.001*	高	22	5451	0.355	0.268	0.436	7.580	0.000*
						低	45	12845	0.286	0.227	0.343	9.128	0.000*
	团队	R	152.123	1	0.000*	高	49	5441	0.436	0.348	0.515	8.872	0.000*
						低	55	3959	0.308	0.241	0.372	8.633	0.000*
	组织（内）	R	5.792	1	0.005*	高	5	930	0.353	0.250	0.448	6.382	0.000*
						低	4	676	0.246	0.173	0.316	6.465	0.000*
	组织（间）	R	9.978	1	0.012*	高	48	11962	0.395	0.331	0.454	11.229	0.000*
						低	10	2709	0.320	0.164	0.460	3.916	0.000*

$r_{te}=0.487>0.315=r_{tw}$,$r_{oe}=0.389>0.362=r_{ow}$。尽管在组织内信任与组织绩效层次，同样存在$r_{re}=0.312>0.290=r_{rw}$的大小对比关系，但却未达到显著性水平（$p>0.05$）。因此，假设H7得到部分支持。②出版属性影响下，调节检验的p值均达到显著性水平，出版属性因而能够显著调节信任与绩效的关系。而且，信任对绩效的促进作用在未出版文献中要比已出版文献强这种关系在不同层次高度一致，即$r_{ip}=0.449>0.347=r_{iu}$，$r_{tp}=0.500>0.347=r_{tu}$，$r_{op}=0.502>0.279=r_{ou}$，$r_{rp}=0.496>0.365=r_{ru}$。其中，$r_{ip}$与$r_{iu}$以及$r_{op}$与$r_{ou}$的置信区间（0.216，0.313）与（0.330，0.554）以及（0.229，0.327）与（0.397，0.594）之间均没有重叠，说明相应的调节效应非常显著，大小对比关系也非常稳定。因此，假设H8完全得到支持。③测量工具影响下，调节检验的p值均达到显著性水平，测量工具因而能够显著调节信任与绩效的关系。而且，r_{ima}（0.389）、r_{tma}（0.564）、r_{oma}（0.428）、r_{rdo}（0.459）均是最大的，即使用Mayer等、Doney等量表测量信任时，信任对绩效的促进作用要强于使用其他量表时的促进作用。因此，假设H9完全得到支持。④同源偏差程度影响下，调节检验的p值均达到显著性水平，同源偏差程度因而能够显著调节信任与绩效的关系。而且，同源偏差程度高时信任对绩效的促进作用要比同源偏差程度低时强这种关系在不同层次高度一致，即$r_{ih}=0.355>0.286=r_{il}$，$r_{th}=0.436>0.308=r_{tl}$，$r_{oh}=0.353>0.246=r_{ol}$，$r_{rh}=0.395>0.320=r_{rl}$。因此，假设H10完全得到支持。综上所述，出版属性、测量工具以及同源偏差程度均能显著调节信任与绩效之间的关系，地区文化基本能调节，而且这四个变量的调节方向高度一致。

五、研究结论与讨论

（一）结果讨论

在学界对信任与绩效关系多年实证探索的基础上，本研究归纳并回答了"信任之下，其效何如""在不同层次，信任与绩效的关系是否存在同一性""垂直距离对信任与绩效的关系有何影响"这三个在以往研究中并未得到解答的重要问题，并获得如下阶段性定论：信任能显著地促进绩效。在组织内，信任对团队绩效的促进作用尤为突出，而在组织间，信任对组织绩效同样有较强的促进作用；信任与绩效的关系存在同一性，即在个体、团队和组织不同层次，信任对关系类、创新类、任务类绩效的促进作用均依次变弱；信任双方的垂直距离越小，信任对绩效促进作用越强。此外，出版属性、测量工具以及同源偏差程度均能显著调节信任与绩效之间的关系，地区文化基本能调节，而且这四个变量的调节方向高度一致。具体分析如下：

信任能显著促进绩效。在组织内，信任对团队绩效的促进作用尤为突出，而在组织间，信任对组织绩效同样有较强的促进作用。这是因为：①组织内信任与不同层次绩效——个体（r_i=0.309）、团队（r_t=0.372）、组织绩效（r_o=0.311）均显著正相关；②组织内信任与不同类型的个体绩效——个体任务（r_{it}=0.287）、关系（r_{ic}=0.433）和创新（r_{ii}=0.302）绩效均显著正相关；③组织内信任的不同维度——组织内对领导（r_{il}=0.273）、对直接领导（r_{id}=0.269）、对高层领导（r_{ih}=0.222）、对同事（r_{ico}=0.382）的信任以及组织内认知（r_{icg}=0.322）、情感（r_{ia}=0.323）信任与个体绩效均显著正相关；④组织内信任与不同类型的团队绩效——团队任务（r_{tt}=0.257）、创新（r_{ti}=0.439）、新产品开发（r_{tn}=0.330）、决策（r_{td}=0.303）绩效均显著正相关；⑤组织间信任与组织绩效（r_r=0.382）显著正相关；⑥组织间信任与不同类型的组织绩效——组织合作（r_{rc}=0.414）、创新（r_{ri}=0.386）、财务（r_{rf}=0.354）绩效也均显著正相关。在此基础上，"信任之下，绩效何如"这个核心问题获得阶段性的解答，即"信任能显著促进绩效"。这与一些实证研究不显著、负相关的结果并不一致。这可能是因为，不同的实证研究在研究设计、样本特征、调节和中介变量的选取、变量施测方式等方面存在差别，但上述差别造成的影响会被Meta分析的大样本所弱化，即本研究结果的可靠性、稳定性会比单个或多个实证研究高。另外，在组织内部，信任对团队绩效的促进作用尤为突出（r_t=0.372）。而在组织间，信任对组织绩效同样有较强的促进作用（r_r=0.382）。经济学中的边际效用递减规律已经被证明适用于组织行为学的不少研究领域，如薪酬激励。信任对绩效的促进作用可能存在边际效用为零的"最高点"（即人员规模边界），相比个体和组织，团队人数规模居中，更为接近这个边际效用为零的边界值，信任因而对与团队绩效的促进作用尤为突出。上述发现对管理实践的启示在于：无论是在组织内部还是组织外部，信任均可以作为绩效的有效预测指标。当观测到较高的信任水平，那么较高水平的个体、团队、组织绩效将是可以预见的。在组织内部，团队层次运用信任机制更为有效；而在组织外部，营造组织之间的信任关系，也是提升合作双方绩效的有效方法。

在个体、团队和组织这三个不同的层次，信任对绩效的促进作用高度一致（$r_{ic}>r_{ii}>r_{it}$，$r_{ti}>r_{tn}>r_{td}>r_{tt}$，$r_{rc}>r_{ri}>r_{rf}$），即信任对关系类、创新类、任务类绩效的促进作用依次减弱。这可能是因为：①个体任务绩效、团队任务绩效和决策绩效、组织财务绩效属于任务类绩效，被与任务相关的知识和能力的掌握严格限制，主要由"能够做"的因素决定；个体关系绩效、组织合作绩效更多和主动性相联系，主要是由"愿意做"的因素决定；个体创新绩效、团队创新和新产品开发绩效、组织创新绩效既包括客观成分，又包括主观成分，是由"能够做"和"愿意做"的因素共同决定的。②信任本质上是一种积极预期的心理状态，更多与"愿意做"这种主观因素相联系。因而，信任带来的更多是关系的改善，即更多体现为关系绩效，而非发散性思维和创造性想法的产生以及与任务相关的知识、能力的提升。按照这种绩效提升的逻辑路径，信任对关系类绩效、创新类绩效、任务类绩效的促进作用依次减弱。本研究通过Meta分析获得的上述发现也与以往的实证研究结果相一致。需要注意的是，在目前以任务、结果为导向的管理实践中，任务类绩效依旧是绩效评估的核心组成部分。企业管理者最为重视的还是任务、决策、财务绩效之类的任务类绩效，任务类绩效的重要性要高于关系类绩效，某种程度上甚至等同于绩效。信任对关系类绩效的促进作用更强，而对管理者重点关切的任务类绩效的促进作用并不是非常有效。因此，在当前仍然以结果、任务为导向的管理情境中，信任的实际效用需要引起警惕。

信任双方的垂直距离越小，信任对绩效的促进作用越强（$r_{ico}>r_{id}>r_{ih}$）。这可能是因为对不同层级领导信任的性质、内容存在差异，对员工绩效也存在不同的作用机制：①对高层领导信任表现为组织化的特点，信任双方的垂直距离较大；而对直接领导信任则同时表现出组织化与个人化的特点，信任双方的垂直距离较小。按照社会交换理论和互惠理论的信任关系视角，由于长期、非正式的社会交换关系，相比于高层领导，直接领导与下属之间容易建立起高质量甚至超越工作关系的个人关系，互信更容易发展成为深厚的感情纽带。在儒家文化情境下，下属对直接领导的信任还很有可能发展成为"忠诚"这种质量更高的关系，从而对下属的绩效有更大的提升作用。另外，从特征视角出发，由于直接领导的决策对下属的目标以及实现这些目标的能力有更大的影响，因此，下属会更愿意接受并完成直接领导分配的任务，甚至提高额外工作绩效并产生更多的创新行为。②对于同事的信任则表现出完全个人化的特点。同事之间几乎没有垂直距离，相比于高层、直接领导与下属，同事之间最容易形成密切、良好的关系。按照上文"信任对于关系类型绩效促进作用更强"的逻辑，相比于对高层、直接领导的信任，同事的信任对个体绩效的提升最为明显。这意味着，在企业实践中，为了让信任机制立竿见影，信任关系的培养应该遵循自下而上的顺序。相比于培养员工对于其主管、部门经理以及高层管理者的信任，从水平层级着手营造同事之间的信任关系对提升员工自身的绩效会更为有效。尽管Dirks等指出，情感信任可能比认知信任对绩效的影响作用更大。而且，在集体主义导向的中国情境下，这种差别可能更为突出。但本研究的结果却显示，组织内情感信任、认知信任对个体绩效促进作用的差异很小（r_{icg}=0.322，r_{ia}=0.323）。这可能是因为认知信任和情感信任对不同类型个体绩效的促进作用有所侧重。与特征视角相对应的认知信任是指相信对方能力、品质等特征的理性判断，更能促进与能力相关的任务绩效的提升；与关系视角相对应的情感信任则主要基于感情交流而产生的依恋与投入，它更能促进关系绩效的提升。任务、关系绩效是个体绩效的两种主要类型，而认知信任和情感信任对这两种类型的个体绩效又各有侧重，因而可能对加总的个体绩效影响的差异并不明显。但是，需要注意的是，由于实证研究数量较少（k_{icg}=9，k_{ia}=9），该研究结论的稳定性仍不足。

出版属性、测量工具及同源偏差程度均能显著调节信任与绩效之间的关系，地区文化基本能调节，且这四个变量的调节方向高度一致。①信任对绩效的促进作用会因所处文化环境的不同而存在差异，且"促进作用在东亚文化背景下要强于欧美文化背景"的结论在不同层次高度一致（$r_{ie}>r_{iw}$，$r_{te}>r_{tw}$，$r_{re}>r_{rw}$）。东亚文化的集体主义色彩更浓，权力距离也较大，组织成员的归属感、服从意识因而也更强。以对领导的信任为例，无论是基于关系视角还是基于特征视角，在东亚文化背景下，高阶的信任关系——"忠诚"关系会促使下属认可自己与领导的关系以及领导的品格和能力。因而下属在工作中愿意付出更多时间和精力，通过提升自身绩效对领导予以反馈。尽管组织内信任与组织绩效关系层次的调节作用不显著，但这很可能是由欧美文化背景下相应的文献数量较少（k_{ow}=1）导致的。上述研究发现的启示：东亚文化背景下的企业更应该倡导、运用信任机制。②信任对绩效的促进作用会因为研究出版属性的不同而存在差异，且"促进作用在未出版文献中要强于已出版文献"的结论在不同层次高度一致（$r_{iu}>r_{ip}$，$r_{tu}>r_{tp}$，$r_{ou}>r_{op}$，$r_{ru}>r_{rp}$）。未出版文献，尤其是学位论文，数据质量、结论可靠性总体上会比已出版的文献低。而且，本研究在文献检索的过程中也发现，信任和绩效评估数据来源相同主要是未出版文献，评估数据来源相同所带来的自我增强效应也很可能是造成较高相关程度的原因。③信任对绩效的促进作用会因为测量工具的不同而存在差异。而且，"使用Mayer量表、Doney量表作为测量工具时促进作用要强于使用其他量表"的结论在不同层次高度一致（$r_{ima}>r_{imc}>r_{iny}>r_{irt}>r_{iro}>r_{ipo}$，$r_{tma}>r_{tja}>r_{tmc}>r_{tsi}>r_{tka}>r_{tco}$，$r_{oma}>r_{omc}$，$r_{rdo}>r_{rza}>r_{rco}>r_{rmc}>r_{rku}$）。Seppnen等在评估组织间信任的指标体系（1990—2003年）时指出，Doney量表的信度最高（Cronbach's a=0.94）。Mayer量表的原始版本尽管信度系数不高（Cronbach's a=0.6），但是其修改版量表信度系数都比较高。另外，以基于相同理论划分维度结构的Zaheer量表、Coummings量表、Kumar量表和Mayer量表为例，Zaheer量表使用正直信任单维度测量，Coummings量表和Kumar量表均选用正直、善意双维度测量，Mayer量表则覆盖能力、正直、善意3个维度。由于对信任的刻画更为全面、细致，Mayer量表的应用最为广泛，认可度也比较高。Doney量表尽管多被用于测量供应链企业间的信任水平，但本研究在文献检索过程中也发现，目前较多的组织间信任的研究以供应链企业为研究对象。综上所述，Mayer量表、Doney量表这两个信度较高的量表在管理研究中的运用更为广泛，受测者更能理解其概念和题项，由此可能导致了较高水平的相关程度。虽然该结论成立于"信任与绩效"这一特定的研究领域，但也有较为可靠的文献依据（k=238）。而且，该结论如果能在其他研究领域进一步得到验证，那么对测量工具的使用可能会提供一些启示。④同源偏差程度调节了信任与绩效的关系。而且，"同源偏差程度越高，信任对绩效的促进作用越强"的结论在不同层次高度一致（$r_{ih}>r_{il}$，$r_{th}>r_{tl}$，$r_{oh}>r_{ol}$，$r_{rh}>r_{rl}$）。数据来源相同使得评估难以客观、公正，这种自我增强效应可能导致了较高的相关性水平。

（二）研究贡献

本研究可能实现的贡献：①较为全面地厘清信任与绩效的关系，回答了"信任之下，其效何如"这一核心问题，获得"信任能显著促进绩效。在组织内，信任对团队绩效的促进作用尤为突出，而在组织间，信任对组织绩效同样有较强的促进作用"这一阶段性定论。相比之前的Meta研究，本研究实证研究数量更为充足（k=238），二阶段抽样误差也较小，这为后续信任效能的研究提供了较为可靠的佐证。②正面回应了"在不同层次，信任与绩效的关系是否存在同一性"这个关键问题，获得"信任对关系类绩效的促进作用最强，创新类绩效次之，任务类绩效最弱在不同层次高度一致"的结论，而之前的Meta研究并未有这样的发现，这可能是本研究最有价值的发现。③回答了"垂直距离对信任与绩效的关系有何影响"这一重要问题，获得"垂直距离越小，信任对绩效的促进作用越强"的结论，而以往的Meta研究同样未有这样的发现。该结论为学界继续推进解决

Dirks等（2000）提出的"员工对不同层级领导信任的机理"这一悬而未解的问题提供了必要的佐证。④从指向对象、理性程度去解析信任，还对绩效的层次、类型进行区分，为深入理解二者的关系提供了不同的视角。⑤明确了地区文化、出版属性、测量工具、同源偏差程度这4个因素对信任与绩效关系的调节作用，较为完备地阐述了二者关系的内在机制。尤其值得注意的是，对多个测量工具在多个层次的调节检验结果初步表明，测量工具测量维度越多，信度越高，使用越广泛，变量之间的关系可能会显现出越强的相关性。

注释：

①r指皮尔森相关系数，k则是指r的个数。

②238个研究中，有3个研究报告的效应值统计项是回归系数β和t值，因为它们均服从t分布，因而可以通过计算获得自由度df，并且通过公式$r=\sqrt{t^2/(t+df)}$和$s_e=\beta/t$计算获得r和标准差s_e；有2个报告r和标准差s_d，使用公式$s_e=s_d/\sqrt{n}$可以算出s_e。

③表1、2、3中，N为独立样本量；Fail-safe N为失安全系数；Q指检验异质性程度的统计量；df(Q)是自由度；I^2是说明效应值的真实差异构成了观察变异的比例；τ^2是说明比例的研究间变异可用于权重计算的比例；Z为双尾检验的统计值；R、F分别指随机、固定效应模型；*为$p \leq 0.05$。

④r_i、r_{it}、r_{ic}、r_{ii}、r_{il}、r_{id}、r_{ih}、r_{ico}、r_{icg}、r_{ia}；r_t、r_{tt}、r_{ti}、r_{tn}、r_{td}；r_o；r_r、r_{rc}、r_{ri}和r_{rf}分别指组织内信任与个体绩效（个体任务、关系、创新绩效），组织内对领导（直接、高层领导）、对同事的信任与个体绩效，组织内认知、情感信任与个体绩效的相关系数；组织内信任与团队绩效（团队任务、创新、新产品开发、决策绩效）的相关系数；组织内信任与组织绩效的相关系数；组织间信任与组织绩效（组织合作、创新、财务绩效）的相关系数。

⑤$|r| \geq 0.40$，变量之间为强相关关系；$|r| \leq 0.25$，变量之间为弱相关关系；$0.25 \leq |r| \leq 0.40$，变量之间为中等强度相关关系；

⑥r_{ie}、r_{iw}、r_{ip}、r_{iu}、r_{imc}、r_{iro}、r_{ipo}、r_{ima}、r_{irt}、r_{iny}、r_{iot}、r_{ih}、r_{il}、r_{te}、r_{tw}、r_{tp}、r_{tu}、r_{tmc}、r_{tja}、r_{tma}、r_{tsi}、r_{tck}、r_{tka}、r_{tot}、r_{th}、r_{tl}、r_{oe}、r_{ow}、r_{op}、r_{ou}、r_{omc}、r_{oma}、r_{oot}、r_{oh}、r_{ol}、r_{re}、r_{rw}、r_{rp}、r_{ru}、r_{rza}、r_{rdo}、r_{rku}、r_{rco}、r_{rmc}、r_{rot}、r_{rh}、r_{rl}分别指在地区文化、出版属性、测量工具和同源偏差程度4个因素影响下，组织内信任与个体、团队、组织绩效以及组织间信任与组织绩效的相关系数。

（原载：《南开管理评论》，2017年第20卷；合作者：苏涛，崔小雨，陈鸿志）